普通高等教育"十二五"规划教材

21世纪教师教育系列教材

语文教育系列

中学各类作文评价指引

周小蓬　曾湖仙　主编

图书在版编目(CIP)数据

中学各类作文评价指引/周小蓬，曾湖仙主编.—北京：北京大学出版社，2015.7
（21 世纪教师教育系列教材·语文教育系列）
ISBN 978-7-301-25828-6

Ⅰ.①中… Ⅱ.①周…②曾… Ⅲ.①作文课–教学研究–中学–师范大学–教材 Ⅳ.①G633.342

中国版本图书馆 CIP 数据核字（2015）第 099001 号

书　　名	中学各类作文评价指引
著作责任者	周小蓬　曾湖仙　主　编
责任编辑	于　娜
标准书号	ISBN 978-7-301-25828-6
出版发行	北京大学出版社
地　　址	北京市海淀区成府路 205 号　100871
网　　址	http://www.pup.cn　　新浪微博：@北京大学出版社
电子信箱	zyl@pup.pku.edu.cn
电　　话	邮购部 62752015　发行部 62750672　编辑部 62767857
印　刷　者	北京飞达印刷有限责任公司
经　销　者	新华书店
	787 毫米×1092 毫米　16 开本　15.25 印张　252 千字
	2015 年 7 月第 1 版　2015 年 7 月第 1 次印刷
定　　价	39.00 元

未经许可，不得以任何方式复制或抄袭本书之部分或全部内容。
版权所有，侵权必究
举报电话：010-62752024　电子信箱：fd@pup.pku.edu.cn
图书如有印装质量问题，请与出版部联系，电话：010-62756370

主　　编　周小蓬　曾湖仙
副主编　林　晖　王　萍
参编者　周学娇　王丽丽　何淑琴　霍东强　黄丽芳
　　　　　　钱　丽　王维囡　沈晓芬　夏小静　陈美霞
　　　　　　卢向琼　张水平　王宛雁　胡双春　苏小芳
　　　　　　李　婕　廖金丹　谢　蓉　周勤洪　何坚就
　　　　　　杨益佳　韦亚君　张　玲　夏雁芸　叶秋影
　　　　　　黄镟璇　林华芳　何　欢　陈结娴　马富利
　　　　　　余美因　李书婷　张　斌　吴晓琼　廖珊珊
　　　　　　强丽雯　张　霖　刘福信　黄馥芝　吴雅静
　　　　　　耿艳丽　李泓莹　陈楚琳　黄燕蒗

★ 本书为广东省中小学教育研究"十二五"规划课题"中学作文评价标准研究"(J11-237)研究成果

内容简介

本书是一本帮助职前、职后中学语文教师提升评价学生作文能力的参考用书。

本书分为上、中、下三编，前两编主要针对如何评价实用类（记叙文、说明文、议论文、应用文）和文学类（诗歌、散文、小说、戏剧）作文给予了具体指引。在每章文体概述的基础上，本书提供了各类作文的表格式评价标准及评改方式，提供了评改的过程及评语撰写示范。下编收集了部分高中生的习作供大家做评价练习之用。

本书分类具体、针对性强、语言简明；尤其是书中关于不同文体的表格式评价标准，较科学实用，为教师进行作文评价提供了很多参考标准。望广大教师在本书的指引下，能更好地提升作文教学与评价的效率，成为中学语文教学能手。

作者简介

周小蓬，华南师范大学文学院副教授。语文4＋2课程与教学论及教育硕士导师。全国语文学习学会理事。曾被聘为香港公开大学语文教育硕士兼职导师，承担过多期全国语文骨干教师国家级培训任务。主编《语文课堂教学技能训练教程》《语文学习心理论》《中外母语教学策略》《普通高中语文课程标准实践导读》《语文教学与学业评价》等十多部语文教师指导用书。主持了广东省《作文评价标准研究》等多项课题。

曾湖仙，广州市执信中学语文科组长，广东省中学语文特级教师，广东省名教师工作室主持人；主编多种语文读本，发表多篇论文；长期一线执教，在作文教学上有深入和独到的研究。

前　　言

　　本书编写的主要目的是希望帮助中学语文教师提高评价中学生作文的能力。作文评价是中学作文教学的重要环节，语文教师评价学生的作文是否能够依据合理的标准，做出准确、适恰的评价，对学生作文水平的提升具有举足轻重的作用。从实际的中学作文教学看，还存在以下一些亟须解决的问题。一是有一些语文教师评改学生作文的标准单一，不论批改什么年级学生的作文，不论批改什么文体的作文，依据的评价标准都是高考作文评价标准。显然这是不对的。不同类型的作文虽说有共同的评价要素，但也更有一些不同的评价要求和标准。教师显然必须掌握这些不同的标准，依据这些不同的标准，才能对学生所写的各类作文做出有效评价。二是一些教师对评价学生作文的基本路径还不熟悉，评价思路不够明确。三是还有不少教师不知采取怎样的角度和语言去为学生写评语。出于改变这一状况的强烈愿望，我们编写了这本作文评价指导用书。我们希望通过我们的努力帮助语文教师提升评价学生各类作文的能力。

　　本书把中学生的写作分成了实用类和文学类两类。每一类中都有很多种文体的作文。本书在每一种写作文体评改中，都会先用最简约的文字向教师叙述该文体的特点，然后用表格形式说明这类文体作文的评价标准。之后举学生所写的一篇作文，文后有依据此类文体作文的标准，从内容和表达两个方面分析该作文，最后写出供教师参考的作文评语和评分。需要说明的是，本书提供的学生作文大都是学生平时真实的习作，其中有写得好一些的，也有写得差一点的。这些真实的习作其实更符合平时教师评改学生作文时的真实情况。希望读者通过阅读，就能够明白有效评改学生作文的基本流程和规范，有利于形成有效评改学生作文的能力。

　　本书有很强的针对性、实用性和操作性，对语文教师在评改作文时，评什么，怎么评，有较强的指导作用。本书不是泛泛来谈中学作文教学，而是聚焦作文教学评价的环节，在操作层面从具体评改途径和方法上给予示范性指导。本书是语文教师评改学生作文的好帮手！不仅在职语文教师需要它，在校中文师范生也应

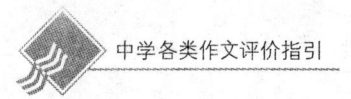

学习它。为此,我们在本书的"下编"专门设计了一个"作文评改练习",提供真实的学生作文,供练习评改之用。

总之,本书希望通过设计一个较具体的作文评改学习流程,帮助中学语文教师提升评改中学生作文的能力!

周小蓬　曾湖仙

2015年3月

目　　录

上编　实用类作文评价指引

第一章　记叙文评改技能 （3）
　　第一节　记叙文文体概述 （3）
　　第二节　记叙文评改标准及范例 （5）
第二章　说明文评改技能 （20）
　　第一节　说明文文体概述 （20）
　　第二节　说明文评改标准及范例 （24）
第三章　议论文评改技能 （39）
　　第一节　议论文文体概述 （39）
　　第二节　议论文评改标准及范例 （45）
第四章　应用文评改技能 （68）
　　第一节　新闻 （68）
　　第二节　传记 （74）
　　第三节　演讲稿 （85）
　　第四节　调查报告 （97）
　　第五节　书信 （104）
　　第六节　读书笔记 （110）
　　第七节　随笔 （119）
　　第八节　日记 （124）

中编　文学类作文评价指引

第五章　诗歌评改技能 （133）
　　第一节　诗歌文体概述 （133）
　　第二节　诗歌评改标准及范例 （135）
第六章　散文评改技能 （140）
　　第一节　散文文体概述 （140）

第二节　散文评改标准及范例 …………………………………… (142)

第七章　小说评改技能 ……………………………………………… (155)
　　第一节　小说文体概述 ……………………………………………… (155)
　　第二节　小说评改标准及范例 …………………………………… (158)

第八章　戏剧评改技能 ……………………………………………… (169)
　　第一节　戏剧文体概述 ……………………………………………… (169)
　　第二节　戏剧文体评改标准及范例 ……………………………… (171)

下编　作文评改练习

练习一 ……………………………………………………………………… (181)
练习二 ……………………………………………………………………… (183)
练习三 ……………………………………………………………………… (185)
练习四 ……………………………………………………………………… (187)
练习五 ……………………………………………………………………… (190)
练习六 ……………………………………………………………………… (192)
练习七 ……………………………………………………………………… (195)
练习八 ……………………………………………………………………… (197)
练习九 ……………………………………………………………………… (200)
练习十 ……………………………………………………………………… (203)
练习十一 …………………………………………………………………… (206)
练习十二 …………………………………………………………………… (208)
练习十三 …………………………………………………………………… (210)
练习十四 …………………………………………………………………… (212)
练习十五 …………………………………………………………………… (214)
练习十六 …………………………………………………………………… (216)
练习十七 …………………………………………………………………… (219)
练习十八 …………………………………………………………………… (221)

附　录 ……………………………………………………………………… (223)

后　记 ……………………………………………………………………… (232)

上 编
实用类作文评价指引

第一章 记叙文评改技能

第一节 记叙文文体概述

一、什么是记叙文

记叙文是写人、叙事、写景、状物的一种文体,它的主要表达方式是叙述和描写。古代的记、传、序、表、志等,现代的通讯、散文、游记、特写、回忆录、报告文学等,都属于记叙文的范畴。广义的记叙文包括小说、剧本、童话、寓言等。总的来说,记叙文是以记叙和描写为主要表达方式,以记人、记事、写景、状物为主要内容,表达作者思想感情的一种常用文体。

二、记叙文的特点

从广义上来说,记叙文包括以写人为主的记叙文、以写事为主的记叙文和以写景状物为主的记叙文,时间、地点、人物、起因、经过、结果是它必备的六个要素。记叙文的记叙次序有顺叙、倒叙、插叙、补叙等。它一般采用第一人称或第三人称,个别时候使用第二人称。在表达方式上,记叙文一般以叙述和描写为主,兼用说明、议论和抒情。通常来说,记叙文的表现手法也称为修辞手法,主要包括比喻、拟人、排比、夸张、反复、对偶、借代、引用、反问、设问、反语、对比。

三、记叙文的分类

根据文章记叙对象的不同,我们可以将记叙文分为写人、记事和写景状物

三类。以下分别介绍各类记叙文的基本特点。

(一)写人记叙文

写人记叙文,就是以表现人物的精神世界、性格特征、思想品质为主要目的的记叙文。它以塑造人物形象为主体来反映文章主题,它所涉及的人和物都必须为刻画人物形象服务。因此,写人记叙文中要充分体现出人物形象的丰满性,使人物形象立体化,具有一定的个性。此外,文中除了作者的叙述交代外,还要让人物在自身的活动中展示自己,适当把一些介绍交代的话语改变为人物自己的活动,从多方面(外貌、动作、对话、神态、心理等)进行描述。在表现人物的精神特征时,要么歌颂,要么批评,这体现的是一种情感态度。

以写人为主的记叙文,可以写一个人,也可以写一组人。写一个人,可以通过一件事,也可以通过几件事来表现。倘若是通过一件事来写人,就要写他最能打动人、最能给人留下深刻印象的那一件事。如果通过几件事来表现人,则要写好这几件事,并注意把焦点对准人。写一组人的文章写的人多,事情也多,要考虑用什么中心思想把人物的事迹组合到一起。写一组人的文章,要区别主次,一方面要注意突出主要人物,另一方面也不可忽略次要人物(例如:群众角色),要做到详略得当,人物之间能互相配合。同时,所塑造的人物也应力求突显其个性,应多写人物的特征,切忌千人一面的、无个性的、无特色的一般化描写。

(二)记事记叙文

记事的记叙文以叙述事件为主,交代清楚时间、地点、人物、事件,重点写事件的起因、经过、结果。这一类的记叙文,要注意体现事情的阶段性和完整性,也就是要把事情的过程具体地表现出来。在文章中,事情是重点,人物和环境景物的描述只能围绕着事,服从于事。

中学生记事记叙文写作训练及测试的总体要求是:叙事能清楚地交代四要素,分别是时间、地点、事件(包括起因、经过、结果)、人物;叙事要有明确的中心;所记述的事件要具体、真切、自然、有意义、有真情实感;记一事,要条理清晰,记多事,要分清主次,两者均要注意详略得当。

很多学生写作文时觉得事情太散,零零碎碎,要把真实的生活记录下来,要么太简略,要么太啰唆。这就需要教师进行指导,教学生如何把零碎的材料集中起来,或者把啰唆的材料删去,把事情、情节的阶段性、完整性呈现出来,写成规范的记叙文。

(三)写景状物记叙文

写景状物的记叙文,要在体现景、物的具体性方面做努力。要注意抓住景、物在特定时间、地点、条件下,在作者特定的感情支配或感受下所形成的特定画面或形象。这一类记叙文,写景状物不是作者的目的,仅仅是抒情的凭借。作者要在借景抒情、托物言志等方面花工夫,要在景与情的交融上、物与志的结合上彰显功力。要寻找抒情的依附物和言志的寄托物,把有个人特点的情或志与有个性特点的景或物有机地结合起来。由于作者所抒之情、所托之志不同,因而对同一景、物的特征就各有所取,描写的重点和写法也就大不一样。景随情变,情因人异,人各有志,物各有性。

第二节 记叙文评改标准及范例

一、写人记叙文

(一)评改标准[①]

题目:＿＿＿＿＿＿＿＿＿＿＿＿＿＿＿＿＿＿＿＿＿＿＿＿＿＿＿＿＿＿＿＿＿＿＿＿

作者:＿＿＿＿＿＿＿＿＿＿＿＿＿＿＿＿ 日期:＿＿＿＿＿＿＿＿＿＿＿＿＿＿＿＿

	分值						得分		
							自评	互评	师评
一、内容(55%)									
1. 文章的选材切合题意	10	8	6	4	2	0			
2. 文章内容充实,材料丰富	10	8	6	4	2	0			
3. 文章内容能围绕中心人物做记叙	10	8	6	4	2	0			
4. 文章能塑造饱满的人物形象(有恰当的外貌、心理等表现对象特征的描写)	10	8	6	4	2	0			
5. 作者能写出对人物的感受	10	8	6	4	2	0			
6. 文章立意深刻	5	4	3	2	1	0			
二、表达(45%)									
1. 文章结构安排符合文体要求	10	8	6	4	2	0			

---

① 全书所用表格示例以师评为主。自评、互评可根据实际教学自行使用。

续表

	分值	得分		
		自评	互评	师评
2. 全文结构完整,分段恰当,各段之间有清晰和流畅的过渡	10　8　6　4　2　0			
3. 表达流畅,无语病	10　8　6　4　2　0			
4. 字迹工整	5　4　3　2　1　0			
5. 语言有文采,能恰当地运用写作手法	10　8　6　4　2　0			
三、扣分部分				
1. 标题:缺失标题扣2分				
2. 字数:每少50个字扣1分				
3. 错别字:每一个错别字扣1分(重复的不计)				
4. 标点:标点错误多的,酌情扣分				
四、总分				

评阅者:_____　　　日期:_____

【评语】
_____
_____

(二) 评改范例

作文题:

每个人生命中都会有印象特别的人或事,你身边有没有这样特别的人存在?其特别之处表现在哪里呢?请以"一个特别的人"为话题,写一篇文章。① 题目自拟,立意自定,但所写内容必须在话题之内。② 不少于800字。③ 不得套作,不得抄袭。

学生习作

我的老师

初一　某生

"听说全校最严的数学老师要来教我们班了!""最严?难不成他能收服我们班的四大天王?"大家对新来的数学老师议论纷纷。我心里也充满了好奇——这会是怎样的一位老师呢?

"铃——铃——"上课铃响了。黄老师夹着一把长长的戒尺大步流星走进教室。只见他身材不高,胖胖的,鼻梁上架着一副老花镜。他用犀利的目光扫射一遍课室,便开始讲课。他的脸上始终没有一丝笑容。这时,"四大天王"坐不住了,开始交头接耳。黄老师见状,不由分说,用鹰爪般的大手一把抓起戒尺,飞快地劈向他们的桌子。刹那间,戒尺四分五裂。"四大天王"早已吓得魂飞魄散,连连求饶。在此后的日子里,我们多次见识了黄老师的厉害"功夫"!

黄老师除了神出鬼没的"鹰爪功",还有两门独家绝活——"撕本功"和"拧耳功"。如果哪位同学的数学作业格式不规范,必定难逃本子被撕的厄运。黄老师撕本时,一手紧攥本子,另一手向相反方向用力,只听"嘶——"一声,一个本子便瞬间"命丧黄泉",而黄老师连眼眨都不眨一下,仍津津乐道地撕掉一本又一本作业。一个学期下来,同学们被撕掉的本子不计其数。再说"拧耳功",这道神功更令同学们谈之色变。它是针对缺交作业的学生的。黄老师会从容不迫地走到那些缺交者的面前,一个劲儿地拧他们的耳朵,毫不手软。可怜那一声声痛苦的呻吟也没能打动黄老师。

黄老师虽然对我们严厉有加,但有时也幽默风趣。每节课前,他都会给我们讲故事。记得他给我们讲过一个和尚在同一个地方摔了三次跤的故事。在我们大笑了一场后,他提醒我们不要重复犯错。他生动的肢体语言和幽默的口吻,令人印象深刻。他在给练习题命题时,常常会用一些搞笑的人名,比如"马大哈""牛大力"等等。在这些"马大哈"的陪伴下,我们不知不觉学会了许多知识。

黄老师令人生畏的"鹰爪功"提醒我们作业马虎不得、学习务必严谨。而他那些有趣的习题和故事,同样暗藏着一个个深刻的道理,给予我们前进的动力。我六年级的数学老师黄老师就是这样一位既严厉又幽默的老师。

内容分析

本文标题为"我的老师",选取黄老师作为写作对象,符合题目以写人为主的要求。人物虽然普通,但角度定在了"严厉"和"幽默"上,扣住了作文要求中的"特别"。文章以同学们对黄老师的议论切入,引出对黄老师人物形象的塑造。小作者通过对黄老师"鹰爪功""撕本功"以及"拧耳功"的描写,来展现黄老师的"严厉";通过写黄老师"讲故事"和"命题",展现黄老师的"幽默"。这样选取典型事件、多角度地刻画人物,使黄老师的人物形象饱满、真实。文章的末段写了黄老师带给"我们"的影响,饱含着"我"对老师的感激之情,写出了小作者对人物的感受。

文章仍有一些可以提升的空间。文章以"我们"这一视角,主要写了其他同学与老师之间发生的事,缺少作者与老师单独的交往。如果小作者能适当选取自己与黄老师的交往片段,抒发个人对于黄老师的独特感受,文章或许会更加吸引读者。

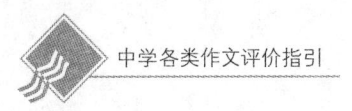

本文结构完整,层次清晰,可分为三个部分。第一部分(第1—3段),运用动作描写、外貌描写以及侧面描写,详写黄老师的"鹰爪功""撕本功"以及"拧耳功",来展现黄老师"严厉"的性格特点;第二部分(第4段),通过写黄老师"讲故事"和"命题"两件事,展现黄老师的"幽默"的性格特点;第三部分(第5段)写了黄老师带给"我们"的影响,写出了小作者对人物的感受。

文章开头以同学们对黄老师的议论切入,这为下文黄老师的出场以及对黄老师形象的刻画做好了铺垫,也引起了读者的阅读兴趣;文章中间用"黄老师虽然对我们严厉有加,但有时也幽默风趣"来过渡,使得上下文衔接自然;最后一段总结全文,点明黄老师的性格特点,并且与题目相呼应。

为了表现黄老师的幽默,可以把黄老师讲故事的原因、内容以及结果做一些叙述,不然会让读者不解其意。最后一段个人感受的表达有些浅白,需要再斟酌、加工,使文章的立意更加深刻。本文多处使用成语,使语言更有表现力,然而个别成语使用不当,如"津津乐道"。

【评分】

	分值	得分		
		自评	互评	师评
一、内容(55%)				
1. 文章的选材切合题意	10 8 6 4 2 0			10
2. 文章内容充实,材料丰富	10 8 6 4 2 0			8
3. 文章内容能围绕中心人物做记叙	10 8 6 4 2 0			10
4. 文章能塑造饱满的人物形象(有恰当的外貌、心理等表现对象特征的描写)	10 8 6 4 2 0			9

续表

	分值						得分		
							自评	互评	师评
5. 作者能写出对人物的感受	10	8	6	4	2	0			8
6. 文章立意深刻	5	4	3	2	1	0			3
二、表达(45%)									
1. 文章结构安排符合文体要求	10	8	6	4	2	0			8
2. 全文结构完整,分段恰当,各段之间有清晰和流畅的过渡	10	8	6	4	2	0			8
3. 表达流畅,无语病	10	8	6	4	2	0			9
4. 字迹工整	5	4	3	2	1	0			5
5. 语言有文采,能恰当地运用写作手法	10	8	6	4	2	0			8
三、扣分部分									
1. 标题:缺失标题扣2分									
2. 字数:每少50个字扣1分									
3. 错别字:每一个错别字扣1分(重复的不计)									
4. 标点:标点错误多的,酌情扣分									
四、总分									86

评阅者:_____ 日期:_____

【评语】

本文标题为"我的老师",选取黄老师作为写作对象,符合题目以写人为主的要求,也充分体现了记叙文的文体特征。全篇结构完整,过渡自然。小作者选取与人物性格有关的典型事件,充分运用动作描写、外貌描写以及侧面描写,刻画了一位既"严厉"又"幽默"的数学老师形象,并且抒发了自己对老师的感激之情。

小作者选取身边熟悉的人,叙述自己熟悉的事,说明他在生活中善于观察,富于思考,是个生活的有心人。这是积累写作素材的好方法。

如果小作者再选取一些"我"与老师单独交往的片段,抒发我对老师独特的感受,文章的结尾再用心处理一下,本文或许将更加出色。

(三) 备注

初中写人记叙文要求学生能通过一件事写出一个人的某个特征,或通过两三件事写一个人或一群人,能清楚地叙述事情并写出人物特点即可,要求较低。高中写人记叙文在清楚叙述的基础上,还要求学生合理选材,并综合运用肖像描写、动作描写、心理描写、对话描写以及环境衬托等手法展现人物特点，总体要求较高。教师在具体操作时要根据学生的年龄段适当调整评价标准。

二、记事记叙文

（一）评改标准

题目：_____

作者：_____ 日期：_____

	分值						得分		
							自评	互评	师评
一、内容(60%)									
1. 文章的选材切合题意	10	8	6	4	2	0			
2. 文章内容充实，材料丰富	10	8	6	4	2	0			
3. 文章能清楚交代时间、地点和人物	10	8	6	4	2	0			
4. 文章反映出事件的脉络	5	4	3	2	1	0			
5. 文章交代了事情的矛盾冲突或不寻常发展	5	4	3	2	1	0			
6. 作者能写出自己对此事件的感受	10	8	6	4	2	0			
7. 文章对各件事情的由来都交代清楚	5	4	3	2	1	0			
8. 文章立意深刻	5	4	3	2	1	0			
二、表达(40%)									
1. 读者可清楚知道事件的时间、地点、人物	5	4	3	2	1	0			
2. 读者可清楚知道事件的脉络	5	4	3	2	1	0			
3. 读者能清楚掌握作者对此事的感受	5	4	3	2	1	0			
4. 文章结构安排符合文体要求	5	4	3	2	1	0			
5. 全文结构完整，分段恰当，各段之间有清晰和流畅的过渡	5	4	3	2	1	0			
6. 表达流畅，无语病	5	4	3	2	1	0			
7. 字迹工整	5	4	3	2	1	0			
8. 语言有文采，能恰当地运用写作手法	5	4	3	2	1	0			
三、扣分部分									
1. 标题：缺失标题扣2分									
2. 字数：每少50个字扣1分									
3. 错别字：每一个错别字扣1分(重复的不计)									
4. 标点：标点错误多的，酌情扣分									
四、总分									

评阅者：_____ 日期：_____

【评语】

_____

_____

（二）评改范例

作文题：

有人说，世上本无路，走的人多了，也便有了路。

有人说，世上本有路，走的人多了，也便没了路。

还有人说……

请以"人与路"为题写一篇文章。要求：① 自定立意；② 除诗歌外，文体不限；③ 不少于800字。

学生习作

人与路

高三　某复读生

（1）火红火红的通知书是在七月份飘到我的手中。红得那么真，那么烈，我却没有勇气拆开它。薄薄的几页纸却压得我窒息，我的双手在颤抖，双眼被那红色刺得好疼。理想中的本科院校与我擦肩而过，手中大专院校的通知书灼得我很痛。

（2）轻轻地，我转身走出家门，同时听到了父亲捡起它的声音。

（3）父亲一句话都没说。我仅是跟在他身后，拼命地干活。我不抬头，谁都不看。只是在汗水或是泪水落在地上时，我才会想起，我以后的路要怎样走？每天，跟着父亲走在那条泥泞的乡间小道，静静的。偶尔闲歇，我瞥见父亲用力抽着劣质的烟，一团一团烟雾中的那双眼睛让我更加沉重。

（4）很快，我的婶娘们轮番来我家"劝说"父亲。我正拎着一捆柴走进厨房，听见三婶尖细的声音，"我看让她走大专行了，女孩子嘛，有个学校上就不错了。""就是嘛。如果不行，下学打工吧，看俺家三儿，每月千元，没负担啊……"这是二娘的声音。我怔住了，悄悄退进厨房，忐忑着。我在等父母的声音，"我看，孩子的事让她自己做主吧。"母亲柔声地说："无论大专，还是复读……"母亲的话还未说完，就听见大伯粗暴的声音："还复读？女儿迟早是别人家的人，你们糊涂啊！看你们家给孩子上学都被拖成这样了……"我塞了一把柴进灶，看着火越烧越大，泪珠大颗大颗落下。而父亲，从始至终都没说一句话。我却能想象他铁青的脸,还有大团的烟雾。

（5）我知道父母供我们姐弟三人上学真的很不容易。一个农民,除了土地,还有什么？将泥土砸成粉,将汗珠捽成米,得到的不过是一把皱巴巴的票子,更多的是劳累与负担。村里许多女孩子初中辍学打工,而我的父母,看着别人的孩子往家寄一笔又一笔崭新的钞票,而自己的孩子却一次又一次掏空了自己的腰包。他们会怎么想呢？

（6）这是一条怎样的路？愚昧、无知、充满危险的诱惑。我要的是布满荆棘却充满阳光与希望的路,我知道,我要付出更多……但我想,我是幸福的。我的父母给我生命,并给我装扮生命的机会。特别是我可敬的父亲。

（7）八月底,天比七月的某一天更热。父亲蹲在看台边,身边是大包小包的行李。密密的汗珠布满了他的头和背。我盯着父亲。夹着银丝的头发在阳光下亮得刺眼。不知是阳光的炙热,还是别的,我的双眼很痛。大团的烟雾呛眼刺鼻,我好想为父亲擦去满额的汗珠,但是我真的没有勇气。我怕面对苍老的父亲,我会泪流满面。

（8）我们一直没讲一句话。直到车来,父亲背上行李,迎向拥挤的车厢。我动也无法动。终于,他转过头,盯着我说:"回去好好干,明年给我挣个本科!"车门关上的一刹那,我泪纵飞。我知道,如果不赌,我不会赢,所以,我要拿我的一年做赌注,只为赢一条通向真正人生的路。回去的路上,每一步我都走得很稳,我知道,身后有一条我走过的路,而前面的路,更亮、更阔……

内容分析

这篇记叙文通过写父亲不理会各种劝说,毅然决定外出打工,支持女儿复读,实现本科梦这一事情,表达深挚的父爱。文章符合作文要求,切合题意,故事的起因、经过、结果,都交代得清清楚楚,体现了事件发展的清晰脉络。

文章以"我"收到高考失利的大专录取通知书为切入点,清晰地交代了事件发生的时间是在高考放榜的七月,地点是经济并不发达的农村,为读者逐一展现了"人":在"复读"与"认命"两种意志中苦苦挣扎的"我"、劝其安然接受命运安排的亲戚、顶着压力支持自己复读的父母亲。除去这些事件中的人物,还有"路":一条是"读大专,毕业后尽快挣钱贴补家用",一条是"劳累父母,复读一年,争取考本科"。不管是"人"还是"路",还是"人"与"路"之间的关系,作者都能叙述得十分清晰:父母亲——支持"复读"、亲朋——支持读大专、亲朋与父母间就"复读"还是"读大专"意向的矛盾冲突、"我"——想复读又心疼劳作的父母,因而迷茫纠结。

围绕这些人物,作者选取了典型的细节,比如用"捡起通知书""抽着劣质的烟""背上行李,迎向拥挤的车厢"来刻画父亲无言的大爱。这些材料被编织在"落榜—劝阻—打工"这一事件的发展脉络中,显得有序、自然而丰富。

不足的是,该文在"父母亲同意'我'复读",以及"父亲决定外出打工"这两个情节上交代得还不够清晰。特别是文中"八月送别"那两段,会让读者误以为是父亲送"我"回学校复读,而不是父亲外出打工。

表达分析

从结构上说,文章段落清晰,可分为三个部分。第一部分(第1—3段),是文章的起因——高考失利。第二部分(第4—6段),是事件发展的经过也是高潮,交代了矛盾——亲朋的反对意见与父母的支持意见和"我"的希冀之间的冲突。第三部分(第7—8段),是事件发展的结果——父亲外出打工供"我"复读一年。总的来说,符合记叙文文体要求。

语言表达方面,自然流畅,没有语病。能恰当地运用不同的手法进行细节描写:"我"接到大专录取通知书的那种失望、无奈、迷惘、希冀和心痛的心理描写;父亲"捡起通知书""抽着劣质的烟""背上行李,迎向拥挤的车厢"的动作描写;亲戚们时而"尖细"时而"粗暴"的语言描写;等等。

不足之处在于第6、7自然段对于父亲决定外出打工供"我"复读没有清晰的交代,因而过渡略显不自然。

【评分】

	分值						得分		
							自评	互评	师评
一、内容(60%)									
1. 文章的选材切合题意	10	8	6	4	2	0			10
2. 文章内容充实,材料丰富	10	8	6	4	2	0			10
3. 文章能清楚交代时间、地点和人物	10	8	6	4	2	0			10
4. 文章反映出事件的脉络	5	4	3	2	1	0			5
5. 文章交代了事情的矛盾冲突或不寻常发展	5	4	3	2	1	0			5

续表

	分值						得分		
							自评	互评	师评
6. 作者能写出自己对此事件的感受	10	8	6	4	2	0			10
7. 文章对各件事情的由来都交代清楚	5	4	3	2	1	0			3
8. 文章立意深刻	5	4	3	2	1	0			4
二、表达(40%)									
1. 读者可清楚知道事件的时间、地点、人物	5	4	3	2	1	0			5
2. 读者可清楚知道事件的脉络	5	4	3	2	1	0			5
3. 读者能清楚掌握作者对此事的感受	5	4	3	2	1	0			5
4. 文章结构安排符合文体要求	5	4	3	2	1	0			5
5. 全文结构完整,分段恰当,各段之间有清晰和流畅的过渡	5	4	3	2	1	0			3
6. 表达流畅,无语病	5	4	3	2	1	0			5
7. 字迹工整	5	4	3	2	1	0			5
8. 语言有文采,能恰当地运用写作手法	5	4	3	2	1	0			4
三、扣分部分									
1. 标题:缺失标题扣2分									
2. 字数:每少50个字扣1分									
3. 错别字:每一个错别字扣1分(重复的不计)									
4. 标点:标点错误多的,酌情扣分									
四、总分									94

评阅者:_____ 日期:_____

【评语】

本文切合题意,符合记事记叙文的文体要求。文章的素材来源于真实生活,经过作者艺术化的加工,为读者展现了不同的"人"和"路",以及它们之间的关系。文章的脉络较为清晰,作者能够选取典型的细节来刻画人物,并针对不同的对象选择不同的写作手法,如用心理描写表现"我"接到大专录取通知书时的失望心痛;用"捡起通知书""抽着劣质的烟""背上行李,迎向拥挤的车厢"等动作描写来表现父亲沉默的爱;用亲戚们和父母的意见相左时,"尖细"而"粗暴"的语言描写来表现旁人的不解;等等。这些无疑为整篇文章增加了亮色。

文章略有不足之处在于"父母亲同意'我'复读",以及"父亲决定外出打工"这两个情节上交代不够清晰。如果向读者点明一下将会更好。

（三）备注

初中记事记叙文要求学生能以叙述事件为主，交代清楚时间、地点、人物、事件，重点写事件的起因、经过、结果即可，要求相对较低。高中记事记叙文则要求在清晰叙事的基础上，还能将所写的事情具体、真切、自然、有意义、有真情实感地记叙下来。

三、写景状物记叙文

（一）评改标准

题目：_____

作者：_____ 日期：_____

	分值						得分		
							自评	互评	师评
一、内容（60%）									
1. 文章的选材切合题意	10	8	6	4	2	0			
2. 文章内容充实，材料丰富	10	8	6	4	2	0			
3. 文章能够抓住景物特征，写出景物的个性	10	8	6	4	2	0			
4. 文章能确立好观察角度，按照一定的顺序叙写	10	8	6	4	2	0			
5. 文章抓住景物在特定时间、地点、条件下的特定画面或形象	5	4	3	2	1	0			
6. 作者能把个人的情感与景物有机地结合	10	8	6	4	2	0			
7. 文章立意深刻	5	4	3	2	1	0			
二、表达（40%）									
1. 读者可清楚知道景物的样貌和特征	5	4	3	2	1	0			
2. 读者可清楚知道文章的叙写顺序	5	4	3	2	1	0			
3. 读者能清楚读出作者寄寓于景物的情感	5	4	3	2	1	0			
4. 文章结构安排符合文体要求	5	4	3	2	1	0			
5. 全文结构完整，分段恰当，各段之间有清晰和流畅的过渡	5	4	3	2	1	0			
6. 表达流畅，无语病	5	4	3	2	1	0			
7. 字迹工整	5	4	3	2	1	0			
8. 语言有文采，能恰当地运用写作手法	5	4	3	2	1	0			
三、扣分部分									
1. 标题：缺失标题扣2分									

	分值	得分		
		自评	互评	师评
2. 字数：每少 50 个字扣 1 分				
3. 错别字：每一个错别字扣 1 分（重复的不计）				
4. 标点：标点错误多的，酌情扣分				
四、总分				

评阅者：_____ 日期：_____

【评语】
_____
_____

（二）评改范例

作文题：

大自然的花香鸟语，草长莺飞，都蕴涵着数不胜数的神奇，也有着许多难以言说的美丽，走进她，会使我们的神经得到放松，更会荡涤我们的心灵，放飞我们的梦想。假期，是我们亲近自然的最佳时机。请以假期的见闻为内容写一组文章，题目自拟，文体不限，600字以上。

学生习作

羊湖——永恒的美丽

初一　某生

这湖，该从哪儿说起呢？她被群山环绕，又怀抱着一座山。如一位美丽的仙女，隐逸在群山中。你必须走一条长长的山路，翻过一个山顶，才能见识到她的真面目。她拥有诗一般美的名字——羊卓雍措。

她不像洞庭湖那样，拥有"湖光秋月两相和，潭面无风镜未磨"的幽静安详的景象；不像西湖"接天莲叶无穷碧，映日荷花别样红"那样，有荷花荷叶的映衬。她是神圣的高原上，神圣的湖。

在阳光的照耀下，羊卓雍措是如此美丽！不同深浅的蓝色不停地变幻着——云影之下是深蓝的；阳光之下是青蓝色的、钻蓝色的、瓦蓝色的，变化无穷；靠岸边的，则是蓝绿。阳光挥起了它的画笔，在湖面上作画，那闪闪的金色，让羊卓雍措更加迷人，更加耀眼，就像是为这块美丽的异象水晶撒上了金粉!像打磨成环的蓝色琥珀,被珍贵地放好,加上山神的重重保护;又像一条蓝色调的丝绸,挂在美人的脖子上。那美丽,冲击着心灵,震撼我的视野。

值得一提的是湖边的风景。从日喀则回来,必定要选择经过羊湖的路线,一路上的风景美不胜收!湖边长了无数丛颜色各异的花——青蓝色的、淡紫色的、紫红色的、金黄色的……种类数不胜数,铺在绿油油的草地上。就像绿色的缎带上绣满了不同颜色的宝石,华丽无比。映衬着蓝天,白云,湖水。放眼望去,是多么美的一幅画——美丽的缎带铺在宝石般蓝的湖面上,而后面是深绿色的山,山脚下有几片金灿灿的油菜花田;天上,洁白的云朵、碧蓝的天、翻飞的鸟儿,远处还有座雪山,让人们再次走入诗一般美的仙境中。

羊卓雍湖纯净的水质、岸边肥美的草地,更是养育了许许多多可爱的动物。经过大片的草地时,停下车,并轻手轻脚地走进草地,会发现脚边有许多洞——这是属于西藏鼠兔的,大概有一个拳头那么大。再看看远一点的地方,那些小精灵便映入你眼帘——棕色的毛茸茸的鼠兔,那小小的、圆圆的眼睛警惕地盯着四周。当我想靠近的时候,咻溜,便没了踪影。那些鸟儿——沙鸥、鸬鹚、乌鸦,它们成群结队地散布在湖边,或在空中盘旋翻飞,或安静地在草地上休息,或悠闲地在湖面上漂浮……让人顿生怜爱。还有羊湖边村民们的牦牛、绵羊,它们在草地上吃草,不紧不慢。我不禁羡慕起它们——能在那么美的地方生活,多么令人向往!

羊湖的美实在是说也说不尽。如果你有幸去西藏,不妨挑个晴朗的日子,驾车去羊湖,你也一定会被它的美深深感动。

羊湖,这永恒的美丽。

内容分析

本文取景于西藏圣湖之羊卓雍湖,采用的是记叙游记的体裁,写出了羊湖的景色特点。文章内容充实,情感真挚,切合题意。文章以不同于洞庭湖和西湖的特点而引出羊湖的美,分别写了羊湖变幻着不同深浅蓝色的湖水,湖边的花、草等美丽的风景以及湖边许多可爱的动物,以空间变换以及由小及大的视野来观察羊湖的景色特点,采用记叙、描写和抒情结合的方式,描写逼真生动,情景交融,如第五段写到"我不禁羡慕起它们",抒发了作者被羊湖的美景深深打动的情感,表达了作者对羊湖的喜爱和神往之情。

本文不足之处在于描写的角度不够多,仅从羊湖水、羊湖边的景色来描述羊湖的美,略显单薄。可从羊湖的传说、羊湖的海拔和面积、羊湖被誉为世界上最美丽的水或结合一些人文史料来丰富羊湖的具体形象。

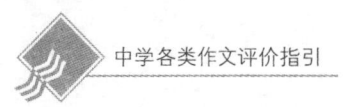表达分析

  本文结构完整,段落清晰。可分为三个部分。第一部分(第1—2段),交代了游览羊湖要走一段很长的山路并翻过一座山顶,才能领略羊湖不同于洞庭湖和西湖的美。第二部分(第3—5段),按空间顺序具体写了羊湖水的美以及羊湖边的景色和动物。第三部分(第6—7段),总体概括了羊湖的美,点题收束全文,表达了作者对羊湖的神往之情。

  本文文笔流畅,描写生动,如能够用水晶、琥珀、丝绸等形象比喻了羊湖水的特点,更将对羊湖的喜爱之情融于羊湖景色的描写之中,景美,情更美。但段落之间的衔接略有不足,如第3段和第4段之间的过渡不够自然。

【评分】

	分值						得分		
							自评	互评	师评
一、内容(60%)									
1. 文章的选材切合题意	10	8	6	4	2	0			10
2. 文章内容充实,材料丰富	10	8	6	4	2	0			9
3. 文章能够抓住景物特征,写出景物的个性	10	8	6	4	2	0			8
4. 文章能确立好观察角度,按照一定的顺序叙写	10	8	6	4	2	0			8
5. 文章抓住景物在特定时间、地点、条件下的特定画面或形象	5	4	3	2	1	0			5
6. 作者能把个人的情感与景物有机地结合	10	8	6	4	2	0			10
7. 文章立意深刻	5	4	3	2	1	0			4
二、表达(40%)									
1. 读者可清楚知道景物的样貌和特征	5	4	3	2	1	0			5
2. 读者可清楚知道文章的叙写顺序	5	4	3	2	1	0			5
3. 读者能清楚读出作者寄寓于景物的情感	5	4	3	2	1	0			5
4. 文章结构安排符合文体要求	5	4	3	2	1	0			5
5. 全文结构完整,分段恰当,各段之间有清晰和流畅的过渡	5	4	3	2	1	0			3
6. 表达流畅,无语病	5	4	3	2	1	0			5

续表

	分值						得分		
							自评	互评	师评
7. 字迹工整	5	4	3	2	1	0			5
8. 语言有文采，能恰当地运用写作手法	5	4	3	2	1	0			5
三、扣分部分									
1. 标题：缺失标题扣2分									
2. 字数：每少50个字扣1分									
3. 错别字：每一个错别字扣1分（重复的不计）									
4. 标点：标点错误多的，酌情扣分									
四、总分									92

评阅者：_____　　　　　　　　日期：_____

【评语】

这篇文章为写景记叙文，作者分别从羊湖变幻不同蓝色的湖水、羊湖边美丽的景色及羊湖边可爱的动物三个方面具体描写了羊湖"美如仙境"，抒发了作者被羊湖的美所深深打动之情。作者观察细微，采用记叙、描写和抒情相结合的方式，描绘羊湖的景色用词优美传神，并加入自身的感受，使得文章情景交融。文章首尾呼应，最后一段画龙点睛，更突显了羊湖的美。

但希望作者描写的角度更多一些，并注意段落之间的过渡和衔接，使文章更为完善。

（三）备注

初中写景记叙文要求学生能用记叙文，按照一定的顺序写出景物的特点即可，要求较低。高中写景记叙文在清楚叙述写景的基础上，还要求学生能够融情入景、借景抒情、托物言志，总体要求较高。教师在具体操作时要根据学生的年龄段适当调整评价标准。

第二章 说明文评改技能

第一节 说明文文体概述

一、什么是说明文

说明文的使用非常广泛,科学研究中的实验报告、各种科学技术书籍、生产设备的安装说明、操作流程的介绍、物品的使用与保养、产品展销的解说词等都需要用说明文来写。那么究竟什么是说明文呢?一般而言,我们把解说事物,剖释事理,阐明意象,使人得到关于事物、事理或意象知识的文字,称为说明文。说明文主要是对某个事物或事理的解说。解说事物包括对事物的形状、种类、成因、特征、构造、用途等方面,而阐明事理包括概念、内容、性质、作用、演变等方面。说明文不像记叙文那样重在记叙、描写和抒情,也不像议论文那样重在论证某个道理或观点。说明文通过说明客观事物使人增长知识和技能。

说明文写作中为了把对象解说明白,让读者更容易接受,需要运用一些有关说明的技巧和方法。这些说明方法包括:下定义、作诠释、分类别、举例子、作比较、引资料、列图表等等。究竟采用哪一种方法进行说明,要根据每种方法的特点、作用以及说明对象的具体情况而确定。

二、说明文的特点

说明文在长期的写作实践中形成了自己的特点。

1. 知识性

说明文的最主要目的是传递知识。作者通过说明文来解释事情的发生、发展，介绍事物的特征、功能、性质等，主要是为了让读者了解知识，增长见识，明白事理。

2. 客观性

叶圣陶先生在《作文概论》里说："说明文说明一种道理，作者的态度是非常冷静的，道理本该怎样，作者把它说清楚了就算完事，其间决不掺进个人的感情呀，绘声绘色的描摹呀这一套。"说明文是知识性文章，阐明某种科学知识必须符合客观实际，具有高度的科学性。作者不能随意夸大或缩小事实，而应该按照事物本身的规律特点来介绍、说明事物和事理。

3. 说明性

每一种文体都有其性质和特点。说明文是解释事物、阐明事理的文章，它所用的最主要表达方式是说明，而不是记叙、描写或者议论，所以说明性是说明文区别于其他文体的最主要标志。有时由于表达效果的需要，说明文中会部分使用记叙或议论的表达方式，但这并不会改变说明文说明性的特点。

说明文对语言及结构有一定的要求。说明文的知识性、客观性、说明性三个特点是相互联系、不可分割的，因此说明文的语言要准确、质朴、简洁。说明文语言的准确性尤为重要，它要求运用专门术语和概括性词语，要求尊重事实，不出现错误性表达。在准确性的基础上，可以适当地使用修辞，使说明文生动易懂。

说明文要求结构严谨。一般来说，说明文要按照说明对象的特征、规律以及人们认识事物的逻辑过程来安排说明顺序。如介绍产品的制作过程，往往是根据产品的生产流程来安排行文的结构，使读者容易理解。除了结构严谨之外，说明文还应根据写作的目的合理安排材料，使文章重点突出，详略得当。

三、说明文的分类

根据说明的内容不同进行分类，我们可以将说明文分为实物说明文、程序说明文和事理说明文。以下分别介绍各类说明文的基本特点。

(一) 实物说明文

实物说明文以实体的事物,如建筑、动物、植物、山水、产品、旅游景点、科技成果等具体事物为说明内容,主要运用说明的表达方式、平实性的语言,客观准确地介绍实物的形状、结构、成因、方法、关系、效能、用途等,说清楚实物"是什么"或"是什么样的",使读者获得关于该实物的具体知识。正如夏丏尊等所说的"生理教科书中讲胃是怎样一件东西,有什么用;动物教科书中讲哺乳类动物是怎样一类动物,有什么特征"①,这都是实物说明文。

实物说明文介绍的对象可以是单个的,如《雄伟的人民大会堂》《晋祠》;也可以是一组或一类的,如《中国古代的车马》《中国石拱桥》。可以作单项说明,即只介绍外形,或只介绍功用;也可以作综合说明,即对某一类、某一种实物的外形特点、内部结构、价值功用、制作要求,甚至来历及发展远景加以介绍和说明,使人们对其有全面了解。

对实体事物的说明,一般是对实体事物静态的说明,虽然有时也写到事物的动态(如机器的运转过程、物件的生产过程等),但是写事物的动态时也是把它当做静态的存在来写的。因此写实体事物时,要特别注意写清楚空间位置,注意事物的表、里,大、小,上、下,左、右,东、西、南、北,前、后,来、去的位置和方向。此外,写作实物说明文时还要注意以下几点。

第一,对实物要有充分的认识和了解。这样才能把实物说得清楚明白。如《看云识天气》中作者对卷云、卷积云、积云、高积云的形状、特点,出现的时间与天气的关系认识得十分清楚、具体,所以他才能介绍得明晰晓畅,使读者可清楚地把握说明对象。

第二,要抓住实物的特征和本质。根据实物的特征和本质,安排说明的重点,不至于与其他事物相混淆,这样的说明才具准确性。《中国石拱桥》在抓事物的主要特征方面是一个范例。赵州桥和卢沟桥都是石拱桥,作者紧紧抓住双方各自的特征来写:赵州桥"全桥只有一个大拱","大拱的两肩上,各有两个小拱","大拱由二十八道拱圈拼成,就像这么多同样形状的弓合拢在一起,做成一个弧形的桥洞","结构匀称","古朴美观";卢沟桥是"由十一个半圆形的石拱组成","每两石拱之间有石砌桥墩,把十一个石拱联成一个整体",桥两旁的石栏石柱上雕刻的狮子"千态万状,惟妙惟肖"。把双方特点说明得很清楚,

---

① 夏丏尊,叶绍钧.国文百八课[M].北京:人民教育出版社,1985:104.

两座桥各自的形状、结构和风格也就历历在目了。[1]

(二) 程序说明文

程序说明文是指以说明的方式对某种物品或事物的生产工序、制作流程、使用方法、保修方法等作的文字性说明。它的主要目的是向读者说清楚做事的过程和顺序。因此,写程序说明文必须严格按照事物生产工序或使用的先后顺序来安排文章的结构,因为前一个生产步骤往往是后一个步骤的前提条件。它要求每一道工序都应该交代清楚,让读者明白每一步该怎么做,不该怎么做。对于读者容易出错的步骤,还应该说明原因并指出注意事项。如叶圣陶先生写《景泰蓝的制作》,按照景泰蓝的制作顺序分段,向读者介绍了"制胎""掐丝""点蓝""烧蓝""打磨"五道大的生产工序及原理。按照这样的顺序来说明事物,不仅使文章结构完整,条理清楚,而且能给读者留下十分鲜明的印象。

写程序说明文,首先要通过查找资料或者直接观察、调查以及参与实践的方式,弄清楚物品的生产和使用过程,以保证程序说明文的科学准确性。在弄清楚要说明的对象之后,还应该考虑合理安排材料,详细说明重要步骤,使文章中心突出、详略得当,避免写成"流水账"的形式。在文章结构上,要合理划分段落,尽量按照分条列项的方式来写,标明步骤序号。这样容易使得文章条理清晰,步骤分明。语言上必须准确、简练,使读者读懂、明白即可,不需要太多的情感抒发。

(三) 事理说明文

事理说明文是阐述抽象事理的,这种说明文主要是说明事物的本质、事物内部或事物之间的内在联系等一系列问题,以及对事物的起因、功用、关系等等进行解说,重在回答"为什么"的问题。

写事理说明文要特别注意科学性和逻辑性。科学性就是说要符合实际,符合事物本身的发展规律。因此,说明事理必须实事求是,不能夸大或缩小,更不能编造;必须全面而周密,不能片面,不能只强调一点而忽视或遗漏其他方面;同时必须肯定明确,不能似是而非,模棱两可,顾此失彼。逻辑性是要把概念表达准确,要把说的是什么事物、什么问题或什么现象用准确的语言交代清楚,不要同别的事物、问题或现象混淆不清。另外,事理说明文推理要严密,环

---

[1] 王胜忠.说明文应用文写作训练[M].长春:吉林人民出版社,1997:27.

环相扣;要有充分的事实证明,做到有理有据。

写作事理说明文要遵循以下三个原则。

第一,了解事理,要做到明白透彻,这是写好事理说明文的先决条件。可以通过亲自观察、研究或者是向别人请教、查阅资料等来了解事物的道理。只有自己先弄懂了道理,才可能向别人介绍清楚。

第二,安排结构要层次分明,条理清晰。事理说明文所遵循的首先是逻辑顺序(事物的因果、递进等关系),也就是事物的内在联系和认识事物的规律。逻辑顺序不但要运用在段落关系上,句子之间也要按照这种顺序来写。

第三,根据事理的特点和人们认识事物的规律,选择适当的说明方法。根据事理的特点和认识事物的规律,尽量利用人们熟悉、知道、承认、能够明白或接受的东西来说明问题。这也就是通常所说的从已知到未知,从具体到抽象,从简单到复杂,由近及远,由浅入深。事理说明文常用的说明方法是例证法、推理法、类比法、图表法、数字统计法等等。通常写事理说明文不是单纯地使用一种方法,而是综合运用几种方法。

第二节　说明文评改标准及范例

一、实物说明文

(一)评改标准

题目：_____

作者：_____　　　　日期：_____

	分值						得分		
							自评	互评	师评
一、内容(50%)									
1. 文章说明对象明确、内容切合题旨、明确围绕中心介绍实物	10	8	6	4	2	0			
2. 文章内容按照一定的说明顺序有条理地说明	10	8	6	4	2	0			
3. 能正确运用说明方法	10	8	6	4	2	0			
4. 作者能抓住实物特征或本质加以说明	10	8	6	4	2	0			
5. 文章清楚、细致、准确、科学地呈现实物	10	8	6	4	2	0			

续表

	分值	得分		
		自评	互评	师评
二、表达(50％)				
1. 文章结构安排合理完整	10 8 6 4 2 0			
2. 文章分段恰当,过渡自然,层次井然	10 8 6 4 2 0			
3. 语言准确简洁,生动易懂	10 8 6 4 2 0			
4. 正确使用多种手法加以说明	10 8 6 4 2 0			
5. 表达流畅,无语病	5 4 3 2 1 0			
6. 字迹工整	5 4 3 2 1 0			
三、扣分部分				
1. 标题:缺失标题扣2分				
2. 字数:每少50个字扣1分				
3. 错别字:每一个错别字扣1分(重复的不计)				
4. 标点:标点错误多的,酌情扣分				
四、总分				

评阅者:＿＿＿＿＿＿＿＿＿＿　　　　日期:＿＿＿＿＿＿＿＿＿＿

【评语】
＿＿＿＿＿＿＿＿＿＿＿＿＿＿＿＿＿＿＿＿＿＿＿＿＿＿＿＿＿＿＿＿＿＿＿＿＿＿
＿＿＿＿＿＿＿＿＿＿＿＿＿＿＿＿＿＿＿＿＿＿＿＿＿＿＿＿＿＿＿＿＿＿＿＿＿＿

(二) 评改范例

作文题:

选择一种动物或植物,自拟题目,写篇说明文。要求:① 要有一个明确的中心。② 要有比较充实的材料。③ 字数不少于800字。④ 不得套作,不得抄袭。

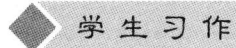

鸟类——我们的益友

高三　某生

(1) 自从人类在地球上出现,一直与鸟类有着密切的关系。人们开始只知道猎捕它们,食其肉,饰其羽,慢慢就懂得驯化饲养。随着历史的发展和人类文明的进步,人类的认识也越来越明确:鸟类是人类不可少的益友。

(2) 鸟类在消灭森林、农田和草原虫害方面的作用是人所尽知的。例如新疆巴里坤草原,每年春末都有大群的粉红椋鸟从南方飞来繁殖。一只粉红椋鸟的雏鸟平均每天可啄食西伯利亚蝗虫137只。未经它们捕食过的草地,蝗虫密度每平方米有37只,而它们经常捕食的地段,每平方米还不到1只,灭虫效应是非常明显的。又如松毛虫是我国松林的主要虫害,每年受危害的松林面积近3000万亩,损失木材几百亿立方米。长期以来采取化学防治的方法,收效不大,反而使害虫产生抗药性。而河南省罗山县涩港林场,利用人工巢箱招引大山雀等防治松毛虫,有效地抑制了松毛虫的危害。大山雀食量很大,一只幼鸟24小时所食的害虫重量约等于它的体重。山东日照县华山大队人工驯养喜鹊消灭松毛虫,也取得了很好的效果。

(3) 在消灭鼠害方面,鸟类更是我们的得力助手。一只猫头鹰一个夏天可捕食害鼠近千只。一只红脚隼在育雏期间每天要吃十几只老鼠。目前全国鼠害严重,原因之一就是人们对猛禽捕猎过度,使鼠类天敌大大减少。这是必须引以为戒的。

(4) 从经济意义上讲,鸟类是我们的一项宝贵财富。鸟类肉、卵、羽绒以至鸟粪都可以利用。但从目前的情况来看,野生鸟类资源的破坏十分严重,因此,首先应该强调保护资源,才谈得上合理利用。

(5) 环境保护问题现在已引起人们的高度重视。鸟类可作为环境保护的一种标志,哪个地方的环境保护得好,鸟类的数量就多,反之则少。又如当人类对滴滴涕杀虫剂的危险性尚无所知的时候,科学工作者在死亡的鸟体脂肪中发现了高滴涕,从而给人们敲响了警钟。燕子等各种鸟类,每天都在消灭大量的苍蝇、蚊子、牛虻等传染人畜疾病的害虫。此外,乌鸦、喜鹊、鹊鸲等常在垃圾堆、污水坑等附近觅食,啄食各种环境害虫。鹰、隼、鹫、雕等各种猛禽,还可啄食清除草原上的各种动物尸体。美国伊利诺伊州有一城市,过去一到夏天,蚊虫猖獗,虽说用了不少杀虫剂,但仍不见效。后来人们将该市一电视机天线厂改成一幢有一千多间人工燕巢的"大楼",燕子捕食蚊虫才控制住了蚊虫危害。

(6) 鸟类也是仿生学研究的主要对象之一。鸟类在空中自由飞行,自古以来就对人类有极大的吸引力。据文献记载,早在1900多年前,我国就有人把鸟羽绑在一起作成翅膀,能够滑翔百步以外;文艺复兴时期,达·芬奇设计了扑翼机,试图用脚的蹬动来扑翼飞行。后来经过许多科学家的试验,弄清了鸟类定翼滑翔的机理,终于发明了飞机。之后,又受到百灵鸟、蜂鸟直起直落的启示,发明了直升机。现代的许多仪器,也是根据鸟类的各种行为、器官而发明的。

(7) 在人们的精神生活中,鸟类也是不可缺少的角色。自古至今,绘画、雕塑、诗歌、小说、音乐、舞蹈等以鸟类为题材的,举不胜举。据说德国作曲家舒伯特,一次正在一家小酒店里吃饭,忽然传来了云雀清亮的叫声,他马上来了灵感,可是没有带纸,于是抓起桌上的菜单,在菜单背面一气写成一支曲子,即著名的《听!听!云雀》。无产阶级文学家高尔基的《海燕》,曾鼓舞过许多无产者投身到革命队伍中来。此外,在日常生活中,你也许有过这样的体会,如果工作之暇,能到大自然中去看看蓝天、白云、绿树,观赏鸟类鲜艳美丽的羽毛、活泼的体态,再听听它们那千回百啭的鸣声,确能使人心旷神怡,疲劳尽消。

　　(8) 正因为鸟类与我们人类有着如此密切的关系,目前国外十分重视鸟类的保护工作,甚至把保护鸟类作为衡量一个国家和地区科学和文化以及社会文明发达的标志之一。现在,我们提倡建设社会主义精神文明,更应该保护好鸟类,特别是广大青少年,应该积极加入爱鸟行列,使我们的祖国早日成为百鸟的乐园。

内容分析

　　本文以"鸟"作为说明对象,但并不是抓住某一只具体的鸟进行说明,而是另辟蹊径,紧紧围绕"鸟是人类的益友"进行介绍。开篇就开门见山地从人类与鸟类的关系点明"鸟类是人类不可少的益友"。主体部分从灭虫害鼠害、鸟类的经济价值、仿生学意义、丰富人类精神生活这些方面具体说明"鸟类是人类不可少的益友"。在消灭虫害方面,对比有无粉红椋鸟的雏鸟捕食的草地蝗虫密度,让数字说话,说明粉红椋雏鸟惊人的灭虫效益;以化学防治效果不大,反衬大山雀和喜鹊在消灭松毛虫上的巨大作用。简单列举猫头鹰和红脚隼灭鼠数量大说明"鸟类是我们的得力助手",同时指出目前全国鼠害严重的原因之一就是对猛禽的过度捕猎。然后简单介绍鸟类的经济价值,过渡到环境保护问题,说明环境破坏对鸟类的伤害以及鸟类对环境保护的重要意义。再以仿生学从鸟类获得启示而发明了许多现代仪器的角度,说明鸟类对人类的贡献。最后从鸟类占据了人类精神生活的重要位置的角度,说明"鸟类是人类的益友"。末段总结全文,照应开头,并对主题进行了升华,号召大家爱鸟护鸟,"使我们的祖国早日成为百鸟的乐园"。全文中心突出,详略得当,采用了举例子、列数据、作比较等多种说明方法,材料翔实,说明生动,效果突出,是一篇比较成功的实物说明文。

表达分析

本文采用总分总的结构，安排得当，脉络清晰。全文分成三部分：第一部分(第1段)，开篇点明主旨"鸟类是人类不可少的益友"。第二部分(第2—7段)，采用举例子、列数据、作比较等说明方法，从灭虫害鼠害、鸟类的经济价值、仿生学意义、丰富人类精神生活这些方面具体说明"鸟类是人类不可少的益友"。第三部分(第8段)，以简洁有力的语言，总结全文，升华主题，号召大家爱鸟护鸟。用语准确科学，简洁生动。句子流畅，段落之间衔接自然，层次分明。

【评分】

	分值						得分		
							自评	互评	师评
一、内容(50％)									
1. 文章说明对象明确、内容切合题旨、明确围绕中心介绍实物	10	8	6	4	2	0			10
2. 文章内容按照一定的说明顺序有条理地说明	10	8	6	4	2	0			10
3. 能正确运用说明方法	10	8	6	4	2	0			8
4. 作者能抓住实物特征或本质加以说明	10	8	6	4	2	0			9
5. 文章清楚、细致、准确、科学地呈现实物	10	8	6	4	2	0			9
二、表达(50％)									
1. 文章结构安排合理完整	10	8	6	4	2	0			10
2. 文章分段恰当，过渡自然，层次井然	10	8	6	4	2	0			8
3. 语言准确简洁，生动易懂	10	8	6	4	2	0			10
4. 正确使用多种手法加以说明	10	8	6	4	2	0			8
5. 表达流畅，无语病	5	4	3	2	1	0			5
6. 字迹工整	5	4	3	2	1	0			5
三、扣分部分									
1. 标题：缺失标题扣2分									
2. 字数：每少50个字扣1分									
3. 错别字：每一个错别字扣1分(重复的不计)									−1
4. 标点：标点错误多的，酌情扣分									
四、总分									91

评阅者：_____　　　　　　　　日期：_____

【评语】

本文写作角度较为新颖,化实为虚,没有具体描写鸟的品种、外形、结构等,而是别出心裁地选取鸟类对人类的益处这一角度。但作者又是处处以实写虚,抓住了鸟类的本质特征,从鸟的饮食习性、经济价值、精神文化价值、体态构造声音等对人们的启示等方面写出鸟类对人类的助益,紧紧围绕中心"鸟类是人类不可少的益友"展开行文,每一段都设一主旨句,层次分明,脉络清晰,行文紧凑,详略得当,对材料的选取也做到了裁剪有度。语言平实晓畅、准确明白,兼顾到了说明文的科学性和知识性,丰富了读者的相关知识。不过在不同段落中可以更灵活多变地使用诸多说明方法,另外第6自然段有一个错别字,应该把"作成翅膀"的"作"改成"做"。

(三)备注

初中阶段只是要求学生能写简单的说明性文章,写作实物说明文时只要考虑使读者清楚说明内容即可;写法上围绕中心,选择合适的表达方式,合理安排内容的顺序和详略,要求相对较低。高中阶段则要求在说明清楚对象的基础上,进一步提高说明能力,努力学习并运用多种表达方式;能调动自己的语言积累,推敲、锤炼语言,表达力求准确、鲜明、生动;能围绕中心选取材料,合理安排结构;在写作中力求有个性、有创意地表达,要求相对较高。教师在实践中可根据学生的具体情况适当调整评价标准。

二、程序说明文

(一)评改标准

题目:_____

作者:_____ 日期:_____

	分值					得分		
						自评	互评	师评
一、内容(50%)								
1. 文章说明对象清晰、说明内容准确,切合题旨	10	8	6	4	2	0		
2. 文章内容安排重点突出,详略得当	10	8	6	4	2	0		
3. 文章严格按照程序先后顺序,分条目说明	10	8	6	4	2	0		
4. 文章交代步骤清楚,能对不易理解的方法、步骤说明原因并指出注意事项	15	12	9	6	3	0		

续表

	分值						得分		
							自评	互评	师评
5. 作者立场客观,不过分夸大或缩小说明对象	5	4	3	2	1	0			
二、表达(50%)									
1. 文章结构安排合理完整	10	8	6	4	2	0			
2. 文章分段恰当,过渡自然,层次井然	10	8	6	4	2	0			
3. 语言准确简洁,生动易懂,不使用夸张手法	10	8	6	4	2	0			
4. 正确使用多种手法加以说明	10	8	6	4	2	0			
5. 表达流畅,无语病	5	4	3	2	1	0			
6. 字迹工整	5	4	3	2	1	0			
三、扣分部分									
1. 标题:缺失标题扣2分									
2. 字数:每少50个字扣1分									
3. 错别字:每一个错别字扣1分(重复的不计)									
4. 标点:标点错误多的,酌情扣分									
四、总分									

评阅者:_____   日期:_____

【评语】

_____

_____

(二)评改范例

作文题:

选取生活当中你所熟悉的一种食品,弄清楚它的制作过程,写一篇程序说明文。要求:① 说明准确,顺序合理。② 重点突出,详略得当。③ 题目自拟,不得抄袭。④ 不少于800字。

学生习作

怎样做西瓜酱

某生

(1)"西瓜酱",你听后一定会说:"是西瓜做的吧!"没错,西瓜酱就是用西瓜汁做原料和成泥,装坛发酵,大约一个月便可食用。打开坛口,你便可以先闻到一股酒香,过后便是浓郁纯正的酱香。再看那发酵后成酱色的西瓜酱和那一层漾出来的酱油,真是让人垂涎三尺,一品为快!

(2) 朋友,口水流出来了吧!好,下边我告诉你西瓜酱的制作方法。

(3) 首先是原料:食用馒头(发酵过的)、食盐、姜,最后是西瓜汁。

(4) 制作步骤一:馒头发酵。馒头是做酱的主要原料,可以自己蒸上几锅,也可以买上几斤。把馒头用手掰成三、四瓣,把馒头表皮晾干,然后放在一个纸箱里发酵,箱子要盖严。大约过两三天,揭开看看。因条件和环境的不同,过一两天后要经常打开观察发酵的情况,如馒头发酵过程中,酱会发苦味,轻则酱味淡。最佳的发酵程度,是拣一块发酵正常的馒头块,掰开,用鼻子闻一下,如有一股淡淡的酒甜味,发酵到了芯里(芯里也要有菌斑),而外表又发酵很好,便停止发酵。然后把馒头取出,在阳光下晒干,用刷子刷去上边发酵生长的菌毛,再用锤子锤烂,用网眼直径约一毫米的罗筛(如有条件用碾子碾碎,可省很多工夫),把馒头全部筛成渣面,这道工序也就完成了。

(5) 步骤二:把鲜姜去皮,剁碎。一斤碎馒头原料配上大约二两姜末。

(6) 步骤三:取西瓜汁。西瓜的好坏也直接影响到酱味,所以西瓜一定要买好瓜,最好是熟得老一点的,沙瓤的。把西瓜打开,取出瓤,除去籽,放在盆子里备用。

(7) 把碎馒头放在事先洗净的大盆里(馒头多,可分几次做),把西瓜瓤和入馒头碎末里,把馒头和到能不费劲地攥成团为佳。放上姜末、盐(盐可根据个人的口味放,但不可太少,少了,酱爱酸)。最后是装坛,不能装太满,用塑料布密封,密封越严越好,因为这样能有效地保住酱味,酱也不易变质。到此,西瓜酱的整个工序便全部完成了。

(8) 朋友,当你打开自己亲手制作的酱时,闻到那浓郁的酱香时,当你吃厌鱼肉,品尝上一口自己亲自做的西瓜酱时,你的心情是怎样啊!那是多么的骄傲和自豪啊!

(9) 试试吧!朋友,你会成功的!一定会吃到那令人垂涎的西瓜酱。

内容分析

本文详细地介绍了西瓜酱的制作方法、步骤,属于程序说明文,切合题意。作者具体而有条理地说明了制作西瓜酱的方法、过程,具有一定的科学性。文章第一段从对"西瓜酱"的解释入手,第三段简要介绍了西瓜酱制作的原料,接着按照做西瓜酱的先后顺序,分三个步骤介绍。其中,作者对做西瓜酱的关键步骤"馒头发酵"进行了重点介绍,使得文章重点突出、详略得当,值得学习。

这篇文章的主要目的是教会读者朋友学做西瓜酱,那么作者应该交代清楚每一个环节,不能忽略任何一个步骤。因为忽略任何一个步骤都可能让读者误会,从而做酱不成功或者达不到"浓郁纯正"的效果。做西瓜酱应该分馒头发酵、和酱和晒酱三个主要步骤,但作者却将晒酱的环节忽略了。这对于程序说明文的写作要求来说,可谓是犯了大忌,不能不说是这篇文章的最大疏漏。同时,本文没有说清楚馒头发酵的大概时间,西瓜瓤用料为多少等问题,也是不足。

表达分析

本文从整体看,思路清晰,层次清楚。文章共九段,分为三部分。第一部分(第1—2段),向读者介绍了"西瓜酱"。第二部分(第3—7段),简单介绍了做西瓜酱的准备工作,按照西瓜酱制作的先后程序,清楚介绍具体步骤以及注意事项等。西瓜酱制作的步骤分条目说明,这使得结构层次清晰。同时重点介绍第4段"馒头发酵",也是西瓜酱制作的重要步骤,这体现了材料组织合理,重点突出。第三部分(第8—9段),属于结尾段落。语言平实,通俗易懂,读者容易接受并理解。

写程序说明文,语言要求准确、质朴、简洁,而无须过多的抒情和描写。文章开头两段和结尾两段较多地使用了描写和抒情的表达方法,显得文章内容冗长不清晰,可以删除。作者第一段介绍"西瓜酱"的解释语言显得拖沓,语言不够准确。建议改为:"西瓜酱,是用发酵后的馒头碎屑和西瓜瓤,加上食盐、姜末、花椒、大料等制作而成的。"接着再简单介绍西瓜酱的特点,这样既能准确表达完整的意思而又不显得冗长。中间段落,也有赘言和用词不当之处。尤其是第7段单独分段,在结构上显得有点混乱。

【评分】

	分值						得分		
							自评	互评	师评
一、内容(50%)									
1. 文章说明对象清晰、说明内容准确,切合题旨	10	8	6	4	2	0			6
2. 文章内容安排重点突出,详略得当	10	8	6	4	2	0			10
3. 文章严格按照程序先后顺序,分条目说明	10	8	6	4	2	0			10
4. 文章交代步骤清楚,能对不易理解的方法、步骤说明原因并指出注意事项	15	12	9	6	3	0			8
5. 作者立场客观,不过分夸大或缩小说明对象	5	4	3	2	1	0			5
二、表达(50%)									
1. 文章结构安排合理完整	10	8	6	4	2	0			8
2. 文章分段恰当,过渡自然,层次井然	10	8	6	4	2	0			8
3. 语言准确简洁,生动易懂,不使用夸张手法	10	8	6	4	2	0			8
4. 正确使用多种手法加以说明	10	8	6	4	2	0			8
5. 表达流畅,无语病	5	4	3	2	1	0			5
6. 字迹工整	5	4	3	2	1	0			5
三、扣分部分									
1. 标题:缺失标题扣 2 分									
2. 字数:每少 50 个字扣 1 分									
3. 错别字:每一个错别字扣 1 分(重复的不计)									
4. 标点:标点错误多的,酌情扣分									
四、总分									81

评阅者:_____   日期:_____

【评语】

  文章围绕"怎样制作西瓜酱"的操作步骤和程序为读者进行详细说明。按照西瓜酱的制作流程,以分条列项的方式,介绍了准备食材、馒头发酵、榨取西瓜汁、西瓜酱制作四个步骤,使得文章层次清楚、结构合理。作者在材料组织和内容介绍方面能抓住重点,详略得当。但是语言较为累赘,句子显得冗长,文章感情抒发过多。

  整体来看,这是一篇结构完整、重点突出、行文流畅的程序说明文。希望作者在精简语言方面多下工夫。

(三)备注

  初中生写程序说明文时,只要做到将说明对象的相关程序向读者交代清

楚、明白即可。高中生除了要像初中生那样把步骤、程序说清楚，还要求内容安排详略得当、重点突出，同时要求推敲、锤炼语言，力求语言平实、准确、简练、易懂，总体要求较高。教师在具体操作时，要根据学生的学习情况以及每个学段的要求，合理调整评价标准。

三、事理说明文

（一）评改标准

题目：_____

作者：_____ 日期：_____

	分值						得分		
							自评	互评	师评
一、内容(50%)									
1. 文章说明对象清晰，说明内容准确，切合题旨	10	8	6	4	2	0			
2. 文章内容安排重点突出，详略得当	10	8	6	4	2	0			
3. 按照人们认识事物的规律和事物内部的逻辑关系安排顺序	10	8	6	4	2	0			
4. 对说明对象有较全面的介绍，如类型、特点、作用以及它的现状，符合科学性	15	12	9	6	3	0			
5. 文章使用多种手法加以说明	5	4	3	2	1	0			
二、表达(50%)									
1. 文章结构合理、周密	10	8	6	4	2	0			
2. 文章分段恰当，过渡自然，层次井然	10	8	6	4	2	0			
3. 语言准确简洁，生动易懂，不使用夸张手法	10	8	6	4	2	0			
4. 正确使用多种手法加以说明	10	8	6	4	2	0			
5. 表达流畅，无语病	5	4	3	2	1	0			
6. 字迹工整	5	4	3	2	1	0			
三、扣分部分									
1. 标题：缺失标题扣2分									
2. 字数：每少50个字扣1分									
3. 错别字：每一个错别字扣1分(重复的不计)									
4. 标点：标点错误多的，酌情扣分									
四、总分									

评阅者：_____ 日期：_____

【评语】

（二）评改范例

作文题：

对保护视力问题进行科学分析，按为什么保护、怎样保护的结构来写一篇事理说明文。要求：① 说明准确，顺序合理。② 重点突出，详略得当。③ 题目自拟，不得抄袭。④ 字数800字以上。

◆ 学 生 习 作

眼睛的保护

某生

（1）众所周知的一句名言："眼睛是心灵的窗户。"这句话真不假，一个人没有了眼睛又能做什么呢？所以啊，保护自己这双眼睛是不可忽视的，要让它们永远明亮，才能看清这世上的珍奇美景。

（2）但是要保护这双宝贵的水晶是有方法的，只要小心、谨慎地使用这双眼睛，相信它一定不会让您失望，会为您展示这世界上的一切。方法也不是很难、很复杂，说起来，其实还很简单哩！

（3）近视是对眼睛危害最大的一种视力问题之一，要治，其实很难，但是防治却很简单。要防治，首先要学会判断近视。面对一个低视力患者，判定其是否患有近视要注意一点：并非视力不低于1.0就认为没有近视。因为就大多数学生朋友来说，正常视力都能达到1.2，甚至能达到1.5，如果其视力在1.0，戴上50度到100度的镜片能达到1.2，就说明已经近视了。对所有学生朋友来说，对判断是否患有近视相对要难一些，如果孩子有以下感觉就应该注意了：眼睛经常感觉干涩，疲劳，甚至有头晕恶心的症状；有时视物模糊不清，经过休息后就能好转；经常视物不清，经过休息就能好转；看近清楚看远不清楚；为看清楚事物必须眯眼或斜眼观看。对前两种情况，一般认为是得近视的前兆，如果再不加以注意，就会近视，后三种情况几乎可以断定已经得了近视，应尽快到医院进行检查。其次，要正确确定真性近视和假性近视。这个工作需要由专门的眼科大夫来做，从严格的医学角度去区别是否患真性近视比较容易，只要进行充分的散瞳验光就可以了。

（4）其实通过判断先兆和仔细的检查，发现自己近视并不难，但关键在于怎样防治近视。我有一些建议，和大家分享一下。

（5）首先，要有正确的写字姿势。要注意写字、阅读距离最好不小于30厘米；台灯不宜太亮，也不可太暗；要严格遵守三个一，即手离笔尖一寸远，眼睛离本子一尺远，胸离桌子一拳远。这些都是非常重要的。还有，要按要求规范地做眼保健操，眼保健操虽说不能让视力回升，但是却能防止视力的再次下降，所以要在眼睛疲劳的时候多做做，非常有效。其次，就是要少打游戏，少看电视，这些都极为危害眼睛。另外，在发现自己近视后，要马上配戴眼镜，很多人的"戴上眼镜视力就会逐渐减退"的观念是错误的，其实，只要用法得当，对眼睛有益无害。但目前大多数人用法不当，致使近视眼镜越戴越深，越戴眼越坏。还有，不要轻易相信任何自称可以恢复视力的眼镜，那些眼镜其实对眼睛好处不多，坏处不少，真性近视是不可能恢复的，当眼轴被拉长扭曲后，是不可能自己恢复的，所以，那些广告语明显是夸大宣传自己的产品，大家不要相信。

（6）说起来，我应该没有这个资格跟大家在这里谈论怎样防治近视眼，我自己都已经戴上眼镜了，呵呵。但是我希望我能够让更多的人爱惜自己的双眼，如果近视了，追悔莫及啊！希望大家能够好好珍惜自己的一双水晶般的眼睛！

内容分析

本文详细地阐述了为什么要保护视力、怎样保护视力，属于事理说明文，切合题意。作者先从眼睛的重要性说起，再分析对眼睛危害最大的视力问题——近视，进而分析近视产生的原因及介绍判断患有近视的方法，最后介绍预防和纠正的方法，逻辑清晰，具有一定的科学性。文章第三段详细介绍了判断患有近视的方法，对患有近视可能出现的情况做重点介绍，对防治近视的方法做重点说明，重点突出，详略得当，值得学习。

这篇文章采用了举例子、列数据、作比较等多种说明方法，说明详细，主题突出，是一篇比较成功的事理说明文。

表达分析

本文从整体看，思路清晰，层次清楚。文章共六段，分为四个部分。第一部分（第1段），开篇点明主旨，向读者说明保护眼睛的重要性；第二部分（第2—3

段),采用列数据、举例子等说明方法,从自我感觉和去医院检查视力两个角度,简单介绍了判断患有近视的方法;第三部分(第4—5段),采用举例子等说明方法,介绍了防治近视和纠正近视的办法;第四部分(第6段),属于结尾段落。语言平实,通俗易懂,句子基本流畅,易于读者接受。

【评分】

	分值						得分		
							自评	互评	师评
一、内容(50%)									
1. 文章说明对象清晰、说明内容准确,切合题旨	10	8	6	4	2	0			10
2. 文章内容安排重点突出,详略得当	10	8	6	4	2	0			8
3. 按照人们认识事物的规律和事物内部的逻辑关系安排顺序	10	8	6	4	2	0			10
4. 对说明对象有较全面的介绍,如类型、特点、作用以及它的现状,符合科学性	15	12	9	6	3	0			12
5. 文章使用多种手法加以说明	5	4	3	2	1	0			4
二、表达(50%)									
1. 文章结构合理、周密	10	8	6	4	2	0			8
2. 文章分段恰当,过渡自然,层次井然	10	8	6	4	2	0			8
3. 语言准确简洁,生动易懂,不使用夸张手法	10	8	6	4	2	0			8
4. 正确使用多种手法加以说明	10	8	6	4	2	0			8
5. 表达流畅,无语病	5	4	3	2	1	0			5
6. 字迹工整	5	4	3	2	1	0			5
三、扣分部分									
1. 标题:缺失标题扣2分									
2. 字数:每少50个字扣1分									
3. 错别字:每一个错别字扣1分(重复的不计)									
4. 标点:标点错误多的,酌情扣分									
四、总分									86

评阅者:_____   日期:_____

【评语】

　　文章围绕"保护眼睛",向读者详细说明如何判断近视、如何防治近视及纠正近视。文章层次清楚、结构合理。作者在材料组织和内容介绍方面能抓住重点,详略得当。从整体来看,这是一篇结构完整、重点突出、行文较流畅的事理说明文。

（三）备注

事理说明文，就是说明事物的本质特点，分析事物的因果关系，揭示出事物发展、变化规律的文章。这类说明文，主要阐释"理"。而要阐释这个"理"，就要安排好释理的顺序，注重事物的内在联系和因果关系，以逻辑顺序行文是事理说明文的一大特点。因此，在评改事理说明文时要重点关注说明顺序，要留意学生的行文逻辑是否正确。

议论文评改技能

第一节 议论文文体概述

一、什么是议论文

议论文就是议论说理的文章。它是一种剖析事物、论述事理、发表意见、提出主张的文体。一般由论点、论据和论证三部分组成。议论文所要解决的基本问题就是论证或反驳某种观点和主张。它以议论作为主要表达方式,通过事实材料或逻辑推理来揭示客观事物的本质和规律,阐明道理。

二、议论文的特点

(1) 议论文的基本结构是论点、论据和论证三部分,即议论文的"三要素"。

(2) 议论文的主要表达方式是议论,它主要用概念、判断和推理来表明作者的观点或阐明道理,或反驳别人的意见,指出其谬误。因此它具有很强的说服力。

(3) 议论文的语言是以议论为主,也包含记叙、说明、抒情等为议论服务的表达方式。议论文的语言讲究抽象性、概括性和严密性,表达要准确、鲜明。

(4) 议论文的论证方法主要有举例论证、道理论证、对比论证、比喻论证、归纳论证、演绎论证、类比论证、因果论证和引用论证等。

三、议论文的分类

根据文章议论对象的不同,议论文分为一般论证文、时评、书评、文学评论等。以下分别介绍各类议论文的基本特点。

（一）论证文

论证文,是作者对客观事物进行分析、评论,以表明自己的见解、主张、态度的一种议论文,通常由论点、论据和论证三部分构成。论点是作者的见解和主张;论据是用来证明论点的事实和道理;论证是运用论据来证明论点的过程和方法,是联系论点和论据的逻辑纽带。简而言之,论点回答"需要证明什么"的问题,论据回答"用什么来证明"的问题,论证回答"怎样证明"的问题。

下面将详细谈谈这三部分的内容以及它们的结构、分类。

1. 论点

（1）对论点的要求：论点必须鲜明、正确。所谓"鲜明",是说一篇文章的论点必须明确表示拥护什么,反对什么,不能模棱两可,似是而非。所谓"正确",是说一篇文章的论点必须是符合客观实际的,必须是符合马列主义、毛泽东思想的,是能够解决实际问题的。

（2）论点的位置：一篇文章的论点可以出现在文章的开头、结尾和中间部分,有时题目就是论点。

（3）中心论点和分论点：一篇文章只有一个中心论点,有时可能有几个分论点来支持中心论点。中心论点是全文的统帅,是灵魂,分论点是为中心论点服务的。

2. 论据

论据有两类。一类是用事实做论据。用来做论据的事实必须真实可靠,有典型意义,能揭示事物本质并与论点有一定的逻辑联系。在议论文中,对所举事例的叙述要简明扼要,突出与论点有直接关系的部分。另一类是引用有关的言论做论据。用做论据的言论,应该有一定的权威性,直接引用时要原文照录,认真核对,不能搞错,更不能断章取义;间接引用时不能曲解原意。论据必须为证明论点服务。

3. 论证方法

议论文的论证方法有多种,以下介绍几种常用的论证方法。

（1）举例论证：列举确凿、充分、有代表性的事例证明论点。

（2）道理论证：用马列主义经典著作中的精辟见解,古今中外名人的名言警句以及人们公认的定理公式等来证明论点。另外,引用论证也是"道理论证"的一种,引用的方法有两种,一种是明引,交代所引的话是谁说的,或交代其出处,另一种是暗引,即不交代所引的话是谁说的或出处。

(3) 对比论证:拿正反两方面的论点或论据作对比,在对比中证明论点。

(4) 比喻论证:用人们熟知的事物作比喻来证明论点。

(5) 归纳论证(也叫"事实论证"):用列举具体事例来论证一般结论。

(6) 演绎论证(也叫"理论论证"):它是根据一般原理或结论来论证个别事例的方法,即用普遍性的论据来证明特殊性的论点。

(7) 类比论证:是从已知的事物中推出同类事例,即从特殊到特殊的论证方法。

(8) 因果论证:它通过分析事理,揭示论点和论据之间的因果关系来证明论点。因果论证可以以因证果,或以果证因,还可以因果互证。

此外,在驳论中,往往还采用"以子之矛,攻子之盾"的批驳方法和"归谬法"。论证方法在多数议论文中往往是综合运用的。

4. 论证文的结构

论证文的结构根据内容表达的需要安排,没有固定的、一成不变的程式。一般说来,一篇议论文总要提出一个问题,然后进行分析,最后要拿出解决问题的办法。提出要论述的问题叫做引论;对提出的问题,运用道理和事实进行分析,树立自己正确的观点叫做本论;道理论证分析清楚、透彻,得出必然的观点,叫做结论。因此,论证文最基本的结构是:

提出问题——引论;

分析问题——本论;

解决问题——结论。

从文章内容的逻辑关系来分析,论证文具体的结构形式可分为两大类。

(1) 以横式结构(并列展开的论述结构)为主。常见的有以下三种。

①"总论—分论—总论"式。即先提出论点,然后从几个方面阐述,最后归纳总结。

②"总论—分论"式。即先提出论点,然后从几个方面论证。

③"分论—总论"式。即对所要论述的问题先分几个方面剖析,然后综合归纳出结论。

(2) 以纵式结构(逐层深入的论述结构)为主。常见的有以下两种。

①"层层深入"式,又叫"层进"式。先提出论点,然后步步深入,逐层阐发。

如《怀疑与学问》,就是开头提出论点后,先从消极方面论证,然后进一步从积极方面论证,层层深入论证论点的。

② "起承转合"式。开头破题,引出论述的问题(起);接着承接开头,阐述所论述的问题(承);然后从各个角度证明论点(转);最后归结(合)。

5. 论证文的分类

一般论证文按议论的角度可分为立论文和驳论文。

(1) 立论文

立论文是对一定的事件或问题从正面阐述作者的见解和主张的议论文。表明自己的态度时,要注意以下三点。

第一,这些看法和主张必须是经过认真的思考或者一定的实践,确实是自己所独有的正确的认识和见解,或者是切实能解决实际问题的主张。文章要使读者感到有新意,能增长知识,能提高读者对事物的认识。

第二,必须围绕所论述的问题和中心论点来进行论证。开篇提出怎样的问题,结篇要归结到这一问题。在论证过程中,不能离题万里,任意发挥,或者任意变换论题。如果有几个分论点,每个分论点都要与中心论点有关联,要从属于中心论点,所有论证都要围绕中心论点进行。这样读者才能清楚地了解分论点和中心论点。议论文的逻辑性很强,论证必须紧扣中心,首尾一致。

第三,"立"往往建立在"破"的基础之上。在立论的过程中,需要提出一些错误的见解和主张,加以否定和辩驳,以增强说服力,使读者不会误解自己的观点。

(2) 驳论文

驳论文是以有力的论据反驳别人错误论点的议论文。驳论有三种方法:反驳论点、反驳论据、反驳论证。反驳论点,即直接就对方论点本身的片面、虚假或谬误进行反驳,这是驳论中最常用的方法。反驳论据,即能证明对方论点的论据是虚伪的、错误的材料。因为错误的论据必定得出错误的论点,所以反驳论据即以揭示对方论据的错误,达到推倒对方论点的目的。反驳论证,即揭露对方在论证过程中的逻辑错误,如大前提、小前提与结论的矛盾,对方各论点之间的矛盾,论点与论据之间的矛盾,等等。由于议论文是由论点、论据和论证三部分有机构成的,因此驳倒了论据或论证,也就否定了论点,与直接反驳论点具有同样效果。一篇驳论文可以几种反驳方式结合起来使用,以加强反驳的力量和说服力。

立论和驳论都是一种证明,一个是从正面证明其正确,另一个是从反面证明其错误。所以立论和驳论所使用的论证方法基本相同。

(二) 时评

时评,即时事评论,是指对新近发生的一件事发表自己看法的文章。时评的主要特征是"评",就事论事,通常以时事为评论对象,针对一件具体的事来评说。所谓"时事",可以把它理解为公众关注的有新闻价值的事,并且是有实效性的事。

时评的特点主要有以下几点。

① 事实性,据实而评:新闻事实是时评成文的关键,是时评可信性的源泉。所以时评必须以新闻事实为依据,不能"据说",或凭主观想象来推测,并以此作为时评的由头。

② 时效性,应时而作:体现了时评对新闻事件的敏锐反应能力。

③ 评析性,凭理而断:指的是对新闻事件清晰的理性判断。

④ 观点鲜明:无论是赞成、赞扬还是否定、反对,都要态度明确,思想统一。

⑤ 就事论事,不转移论题:所有观点要从时事中来,相应论证也以时事为中心。

在写法上时评应遵循一般议论文的写法,要有明确的观点、充分的论据、精练的语言、合理的论证及严密的逻辑。当然,由于"时评类"议论文本身强烈的针对性、时效性,要求在谋篇立意时,确保"就事论事";在选用材料上,选用富于时代性、思想性的典型素材,凸显出其鲜明的时效特征。一般来说,时评的写作思路是:首先引述材料,摆出现象;其次从现象中提取论述的观点;接着分析论证观点,可从正反两面进行论述,注意要联系实际,紧紧围绕论点,运用各种论证方法;最后总结全文,或归纳论点,或提出倡议。

(三) 书评

书评,即评论或介绍书籍的文章,以"书"为对象,实事求是地、有识见地分析书籍的形式和内容,探求创作的思想性、学术性、知识性和艺术性,从而在作者、读者和出版商之间构建信息交流的渠道。

书评评什么?凡与作品、作家有关的都可以评。一般可以从以下几方面来发表意见:对作品的思想意义、艺术特色、社会价值进行分析评价;对作家的创作经验、人品学识进行总结评述;对读者的阅读进行指导;对作品本身的得失

从各个角度进行议论;结合作品的评论,探讨各种美学问题;等等。

洪肇隆在《选书指南》中指出,书评依其写作方式及所述重点之不同,大略可分为六种类型。

① 介绍型书评:着力于介绍一书之内容,往往将各章节依次作一说明,而批评较少,严格来说宜称为书介。

② 论述型书评:将全书内容融会贯通、了然于心之后,将作者想法全盘托出,并加以评论其得失,乃最常见之书评。

③ 摘要型书评:此为将具代表性的内容片段摘要叙述,并加以评论。因其引原文多,故比较客观。

④ 源考型书评:多半是专家就专书所作之评论,其学术性大于介绍性,因此写作者须具备相当的学术基础,此类是最不容易写的书评。

⑤ 比较型书评:将同类性质的两本或多本书互相比较,以其中一本为主,通过比较,评判该书的优劣。

⑥ 感想型书评:即常见的"读后感",往往动人以情,常能引发读者兴趣,可读性极高。

在中学的作文教学当中,学生写作的书评以论述型书评和感想型书评为主,因而本书章节只涉及这两种类型的书评。

(四) 文学评论

文学评论是文学写作文体的一种,又称文学批评,是评论者在文学欣赏的基础上,运用一定的文学理论,对文学创作、文学思潮等文学现象和文艺实践活动进行研究、探讨,以揭示文学的发展规律,指导文学创作实践活动的文章。文学评论是评论者科学理性认识的体现。

文学评论属于议论文,因此它必然具备议论文的一般特点。鉴于它是对各种文学现象进行评论,所以还要讲究一定的文学性。文学评论的特点主要包括以下几点。

① 科学性:准确地分析、评价作品,科学而理性地揭示真理和事物的内在规律,实事求是,语言准确严谨。

② 逻辑性:从内容到结构布局均有一定的逻辑层次,思维严密,表述条理清晰。

③ 艺术性:语言不仅形象、鲜明而又新颖,而且对评论对象充满感情,能够表现作者自己独特的见解和风格。

④ 针对性：对于具体的作家作品，有很明确的论点、论据和论证，而不是眉毛胡子一把抓，拖沓空泛。

⑤ 社会性：评论者个人的素质、所处的时代、所持的评论标准及社会要求和文学自身发展的状况等往往都对文学评论有很大的影响。

⑥ 指导性：文学评论能够起到指导社会现实、文学本身和广大读者的作用，这就是文学评论的意义所在。

文学评论主要包括诗歌评论、小说评论、散文评论、戏剧评论、影视评论等。中学生写文学评论，一般只要求对具体的作品进行评论，评论的重点是作品的内容和表达技巧。中学生对于文学评论的写作练习，可以提高其阅读和写作水平。

第二节 议论文评改标准及范例

一、论证文

（一）评改标准

题目：_____

作者：_____ 日期：_____

	分值						得分		
							自评	互评	师评
一、内容(55%)									
1. 文章中心论点切合题意	10	8	6	4	2	0			
2. 文章分论点表达清晰、明确、有针对性、思想健康	10	8	6	4	2	0			
3. 文章论据充足、有力，选材具有真实性、典型性、相容性和简洁性	10	8	6	4	2	0			
4. 文章论证方式多样，有说服力	10	8	6	4	2	0			
5. 作者能准确围绕中心论点展开议论	10	8	6	4	2	0			
6. 文章立意深刻，能写出自己的独特体验	5	4	3	2	1	0			
二、表达(45%)									
1. 文章结构完整，写作线索明确清晰，论点、论据、论证充足	10	8	6	4	2	0			

续表

	分值						得分		
							自评	互评	师评
2. 文章分段恰当,各段之间有清晰和流畅的过渡	10	8	6	4	2	0			
3. 表达流畅,无语病	10	8	6	4	2	0			
4. 字迹工整	5	4	3	2	1	0			
5. 语言有文采,能恰当地运用各种写作手法	10	8	6	4	2	0			
三、扣分部分									
1. 标题:缺失标题扣2分									
2. 字数:每少50个字扣1分									
3. 错别字:每一个错别字扣1分(重复的不计)									
4. 标点:标点错误多的,酌情扣分									
四、总分									

评阅者:＿＿＿＿＿＿＿＿＿＿　　　　　　日期:＿＿＿＿＿＿＿＿＿＿

【评语】
＿＿＿＿＿＿＿＿＿＿＿＿＿＿＿＿＿＿＿＿＿＿＿＿＿＿＿＿＿＿＿＿＿＿＿＿＿＿
＿＿＿＿＿＿＿＿＿＿＿＿＿＿＿＿＿＿＿＿＿＿＿＿＿＿＿＿＿＿＿＿＿＿＿＿＿＿

(二)评改范例

1. 立论文

作文题:

古人有句话:一屋不扫何以扫天下。请联系自己的经历,以之为话题,写一篇议论文,不少于800字,不得抄袭、套作。

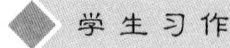

扫"一屋"与扫"天下"

高一　某生

(1)东汉一少年陈蕃,其庭院龌龊不堪,一位长辈薛勤批评他:"孺子何不洒扫以待宾?"他回答:"大丈夫处世,当扫除天下,安事一屋?"薛勤当即反驳:"一屋不扫,何以扫天下?"针锋相对,反驳有力而精彩。

(2)陈蕃的观点显然是站不住脚的,这实是为自己的懒惰找借口。薛勤明确指出：连一屋都打扫不干净的人是不可能扫天下的。要想成就一番大事业，乐于做小事、善于做小事是一个重要条件。也就是说，一个人既要胸怀"扫天下"的壮志，也要有"扫一室"的耐心。英国作家王尔德有一次举行宴会，到齐的客人们等了很久，才见他匆匆地走了出来。客人问他这么久的时间在做什么，他说："我做了一件极其重要的工作，我删去了一个逗号，但后来又觉得不妥，我又把它加进去了。"客人们面面相觑，目瞪口呆。对此，我们在钦佩之余，更应感到做小事的重要性。爱因斯坦有句话说："凡是在小事上对真理持轻率态度的人，在大事上也是不足信任的。"在现代社会生活中，曾有这样一位厂长领外商参观厂房时，随意吐了口痰，结果外商扭头就走，一笔差不多已谈妥的生意竟这么告吹了。为什么？外商说得很清楚："作为厂长，在自己的厂房竟公然吐痰，可知整个企业的人员素质和管理水平。即使他们的产品再好，也没兴趣同他们合作。"是的，"滴水映世界"，从小事上往往可以反映一个人、一个集体乃至一个国家的情况。因此，我们对小事应有足够的重视，绝不能不屑一顾。

（3）古人讲修身、齐家、治国、平天下，我想这个顺序是不能变的，因为只有在"独善其身"后，才能实现"兼济天下"的理想。现在常有些年轻人慨叹自己生不逢时，没能让自己的才华在兵荒马乱之时大放异彩。于是，这些人往往"小事不愿做，大事做不来"，怨天尤人，孤芳自赏，却常抱着"成大事"的幻想。如此看来，现代的陈蕃还大有人在。

（4）陈蕃"不扫一室，要扫天下"的"壮志"只是"空中楼阁"，画饼充饥，我们绝不应再走到前人的老路上去。鉴于此，我们切要引以为戒，应脚踏实地地从小事做起，从而实现我们的理想。

内容分析

这是一篇立论文，作者在理解扫"一屋"与扫"天下"的关系实质中，认同了扫"一屋"是扫"天下"的前提，因此作者在内容的论证上重视做小事的积极意义。作者首先揭露陈蕃之说是为懒惰找借口，然后鲜明立论：乐于做小事、善于做小事是成就大事的重要条件。作者引用了王尔德把修改一个逗号当做"极其重要的工作"的实例，还举出了反面教训——厂长因随地吐痰这一小事，丢失了发展的大好机会的例子作为分论点，有力地论证了中心论点。然后再从古人"修身、齐家、治国、平天下"的名言分析评论中,从不同的侧面谈了小事与大事的辩证关系,进一步强调重视小事的意义。最后,借古鉴今,批评"小事不愿做,大事做不来"的现代人,呼吁"脚踏实地地从小事做起",呼应了中心论点。

文章的内容选取不错,但题目"扫'一屋'与扫'天下'"并没有很好地说明作者的观点。从文章中,我们可以看出,论点是:乐于做小事、善于做小事是成就大事的重要条件。题目中,两者是并列关系,并没有体现出作者的态度。因此,作者应明确在标题中阐述自己的观点,以免让读者产生误会。

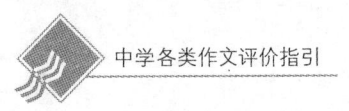表达分析

本文立论非常鲜明,表述有理有据。特别是第2段运用了对比论证法,先摆出"王尔德修改逗号"的正面实例,树立了榜样,再举一个反面典型,引出"厂长因小失大"的教训,二者对比,使观点更具有说服力。第3段引用了古人名言来进一步论述自己的观点,表达清晰,中心突出。最后一段总结全文,再次亮出观点。全文结构非常严谨,语言很流畅,用词准确。

【评分】

	分值						得分		
							自评	互评	师评
一、内容(55%)									
1. 文章中心论点切合题意	10	8	6	4	2	0			10
2. 文章分论点表达清晰、明确、有针对性、思想健康	10	8	6	4	2	0			10
3. 文章论据充足、有力,选材具有真实性、典型性、相容性和简洁性	10	8	6	4	2	0			8
4. 文章论证方式多样,有说服力	10	8	6	4	2	0			8
5. 作者能准确围绕中心论点展开议论	10	8	6	4	2	0			8
6. 文章立意深刻,能写出自己的独特体验	5	4	3	2	1	0			3
二、表达(45%)									
1. 文章结构完整,写作线索明确清晰,论点、论据、论证充足	10	8	6	4	2	0			10

续表

	分值						得分		
							自评	互评	师评
2. 文章分段恰当,各段之间有清晰和流畅的过渡	10	8	6	4	2	0			8
3. 表达流畅,无语病	10	8	6	4	2	0			8
4. 字迹工整	10	8	6	4	2	0			6
5. 语言有文采,能恰当地运用各种写作手法	10	8	6	4	2	0			6
三、扣分部分									
1. 标题:缺失标题扣 2 分									−1
2. 字数:每少 50 个字扣 1 分									
3. 错别字:每一个错别字扣 1 分(重复的不计)									
4. 标点:标点错误多的,酌情扣分									
四、总分									84

评阅者:_____　　　　　日期:_____

【评语】

这是一篇不错的立论文。文章一开始就非常明确地提出了作者的观点,并采用了对比论证法来论证中心论点,结构是较严谨的。另外引用道理名言的方法,也是值得表扬的。在文章的最后,借古鉴今,批评"小事不愿做,大事做不来"的现代人,呼吁"脚踏实地地从小事做起",呼应了中心论点,使读者十分清楚文章的内容和脉络。文章优秀的方面要继续发扬下去,但标题是一个败笔,若标题能更好地体现作者的观点立场,相信能增色不少。此外,文采方面还有待加强。期待你写出更好的文章!

2. 驳论文

作文题:

自 1987 年问世一直在全球畅销不衰的《品格的力量》中有这样一段经常被引用的论述:"告诉我你崇拜谁,我就能判断你是个什么人,至少能够了解你的潜能、志趣和品格。"当下有许多青少年崇拜偶像不加节制,不仅耽误了自己的前程,甚至做出许多伤害家人的事情。请以"崇拜偶像"为话题,写一篇文章。要求:① 题目自拟,立意自定,但所写内容必须在话题之内。② 不少于 800 字。③ 不得套作,不得抄袭。

学生习作

我崇拜青春,不需要偶像

高三 某生

(1) 偶像是什么?偶像是苍白的完美,是失去活力的雕塑。

(2) 人们总以为偶像可以树立在人的心里,成为精神的支柱,指引生活的方向。人们总以为偶像与青春相连,可以在青年热情上进的火焰里发出光彩。

(3) 然而你错了!偶像常常是崇拜者对现实的逃避,偶像是崇拜者心中虚幻的真实。我崇拜青春,不需要偶像。

(4) 几年前,四个被称为F4的帅气的男孩,带着他们的《流星花园》,像一阵风,以不可阻挡之势,席卷整个校园,并掀起了一股青春偶像剧的狂潮。大街小巷,都在回响那深情款款的《流星雨》;课堂内外,时时为花泽类和道明寺谁更帅的问题争得面红耳赤。那些疯狂的崇拜者们,可以集体逃课,只因为F4或许会造访某个邻近城市;可以整夜整夜地不睡觉,只因为要叠那些美丽的但永远不会被F4收到的幸运星;可以省吃俭用好几天不吃早餐,只为换取一套F4最新写真集。但是流星毕竟只是流星,就像现在已解散的F4,就像早已被人们嗤之以鼻的《流星花园》,冗长的偶像梦醒来才发现:明星的光芒遮住了崇拜者的生活,偶像崇拜让我们一次次失去了自我精神,让我们把真实的生活依附于虚幻的梦想,多么荒唐可悲!

(5) 千万不要把偶像和我们所热爱所敬慕的人等同起来,亲爱的朋友!在你崇拜的眼神里,偶像早已不是我们可以亲切交流的朋友,而是必须顶礼膜拜的对象;偶像早已不是我们心灵深处的精神支柱,而是占据和统帅我们梦想的"独裁者"。我们需要这样的偶像吗?当然不!再看时下的崇拜是什么。台湾三毛曾以青少年知音的面目出现,并不时对那些颓废绝望的人作关于人生的规劝,但她最终自杀了,留下了一个并不美丽的句号,于是先前以三毛为偶像的人们或愤怒或绝望,犹如遭遇雷击一般,甚或有人也追随三毛了结了自己的生命。多么可笑的崇拜!偶像崇拜早已不是清醒的爱戴与敬仰,而是盲目狂热的追逐;崇拜早已不是理性的精神追求,而是可悲的人格萎缩和自我迷失!

(6) 盲目的偶像崇拜,不但于己无益,而且影响到社会。某歌星在集市办演唱会,竟有数人为争得与他握手的"殊荣"而惨死于狂热的拥挤中。更严重的破坏还在于它是隐形杀手——让我们失去自信力。因为盲目崇拜偶像常常是崇拜者自己先屈下膝去仰视的结果,都把别人看做耸入云际的高山,视自己为山下的一抔黄土,长此以往,我们的民族势必成为庸庸碌碌的动物之群!

（7）世上没有两片完全相同的树叶,我们可以欣赏偶像,但不能在盲目的偶像崇拜中失去自我。青春应是自信而勇敢的,不要让偶像的"完美"剥夺青春的个性,不要让偶像的生活来束缚我们的心灵。青春如此美好而真实,我们怎能拜伏在偶像的脚下,仰望他人的成就,甘做他人的影子呢?

（8）亲爱的朋友,如果我们需要崇拜,那么我崇拜青春,不需要偶像!

内容分析

文章题目即点名作者的立意,中心论点表达得非常明确清晰。紧接着作者分别选取了三个典型事例来层层说明盲目崇拜偶像的弊病:让明星的光芒遮住了自己的生活,失去了自我精神。紧接着再次通过举例来揭露盲目崇拜的本质,"不是清醒的爱戴与敬仰""不是理性的精神追求",呼吁不要把偶像和敬慕热爱的人等同起来。文章中援引的事例具有真实性和典型性,并能够围绕中心论点集中论述,论证方式比较有说服力,可以说三次批驳还是非常有力的。

有一点是需要指出的,文题是"我崇拜青春,不需要偶像",可见在反对盲目崇拜偶像的同时还强调崇拜青春,而在文章中作者对为何要崇拜青春并没有多做论述,可见文章内容还有失完整。

表达分析

本篇文章在表达方面具有清晰的思路,段与段之间能够自然过渡,层层递进,使文章从整体上来看比较紧凑。本文为驳论文,但非常可贵的是作者可以在论述的过程中边破边立,非常具有感召力。除此之外文中所用的语言大部分都能做到生动有力,流畅无语病,这就为围绕中心论点的论述锦上添花。

值得注意的是有些地方用词不够准确,如"偶像常常是崇拜者对现实的逃避",阅读全文可知本文主要是在批驳盲目崇拜偶像,可见这里的表述并不明

确。要注意批驳的对象不要在表达中偏离。

【评分】

	分值						得分		
							自评	互评	师评
一、内容(55%)									
1. 文章中心论点切合题意	10	8	6	4	2	0			10
2. 文章分论点表达清晰、明确、有针对性、思想健康	10	8	6	4	2	0			10
3. 文章论据充足、有力,选材具有真实性、典型性、相容性和简洁性	10	8	6	4	2	0			8
4. 文章论证方式多样,有说服力	10	8	6	4	2	0			6
5. 作者能准确围绕中心论点展开议论	10	8	6	4	2	0			8
6. 文章立意深刻,能写出自己的独特体验	5	4	3	2	1	0			4
二、表达(45%)									
1. 文章结构完整,写作线索明确清晰,论点、论据、论证充足	10	8	6	4	2	0			8
2. 文章分段恰当,各段之间有清晰和流畅的过渡	10	8	6	4	2	0			10
3. 表达流畅,无语病	10	8	6	4	2	0			8
4. 字迹工整	5	4	3	2	1	0			5
5. 语言有文采,能恰当地运用各种写作手法	10	8	6	4	2	0			8
三、扣分部分									
1. 标题:缺失标题扣2分									
2. 字数:每少50个字扣1分									
3. 错别字:每一个错别字扣1分(重复的不计)									
4. 标点:标点错误多的,酌情扣分									
四、总分									85

评阅者:＿＿＿＿＿＿＿＿＿＿　　　　　　日期:＿＿＿＿＿＿＿＿＿＿

【评语】

　　文章从整体上来看,能够提出明确的中心论点,并从中抽出分论点逐个论述,同时以典型的事例辅助论述,使整个论证有的放矢、入木三分,整篇文章是具有积极的现实意义的。修辞手法的运用也使文章的论述更加生动有感召力,是一篇在论述上非常有力度的文章。作者在以后的习作中需要注意的是,个别语言的运用要注意准确性,防止论述过程中发生细微偏离。另外,针对文题也可以在文章中适当地加入"崇拜青春"的内容。

总体来说,这篇文章在构思立论方面都比较成功,希望作者能够在语言方面再加斟酌,争取将文章修改得更加完善。

(三)备注

论证立论文的关键是选择好一方立论,明确自己的观点,但不可偏激武断。选择好论点后,需谨慎选择有力的证据进行议论阐述。所选事例或者名言的内涵都必须紧扣中心论点,并为之服务。在论证的过程中,巧用各种论证方法能使文章内容充实饱满,最好能在文末进行总结呼吁,让读者更清晰地了解作者的意图。当然,带有鲜明色彩的标题也能使文章增色不少。教师可根据实际情况酌情适当地给学生作文进行打分。

写驳论文时应该注意:① 全面分析所给言论,弄清言论是全部错误还是部分错误,从而在批驳时能够区别对待,做到是非分明。② 写驳论文时采取客观的态度,在科学分析的基础上以理服人。③ 在驳论时要充分尊重不同的观点,文中不应出现不文明的言辞。教师在辅导学生写作驳论文时应该注意以上三点,同时在批改学生的驳论文时除注意评分细则外,也应该就上述三点着力评改。

二、时评

(一)评改标准

题目:_____

作者:_____ 日期:_____

	分值						得分		
							自评	互评	师评
一、内容(55%)									
1. 文章围绕时事评论,有针对性,有时效性	10	8	6	4	2	0			
2. 文章对事件主体的介绍简要、准确	5	4	3	2	1	0			
3. 文章观点鲜明,新颖深刻(见人所未见或分析入理)	10	8	6	4	2	0			
4. 多角度具体分析问题,具有严密的逻辑性	10	8	6	4	2	0			
5. 文章能选用充分、典型的论据佐证观点,有说服力	10	8	6	4	2	0			
6. 运用恰当的论证方法阐述论点	10	8	6	4	2	0			

续表

	分值	得分		
		自评	互评	师评
二、表达(45%)				
1. 文章结构完整,写作线索明确清晰,论点、论据、论证充足	10　8　6　4　2　0			
2. 全文层次井然(采用并列式、层级式、对照式、综合式等),段落间有清晰的过渡	10　8　6　4　2　0			
3. 语言有文采,能恰当地运用各种写作手法	10　8　6　4　2　0			
4. 表达流畅,无语病	10　8　6　4　2　0			
5. 字迹工整	5　4　3　2　1　0			
三、扣分部分				
1. 标题:缺失标题扣2分				
2. 字数:每少50个字扣1分				
3. 错别字:每一个错别字扣1分(重复的不计)				
4. 标点:标点错误多的,酌情扣分				
四、总分				

评阅者:_____　　　　　日期:_____

【评语】
_____
_____

(二)评改范例

作文题:

在国人的强烈反对声中,佳士得拍卖行仍将圆明园非法流失的兔首、鼠首铜像在巴黎拍卖。某艺术公司总经理蔡铭超高价拍下这两件文物。但事后拒绝付款,造成流拍。对此,舆论一片哗然。有人称其为民族英雄,有人认为这是恶意破坏规则,有人认为……你对蔡铭超的行为有什么看法?请据此写成一篇文章。

学生习作

民族尊严的天平

高三 某生

（1）在外界褒贬不一的议论声中，蔡铭超坚持住了。无论别人如何说，在我眼中，他是英雄。在民族大义的天平被人倾斜时，他勇敢地站了出来，用行动告诉国人，在维护民族正当利益面前，我们绝不后退！

（2）是的，维护民族正当利益，就是维护这个民族在世界之林的立身之本。如果一个民族连维护自身正当利益的勇气都没有了，那这和当年被凌辱的中国有什么区别？

（3）一百多年以前，欺辱我们的外国军队有英法联军、八国联军、日本侵略者……这个名单还可以开列得很长。哪一次不是因为中国人的软弱和委曲求全才使得民族之利益被外族剥夺，使中国到了亡国的边缘？悲夫！

（4）但是，一旦国人挺直了腰板，一切便又有了生机。为了民族大义，中国共产党赶走了日本侵略者，赶走了国民党反动派，中华民族从此站起来了！为了民族大义，解放军北上朝鲜，南下越南，赶走了美国侵略者。为了民族大义，更为了世界大义，中国派出的联合国维和部队在世界上建立了辉煌的战功。

（5）如果国人心中没有"民族大义"这四个大字，这一切能得以实现吗？

（6）维护国人的正当利益，靠什么？绝对不是空洞的口号，而是十三亿人心中的民族责任感和一点一滴的实际行动！

（7）现如今，在这个号称和平的年代里，佳士得拍卖行仍将圆明园非法流失的文物进行拍卖。蔡铭超站出来了，你说，我们能不支持他么？是的，也许有人会说他恶意破坏规则；但是，在这本来平衡的民族天平上，佳士得拍卖行使之倾斜了，现在，为了让天平重新平衡，蔡铭超这样做难道有错吗？如果世界上还有公平的话，佳士得在天平上放了一个超重砝码，那我们也能！一句话，在维护民族正当利益面前，我们决不后退！

（8）不后退，中国人赶走了日本侵略者、国民党反动派，才站起来了！不后退，中国人才赶走美军，恢复了和平！

（9）现在我们一样不后退！

内容分析

　　文章一开篇便宣示"在我眼中,他是英雄",表明了自己的立场,态度明确。文章从"维护民族正当利益"的角度立论,能够紧紧围绕这则时事进行评论,观点鲜明。但本文在内容上有较为明显的不足。首先体现为事件主题的介绍不是非常明晰,不能一下子就让读者掌握整件事情的始末。其次,本文回顾了从英法联军火烧圆明园开始中国近现代史诸多重大事件,这些例证的选择不够妥帖,因为佳士得拍卖行的行为虽然伤害了中国人民的情感和尊严,但毕竟不能将其与历史上的侵略者、反动派等同。

表达分析

　　本文标题拟定较生动,把本民族和他族利益之间的关系比喻为天平,较好地凸显要维护本民族利益的观点;语言较流畅,多运用反问和设问的修辞手法。但本文的分析议论存在简单化的倾向。没有围绕蔡铭超使兽首流拍事件本身,进行入情入理的具体分析,只是单纯用喊口号来代替严密的论证,同时也导致论证方法不能恰当地阐述观点,这是本文失分点所在。

　　本文结构较为完整。开篇简述时事并鲜明地亮出态度"在我眼中,他是英雄";其次回顾近现代史重大事件和中国共产党建国立下的战功,表明只有国人心中长存"民族大义",才能维护民族利益;最后总结全文,在事件的基础上重申观点:为了维护民族利益,我们不能后退。但本文的论证结构没有凸显出递进性,只是单纯地强调要维护民族利益,没有说明为什么蔡铭超的行为合乎"民族大义",给人以底气不足之感。

【评分】

	分值						得分		
							自评	互评	师评
一、内容(55%)									
1. 文章围绕时事评论,有针对性,有时效性	10	8	6	4	2	0			10
2. 文章对事件主体的介绍简要、准确	5	4	3	2	1	0			3
3. 文章观点鲜明,新颖深刻(见人所未见或分析入理)	10	8	6	4	2	0			9

续表

	分值	得分		
		自评	互评	师评
4. 多角度具体分析问题,具有严密的逻辑性	10 8 6 4 2 0			6
5. 文章能选用充分、典型的论据佐证观点,有说服力	10 8 6 4 2 0			6
6. 运用恰当的论证方法阐述论点	10 8 6 4 2 0			6
二、表达(45%)				
1. 文章结构完整,写作线索明确清晰,论点、论据、论证充足	10 8 6 4 2 0			8
2. 全文层次井然(采用并列式、层级式、对照式、综合式等),段落间有清晰的过渡	10 8 6 4 2 0			8
3. 语言有文采,能恰当地运用各种写作手法	10 8 6 4 2 0			8
4. 表达流畅,无语病	10 8 6 4 2 0			8
5. 字迹工整	5 4 3 2 1 0			5
三、扣分部分				
1. 标题:缺失标题扣2分				0
2. 字数:每少50个字扣1分				-2
3. 错别字:每一个错别字扣1分(重复的不计)				0
4. 标点:标点错误多的,酌情扣分				0
四、总分				75

评阅者:_____　　　　　　　　　　日期:_____

【评语】

　　文章观点鲜明,中心明确。全文从"维护民族正当利益"角度立论,表明自己对蔡铭超持赞赏态度。行文紧扣中心,结构明晰,阐论有序。语言较为流畅,能使用设问、反问等修辞手法,于笔端融入了自己的情感。但是本文议论具有简单化倾向。在例证的选择和类比上显得不够妥帖,从英法联军火烧圆明园开始,中国近现代史诸多重大事件不能跟佳士得拍卖行的行为等同。就事论理的严密性不够,应围绕蔡铭超使兽首流拍的事件本身,进行入情入理的具体分析。比如可以找出蔡铭超这样做的依据与理由,进而阐述为什么说他的行为合乎"民族大义",论证严密,这样就会使文章内容充实且说服力更强。另外,本文字数只有700多字,高中要求写800字以上的文章,因此扣去2分。

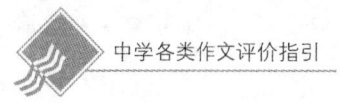

（三）备注

时评本质上属于议论文体，作者必须在贴紧材料的基础上有理性、有思想、有知识地表达自己独到的看法，因此对写作者的要求较高。教师在具体操作时要先确定学生已有一定的议论文知识储备，并根据学生的程度适当调整评价标准。

三、书评

（一）评改标准

题目：＿＿＿＿＿＿＿＿＿＿＿＿＿＿＿＿＿＿＿＿＿＿＿＿＿＿＿＿＿＿＿＿＿＿＿＿＿＿

作者：＿＿＿＿＿＿＿＿＿＿＿＿＿＿＿＿　　　日期：＿＿＿＿＿＿＿＿＿＿＿＿＿＿

	分值						得分		
							自评	互评	师评
一、内容(60%)									
1. 文章的选材符合题意	10	8	6	4	2	0			
2. 对所评书籍的内容概述清晰	5	4	3	2	1	0			
3. 对所评书籍的评述对象明确	5	4	3	2	1	0			
4. 围绕所评书籍展开，内容充实，叙议结合	10	8	6	4	2	0			
5. 评价的科学性，实事求是，有理有据	10	8	6	4	2	0			
6. 评价的独创性，见解新颖，分析精辟	10	8	6	4	2	0			
7. 观点鲜明，立意深刻	10	8	6	4	2	0			
二、表达(40%)									
1. 全文结构完整，分段恰当，各段之间有清晰和流畅的过渡	10	8	6	4	2	0			
2. 语言表达准确，严密有条理	10	8	6	4	2	0			
3. 语言生动有文采，能恰当地运用写作手法	10	8	6	4	2	0			
4. 表达流畅，无语病	5	4	3	2	1	0			
5. 字迹工整	5	4	3	2	1	0			
三、扣分部分									
1. 标题：缺失标题扣2分									
2. 字数：每少50个字扣1分									
3. 错别字：每一个错别字扣1分(重复的不计)									
4. 标点：标点错误多的，酌情扣分									
四、总分									

评阅者：＿＿＿＿＿＿＿＿＿＿＿＿＿＿＿＿　　　日期：＿＿＿＿＿＿＿＿＿＿＿＿＿＿

【评语】
_____
_____

（二）评改范例

作文题：

阅读一本好书或一篇好文章，你一定会深有感触，或被一个感人的细节所感动，或为一段精彩的语句所折服。请以"一本好书"为话题，写一篇文章。要求：① 题目自拟，立意自定，但所写内容必须在话题之内。② 不少于800字。③ 不得套作，不得抄袭。

◆ 学生习作

永不言败
——读《老人与海》有感
高三　某生

人不是为了失败而生，一个人可以被毁灭，但不可以被打败。

——题记

（1）有一幅意境唯美的画：一条船，一个老人，一片浩瀚的大海。

（2）一艘船越过世界的尽头，驶向未知的大海。船头上悬挂着一面虽然饱经风雨的侵蚀却依旧艳丽无比的旗帜。旗帜上，如龙一般舞动着四个闪闪发光的字——永不言败。这是海明威的《老人与海》所带给我的震撼。

（3）《老人与海》描述了古巴老渔夫在连续八十四天都没有捕到一条鱼的情况下，仍毅然决定向大海深处航行，钓鱼，而且独自一人。还有那个小男孩，那双眼睛啊，像大海一样蓝，是愉快的，毫不沮丧的。小男孩是那样充满活力，那样阳光，那样单纯。小男孩带回了老人的青春，为老人找回了自我。

（4）一个老人在汪洋大海里航行，老人的坚持让他钓到了一条比渔船还长两尺，一千多磅的大马林鱼。老渔夫在海上与马林鱼搏斗了整整三天三夜。在这三天三夜中老人多少次给自己鼓劲，多少次给自己安慰。一句"我跟你奉陪到死"夹杂在大海的咆哮声中，回响在我的耳畔；一句"但愿那孩子在这里"又让人觉得这位老人孤身一人与敌人殊死搏斗，能不算是英勇吗？

（5）三天，七十二个小时，老人多么顽强的意志，也正是在那份高贵的自信下，老人终于将马林鱼杀死。

（6）而在归途中又一再遭到鲨鱼的袭击。在茫茫大海中，老人把自己的生命押了上去与鲨鱼搏斗。尽管马林鱼的鱼肉一次次被鲨鱼带走，但他还是用尽一切反击。无论是鱼叉、小刀，还是短棍、绳索，都足以让老人搏斗一番。"知其不可而为之"的勇气让我佩服，让我的心震撼。

（7）贝多芬曾说过："我可以被摧毁，但我不能被征服。"不错的，人类是强大的，人类本身有自己的限度，但正是因为有了老渔夫这样的人一次又一次向极限挑战，超越它们。

（8）老人最后空着双手，幸运地"凯旋"——回港时只剩下鱼头鱼尾和一条脊骨。但是老人却是真正的胜利者。他对于整个大海而言是微乎其微的，渺小的，但对于整个人性来说却是伟大的。老人打赢了这场无硝烟的战争，他打败的不仅仅是那条大马林鱼，那几条大鲨鱼，而是生命中的坎坷与挫折。这位老人都能以顽强自信的心迎接挑战，我们作为年轻人又能说什么呢？那我们何必因为成绩不理想而自怨自艾，因为没找到工作而自暴自弃，因为不被人赏识而自甘堕落呢？那我们应该惭愧了。对于这些我们应该勇敢地面对，从这些困难上跨过去！超越极限！尽力而为还不够！

（9）人的一生无止境的追求，漫长而又艰难。对于人生的困难，我们应该像老人那样：永不言败！不断挑战。奇迹总会产生，因为上天总是眷顾敢于奋斗的人。无畏地超越，积极地奋斗。

（10）老人带回了一条又粗又长的白色脊骨，一端有条巨大的尾巴。当东风在港外不断掀起大浪的时候，这尾巴随着潮水起落、摇摆。那个男孩相信老人捕到了大鱼，事实也是如此。在大路另一头老人的窝棚里，他又睡着了。他依旧脸朝下躺着，孩子坐在他身边，守着他。老人正梦见狮子。狮子，百兽之王，老人正如那只梦中在海滩上的狮子，有着旺盛的生命力，还有孩子帮他带来的青春。老渔夫是最伟大的胜利者。

（11）合上书，闭上眼，心灵感到轻盈，灵魂有一种升华，脑海里一幅辽阔而又壮美的画面，天地间只有一条船，一个老人，一片浩瀚的大海……

内容分析

本文选取《老人与海》作为写作对象，作者从海明威的《老人与海》这本名著上读出了"永不言败"的感触,切合题意要求。本文主要选取了古巴老渔夫在经历了多次挫折和打击之后仍然坚持永不言败的故事情节。从老人决定出航,到捕杀大马林鱼,到归途遭到鲨鱼袭击,到老人胜利凯旋,全文均是围绕书中情节展开,叙议结合,评论时有理有据,还联系到生活,分析新颖,内容丰富。

但本文的观点不太明确,一会儿说"勇气",一会儿又说"人性";一会儿说"超越极限",一会儿又说"顽强自信"。观点太多,导致主题分散。建议可以抓住题目中的"永不言败"来展开,围绕主题牢牢靠住文本内容来进行评述。此外,文中提到小男孩,跟本文的主题关系并不密切。最后,文章的评述可以适当运用一些别的事实论证或道理论证,对中心进行强化支撑论述,使得本文的立意更加深刻,评论更加有说服力。

表达分析

本文结构相对完整,尤其是文章的开头和结尾均采取了用画面塑造的形式,给人一种首尾呼应的感觉。文章以老人出航—捕鱼—斗鲨—归航为线索展开,线索清晰,夹叙夹议;运用了比喻等修辞手法,向读者形象地展现了老渔夫此次航程的艰辛、内心的丰富,以及作者由老渔夫的经历而得出的感受。行文生动活泼有文采,表达基本流畅。

但本文的段落分配略有不当,过渡不够自然。比如第8段后半部分对实际生活的评价显得突兀,后面第10段又回到老渔夫的行为,行文过于跳跃,稍显不够严谨。

【评分】

	分值						得分		
							自评	互评	师评
一、内容(60%)									
1. 文章的选材符合题意	10	8	6	4	2	0			10
2. 对所评书籍的内容概述清晰	5	4	3	2	1	0			4
3. 对所评书籍的评述对象明确	5	4	3	2	1	0			3
4. 围绕所评书籍展开,内容充实,叙议结合	10	8	6	4	2	0			8
5. 评价的科学性,实事求是,有理有据	10	8	6	4	2	0			8
6. 评价的独创性,见解新颖,分析精辟	10	8	6	4	2	0			8
7. 观点鲜明,立意深刻	10	8	6	4	2	0			8

续表

	分值						得分		
							自评	互评	师评
二、表达(40%)									
1. 全文结构完整,分段恰当,各段之间有清晰和流畅的过渡	10	8	6	4	2	0			8
2. 语言表达准确,严密有条理	10	8	6	4	2	0			6
3. 语言生动有文采,能恰当地运用写作手法	10	8	6	4	2	0			10
4. 表达流畅,无语病	5	4	3	2	1	0			4
5. 字迹工整	5	4	3	2	1	0			5
三、扣分部分									
1. 标题:缺失标题扣2分									
2. 字数:每少50个字扣1分									
3. 错别字:每一个错别字扣1分(重复的不计)									
4. 标点:标点错误多的,酌情扣分									
四、总分									82

评阅者:_____   日期:_____

【评语】

作者从《老人与海》这本名著上读出了"永不言败"的感触,切合题目"一本好书"的话题要求。文章的开头和结尾均采取了用画面塑造的形式,形成了首尾呼应的效果。文章线索清晰,夹叙夹议,评论时有理有据,联系实际,语言形象生动,让人身临其境,老渔夫的形象跃然纸上。但本文的观点不太明确,观点太多,导致主题分散;加上行文过于跳跃,没能体现议论文行文严谨的特点。

总的来说,这篇文章能围绕"一本好书"展开,是一篇基本符合书评要求的文章,但随意性稍大而显得严谨性不足。希望作者再接再厉,修改出更好的文章!

(三) 备注

其实读后感是属于广义的书评范畴,更偏重写自己的主观感受。但读后感也需要注意三点:第一,写读后感必须有一个明确的中心论点(或中心思想);第二,这个中心论点(或中心思想)必须是从所读的材料中提炼、概括出来的;第三,写读后感必须是写自己的所读、所思、所感、所悟。

写书评无论偏重评还是偏重感,都要求学生下工夫反复研读作品本身,然后评便能切中肯綮,悟便有独到之见。

初中阶段,对于阅读的要求是要有自己的情感体验,初步领悟作品的内涵,从中获得对自然、社会、人生的有益启示,对作品中感人的情境和形象能说出自己的体验。而高中则要求学生具有积极的鉴赏态度,注重审美体验,陶冶性情,涵养心灵,能感受形象,品味语言,领悟作品的丰富内涵,体会其艺术表现力,有自己的情感体验和思考,努力探索作品中蕴涵的民族心理和时代精神,了解人类丰富的社会生活和情感世界。教师在具体的书评评价操作时要根据学生的年龄段适当调整评价标准。

四、文学评论

(一)评改标准

题目:＿＿＿＿＿＿＿＿＿＿＿＿＿＿＿＿＿＿＿＿＿＿＿＿＿＿＿＿＿＿＿＿＿＿＿＿＿＿
作者:＿＿＿＿＿＿＿＿＿＿＿＿＿＿＿＿＿＿ 日期:＿＿＿＿＿＿＿＿＿＿＿＿＿＿＿＿＿＿

	分值						得分		
							自评	互评	师评
一、内容(50％)									
1. 文章中心论点正确、鲜明,要能透视所评作品的主要意义或能表现作品的主要写法	10	8	6	4	2	0			
2. 文章论据要准确可靠,同时要充足有力	10	8	6	4	2	0			
3. 文章论证方式要切合写作目的、作品实际和读者需要	10	8	6	4	2	0			
4. 作者能运用专业知识围绕具体作品展开分析	10	8	6	4	2	0			
5. 文章立意深刻,内容充实,能写出自己对于作品的独特见解	10	8	6	4	2	0			
二、表达(50％)									
1. 文章结构完整,写作线索明确清晰,论点、论据充足	10	8	6	4	2	0			
2. 文章分段恰当,各段之间有清晰和流畅的过渡	10	8	6	4	2	0			
3. 笔墨集中,能围绕具体的点展开论述	10	8	6	4	2	0			
4. 语言既准确严密又形象新颖,能恰当地使用文学评论的术语	10	8	6	4	2	0			

续表

	分值	得分		
		自评	互评	师评
5. 表达流畅,无语病	5 4 3 2 1 0			
6. 字迹工整	5 4 3 2 1 0			
三、扣分部分				
1. 标题:缺失标题扣2分				
2. 错别字:每一个错别字扣1分(重复的不计)				
3. 标点:标点错误多的,酌情扣分				
四、总分				

评阅者:_____　　　　　日期:_____

【评语】
_____
_____

(二) 评改范例

作文题:

阅读一篇好文章,你一定会深有感触,或被一个感人的细节所感动,或为一段精彩的语句所折服,或感慨于作者的表达方式。试抓住其中一点或几点写一篇关于"阅读的奥妙"文学评论。要求:① 题目自拟,立意自定。② 不得套作,不得抄袭。

学 生 习 作

比喻之妙
——评《捉不住的鼬鼠》
高二　某生

(1) 鼬鼠,极度的灵活,超自然的伸缩性,不可思议的变换速度,短肢,细长柔韧的身子,光滑的毛皮滴水不沾,有神采的双眼。再以"捉不住"修饰,就更能表现出它的本体——时间的特征——难以捉摸,从而告诉我们应该珍惜时间。

(2) 第一次读这篇文章时,我就很喜欢,但又说不出喜欢的原因。后来再细细阅读以及听过评讲以后,我才找到了我喜欢它的原因。

（3）这篇文章绝大部分内容都显得很平坦，没有太多难以发现的坑坑洼洼，但它又有诗歌般的飞跃，让你还没回过神来就被带到了另一个崭新的世界。同时，这篇课文出现了大量的比喻、拟人，而且，这也是我喜欢这篇文章的原因。这些比喻都是那样的形象，这些拟人都是那样的生动，让人读着读着便有了滋味，让人看着看着便喜欢上了它。就如第一段的"我一出世就没在时间里了，时间如水我如鱼"，立即就写出了人和时间的关系——没有时间就没有人，就像鱼离开了水就会死亡一样；没有了人时间也就变得毫无意义，就像没有鱼的水只能是一潭死水一样。在贴切的比喻背后又蕴涵着哲学，怎能不让你喜欢？

（4）有一句话是这样说的：一个人在路上漫步，那就是散文；突然掉进了水里，就变成了小说；又突然蹦到月球上去了，那就变成诗歌了。散文，是平坦的，是柔和的，那正如漫步中的人那么惬意。小说曲折的情节，起伏的情感以及出乎意料的结局，又如掉入水中的人和那溅起的水花。蹦上月球的人又能形象地表现出诗歌的跨越性。简单的言语，不平凡的触动，这就是比喻的魅力。

（5）比喻、拟人这两种修饰手法，我们从小学就开始学习怎么用，但到现在，对于我们高中生来说，要把这两种修饰手法用得好也不是一件简单的事。而读完《捉不住的鼬鼠》以后，让我感触最深的正是它所用的修辞。让我真正地感觉到贴切的修辞真的能使文章增色不少。而且，要想比喻用得好，就必须深入地了解本体，然后找出与其最贴切的喻体。有的比喻能使人有视觉的享受，如岑参的"忽如一夜春风来，千树万树梨花开"；有的比喻能使人如闻乐曲，如《琵琶行》当中的"大弦嘈嘈如急雨，小弦切切如私语。嘈嘈切切错杂弹，大珠小珠落玉盘"。这些比喻，无不给人以美的享受。

（6）对于我们来说，写出很深刻的文章的可能性不大，一般都会是"平平"的文章，但如果能在"平平"之中加上一些巧妙的比喻，也许就能使我们的文章"活"起来。

内容分析

作者在本文题目处就明确地点出是评《捉不住的鼬鼠》的比喻之妙，并且能够围绕这一个小点展开层层论述。先是说明比喻运用在《捉不住的鼬鼠》中的妙处，再是联系实际及其他作品说明比喻这种修辞的妙处，尤其是引用的那两处古诗文恰到好处,成为文章有力的论据,能让读者在阅读本文时确实感受到比喻的妙处。

看过本文后可知作者在读完这篇文章后确实有了真切的领悟,从中受到了启发,这就达到了锻炼学生阅读与写作水平的效果。同时,作者摆脱了很多中学生在写作文学评论时容易出现的泛泛而谈,这一点也是非常宝贵的。

本文结构较为完整紧凑,能针对一点展开论述,层层递进,线索清晰。语言简洁干净,表达流畅无语病,没有太过华丽的辞藻堆砌,字里行间透出作者的理性之光。

美中不足的是,在本文的第四段中作者提到"一个人在路上漫步,那就是散文;突然掉进了水里,就变成了小说;又突然蹦到月球上去了,那就变成诗歌了",这句话和文章中要说的比喻之妙之间的关系似乎并不是很明显,这句话更偏向于在说不同文体之间最突出的特点。

【评分】

	分值						得分		
							自评	互评	师评
一、内容(50%)									
1. 文章中心论点正确、鲜明,要能透视所评作品的主要意义或能表现作品的主要写法	10	8	6	4	2	0			10
2. 文章论据要准确可靠,同时要充足有力	10	8	6	4	2	0			8
3. 文章论证方式要切合写作目的、作品实际和读者需要	10	8	6	4	2	0			8
4. 作者能运用专业知识围绕具体作品展开分析	10	8	6	4	2	0			6
5. 文章立意深刻,内容充实,能写出自己对于作品的独特见解	10	8	6	4	2	0			8
二、表达(50%)									
1. 文章结构完整,写作线索明确清晰,论点、论据充足	10	8	6	4	2	0			8
2. 文章分段恰当,各段之间有清晰和流畅的过渡	10	8	6	4	2	0			8
3. 笔墨集中,能围绕具体的点展开论述	10	8	6	4	2	0			10
4. 语言既准确严密又形象新颖,能恰当地使用文学评论的术语	10	8	6	4	2	0			8

续表

	分值						得分		
							自评	互评	师评
5. 表达流畅，无语病	5	4	3	2	1	0			5
6. 字迹工整	5	4	3	2	1	0			5
三、扣分部分									
1. 标题：缺失标题扣2分									
2. 错别字：每一个错别字扣1分（重复的不计）									
3. 标点：标点错误多的，酌情扣分									
四、总分									84

评阅者：_____　　　　　　日期：_____

【评语】

本文紧紧围绕"比喻之妙"的"妙"字展开论述，条理清晰，结构完整，行文流畅，通过几个例子说明了"妙"的真实所在。但在内容的选材上还稍有欠缺，没有做到去粗取精，造成详略不当，主次不明。

（三）备注

教师在进行文学评论辅导时，一方面要特别注意指导学生将文学评论和读后感区分开来，防止学生混淆二者，另一方面，对于中学生写文学评论一般不对字数进行要求，学生只要能够在阅读完作品之后针对其中内容、说话或表达技巧等写出自己的认识即可。此外，上述评价标准主要是针对高中生写作的文学评论制定的，因此要求较高。如果初中教师要对学生进行文学评论的辅导，应根据学生的具体情况降低标准，以免学生对写作文学评论产生畏难情绪。

第四章 应用文评改技能

第一节 新　　闻

一、新闻概述

（一）什么是新闻

新闻,是指通过报纸、电台、电视台、互联网等媒体途径所传播的信息的一种称谓。新闻概念有广义与狭义之分。就其广义而言,除了发表于报刊、广播、互联网、电视上的评论与专文外的常用文本都属于新闻之列,包括消息、通讯、特写等；狭义的新闻则专指消息,消息是用概括的叙述方式,比较简明扼要的文字,迅速及时地报道国内外新近发生的、有价值的事实。

（二）新闻的特点

新闻的特点有如下四个。一是真实性。新闻报道必须真实准确地反映客观事实,包括事实本身完全真实、引用各种材料要真实可靠和反映角度的真实。二是事实性。即用事实说话。"事实"指的是新闻事实和背景事实,"说话"指的是隐含在事实中的意见、观念,即指导性、导向性。表现为在报道中,一般不直接发表自己的意见,意见都隐含在事实中。三是时效性。新闻要求迅速及时,对变动中的客观现实反应迅速,及时报道新近发生或发现的事实,向读者提供多方面的新的信息。四是简短性。用简洁、概括的文字,把精彩、充实的内容报道出来。

（三）新闻的写作要求

1. 新闻的构成

新闻主要由标题、导语、主体、背景和结尾等部分构成。

(1) 标题

标题指新闻的题目。好的新闻标题不仅要揭示新闻事实的内容，还必须有很强的表现力、感染力。因此，拟定标题时，应准确地概括新闻的内容，简洁明了地传达新闻的内容，运用各种表现手法、修辞手法，把标题写得生动、形象。

(2) 导语

导语为新闻的开头部分。导语之前冠以"本报讯"或"××社××地×月×日电"的字样，是新闻这一文体的标志。好的导语有两个作用：一是开启全篇，能吸引读者；二是能抓住事物的本质，包含并突出新闻中最具有新闻价值的内容。

(3) 主体

主体为导语之后的文字的称谓，也称为新闻的正文、新闻的展开部分。其作用是解释补充导语，使新闻清晰完善，较完整地表现新闻主题的思想，照应导语并为必要的结尾形成条件。主体部分写作要求包括：① 围绕一个主题选材，选材精当，剪裁合理。② 注意变换角度，切忌重复导语。③ 层次分明，分段恰当。

(4) 背景

背景指的是新闻报道中与新闻事实发生或新闻人物成长密切相关的历史、环境与原因，它解释事件发生或人物成长的主客观条件及其实际意义，为突出新闻价值和深化主题服务。

(5) 结尾

结尾的写法多种多样，可以概括新闻内容，点明事实意义；可以对新闻事实所提出或揭示的问题提出追问或反问，以引起注意；可以写出当前事实的发展趋势，引起人们关注；可以对所报道的事实进行议论，说明实质，点出主题；可以用描写手法呈现一个场景或一幅画，使读者读完消息后留下鲜明的形象，难以忘怀。结尾写作上必须注意两个方面，一是扣题，二是要简洁明快。

2. 新闻的结构形式

新闻具有与一般文章结构不同的独特的结构形式。新闻常见的结构形式有以下几种。

(1) 倒金字塔结构

把最重要、最新鲜、最精彩的新闻事实摆在最前面，稍次要的放在其后，按材料的主次排列。

(2) 时间顺序式结构

从头到尾按事情发展的先后顺序写下去，适合故事性较强、以情节取胜的新闻。

（3）混合式结构

把倒金字塔与时间顺序两种结构形式结合起来，具体写法是导语或开头部分往往用倒金字塔式，导语之后，主体与结尾部分，用时间顺序式，完全按事情发展顺序来展开新闻。

（4）散文式结构

用自由、灵活的手法组织安排材料，像散文一样富于变化，一般常常具有鲜活的细节描写，在现实基础上展开适度联想而且有文采。

常见的新闻多采用倒金字塔结构，因此中学生新闻写作训练中也多要求按倒金字塔结构来写。

3．新闻的表达要求

不同的新闻类别，在表达上的要求有所不同。常见的分类要求如下。

（1）用于报道最新动态的动态新闻，表达要求是多用动词写动态，用行动和语言以及以静衬动的手法突出动态。

（2）用多个新闻阐明一个共同主题，用于反映全局性的情况、成就、趋势、动向或问题的综合新闻，表达要求则是点面结合、对比衬托、夹叙夹议等。

（3）用类似"特写镜头"的手法反映事物变动的特写新闻，表达要求则包括富有表现力的细节描写、富有特征的片段描写以及富有画面感的现场描摹。

（4）用于表现人物的人物新闻，表达要求则是一人一事，事实结合介绍以及白描等。

二、新闻评改标准及范例

（一）评改标准

题目：＿＿＿＿＿＿＿＿＿＿＿＿＿＿＿＿＿＿＿＿＿＿＿＿＿＿＿＿＿＿＿＿

作者：＿＿＿＿＿＿＿＿＿＿＿＿＿＿＿＿＿　日期：＿＿＿＿＿＿＿＿＿＿＿＿＿

	分值						得分		
							自评	互评	师评
一、内容(60%)									
1. 标题简洁，并具有吸引力	10	8	6	4	2	0			
2. 导语能概括最重要的资讯	10	8	6	4	2	0			
3. 随后各段分段恰当，能按重要程度逐一展开	10	8	6	4	2	0			
4. 内容具有新闻价值，有新鲜感	10	8	6	4	2	0			

续表

	分值						得分		
							自评	互评	师评
5. 以倒金字塔式结构写作,先总后分	10	8	6	4	2	0			
6. 详略得当	10	8	6	4	2	0			
二、表达(40%)									
1. 措辞客观平实	10	8	6	4	2	0			
2. 篇幅简短扼要	10	8	6	4	2	0			
3. 语句简洁、凝练、流畅	10	8	6	4	2	0			
4. 字迹工整	5	4	3	2	1	0			
5. 交代清晰	5	4	3	2	1	0			
三、扣分部分									
1. 标题:缺失标题扣2分									
2. 字数:每少50个字扣1分									
3. 错别字:每一个错别字扣1分(重复的不计)									
4. 标点:标点错误多的,酌情扣分									
四、总分									

评阅者:_____   日期:_____

【评语】
_____
_____

(二)评改范例

作文题:

校园是我们学习与生活的地方。只要用心发现,校园里处处都有新鲜有趣的人和事。请以近期校园内发生的事情为题材,写一则校园新闻。要求:①题目自拟,立意自定,但所写内容必须在指定题材范围之内。②字数不限。③不得套作,不得抄袭。

◆ 学生习作

张强刷新我校 25 年的跳高纪录

高三　某生

本报讯　又是一场欢呼,10月13日上午,高三年级学生张强在我校男子组跳高比赛中以1.83米的优异成绩打破了尘封25年的1.81米的原纪录。

张强每年都参加运动会,除了高二那一年的失常发挥,其余每届都是跳高比赛的冠军。但是往年他都没能破前辈创下的纪录。对此,他说:"那一直是我的目标。"

在前面的预赛中,他都跳得比较轻松,一脸从容淡定的样子。到最后的决赛,剩下他一个人挑战纪录的时候,他往后退,拉长了助跑的距离。助跑前,他站在那里看着标杆,若有所思。第一跳,由于他的脚没有收缩好,碰到了标杆,标杆掉下来了。第二跳,他又拉长了助跑的距离,在助跑点注视标杆很久,似乎在和标杆对话,他跑过去了,脚收缩得很好没有再碰到标杆,腰部发力到位,可是他的手却又碰到了标杆。还剩最后一次机会,要是还没有过,破纪录的目标就只能等到明年了。第三跳,他缓缓走到起跳点,一直往后退,退了很长一段距离后,他站定,做好起跑的姿势后又起身放松一下,再俯身,他凝视着标杆,看了许久。终于,他冲过去了,在起跳点一跃,以完美的姿势过了!

在事后看视频时发现,这一跳超过了1.83米的标杆好多,于是他给自己定的下一年的目标是冲刺1.9米。

内容分析

从本篇新闻的内容上来看,新闻的标题简洁清楚,让人一下就可以抓住本则新闻的主要内容。导语部分能充分概括最重要的资讯,能让读者迅速准确把握新闻的时间、人物和主要内容。再来看各段的分段情况,作者基本上能按照"倒金字塔结构"来安排内容,能抓住张强破纪录的过程这一最重要的部分重点进行叙述,有详有略。就新闻选材而言,材料真实,内容具有新闻价值。对体育健将张强破纪录这一事件的报道,激励并促进了其他参加体育活动的学生。

但是,新闻的标题并没有很强的表现力和感染力,对读者没有很强的吸引力。新闻的内容在顺序的安排上也需要斟酌,本文中的第2段关于张强过去的比赛史的交代,属于新闻中的背景部分,用来解释事件发生或人物成长的主客观条件及其实际意义,为突出新闻价值和深化主题服务,应该放在主体之后。在新闻的主体部分,关于张强比赛的过程虽然需要重点叙述,但对这个过程的叙述还需要进行文字上的处理,比如前两跳略写,最后一跳可详写。这样才不会显得累赘,也能让读者迅速领略比赛最精彩的部分。

表达分析

本则新闻措辞平实客观,篇幅简短,语句简洁、流畅、清晰,并且在行文中能较好地用事实来说话,基本符合新闻写作的真实性、事实性、简短性的特点。但是整篇新闻从标题到主体内容再到结尾,总体感觉比较平淡,对读者的吸引力不强,在新闻的价值和意义方面的导向性不强。具体表现为:标题设置简单,未能运用适当的表现手法、修辞手法来把标题写得生动、形象。另外这篇新闻既表现了人物,也表现了场面,因此可适当运用白描手法或者语言描写等来表现人物,用富有表现力的细节描写、富有特征的片段描写以及富有画面感的现场描摹来表现比赛过程,这样处理可以使整篇新闻增色不少,增加可读性。新闻的主体部分个别语句不凝练,详略处理上还需要斟酌。

【评分】

	分值						得分		
							自评	互评	师评
一、内容(60%)									
1. 标题简洁,并具有吸引力	10	8	6	4	2	0			6
2. 导语能概括最重要的资讯	10	8	6	4	2	0			10
3. 随后各段分段恰当,能按重要程度逐一展开	10	8	6	4	2	0			8
4. 内容具有新闻价值,有新鲜感	10	8	6	4	2	0			8
5. 以倒金字塔式结构写作,先总后分	10	8	6	4	2	0			10
6. 详略得当	10	8	6	4	2	0			6
二、表达(40%)									
1. 措辞客观平实	10	8	6	4	2	0			10
2. 篇幅简短扼要	10	8	6	4	2	0			8
3. 语句简洁、凝练、流畅	10	8	6	4	2	0			8
4. 字迹工整	5	4	3	2	1	0			5
5. 交代清晰	5	4	3	2	1	0			5
三、扣分部分									
1. 标题:缺失标题扣2分									
2. 字数:每少50个字扣1分									
3. 错别字:每一个错别字扣1分(重复的不计)									
4. 标点:标点错误多的,酌情扣分									
四、总分									84

评阅者:_____ 日期:_____

【评语】

　　本篇新闻内容选取合理,具有一定的新闻价值。整个行文符合新闻写作的结构,标题、导语、主体、结尾等部分都符合要求,并较好地运用了"倒金字塔结构"这一常见的新闻结构。作者重点描写张强破纪录的比赛过程,抓住了新闻内容的表现重点,有详有略。语言平实客观,通篇用事实说话,描写详细,交代清晰,符合新闻写作的语言要求。但是,通篇新闻的语言显得比较平淡,标题缺乏表现力和感染力,可以适当使用表现手法和修辞手法来润色标题。内容详略上还需要进一步地处理,如前两跳可更简略,最后一跳可详细。另外,过程叙述和人物表现上也显得平铺直叙,未能给人留下深刻印象,可适当运用白描手法或者语言描写等来表现人物,用富有表现力的细节描写、富有特征的片段描写以及富有画面感的现场描摹来表现比赛过程,增加可读性。

　　总体而言,这是一篇结构完整,内容充实,语言平实流畅的新闻作品,作者已经具备了基本的新闻写作素养。希望作者再接再厉,修改出更好的新闻作品!

（三）备注

　　中学生新闻写作虽然并不作为作文教学中的学习和训练的重点,但是对学生的写作素养的训练和提高是大有裨益的。中学的新闻写作,只要能做到选材合理,能熟悉和运用新闻的构成部分和结构模式,能在短小篇幅里用平实客观的语言交代清楚新闻内容即可。对新闻内容的感染性、吸引力、新闻价值和时效性等等不作过高要求。教师在教学指导上应以鼓励为主,在具体操作时要根据学生的年龄段适当调整评价标准。

第二节　传　　记

一、传记概述

（一）什么是传记

　　《中国大百科全书·中国文学卷》"传记文学"条对"传记"与"传记文学"解释为:"记载人物经历的作品称传记,其中文学性较强的作品即是传记文学。"传记文学通过塑造鲜明的人物形象、生动的故事情节、典型的细节描写和运用个性化的语言,真实地再现真实人物的人生经历和个性特征的一种实用文学样式。胡适认为:"传记文学是以传记为领域的一种文学,任何以传记为领域的一种文学资料都是传记文学作品。换句话说,任何有关人的活动记录与思想见解的材料,都属于传记文学的范畴。"

(二)传记的特点

传记作为一种有着悠久历史的文学体裁,发端于史,是隶属于历史学的一个分支,偏重于记录人生轨迹。但是随着传记文学的不断发展,传记并不满足于描绘人物的生平和事迹,而是越来越重视人物的性格的展示和解释。《史记》应该是传记发展到成熟阶段的一个独特标志。

因此传记横跨历史学和文学两个领域,兼具历史性和文学性,也就具有了以下几个特征。

一是真实性。这是区别于其他叙事类文体的最大特征,是传记本身具有的历史属性所决定的,也是传记存在的生命和灵魂以及创作的最高准则。离开了这一点,传记就不再是传记,而只能是小说、虚构的故事。班固称赞《史记》说:"善序事理,辩而不华,质而不俚,其文直,其事核,不虚美,不隐恶,故谓之实录。"因此,传记的真实性也就是要客观公正地对发生在传主身上的事件进行实录和评价。

二是表现个性。传记不是冰冷的历史,它必须表现出传主的个性特征。传记中要把传主的生平经历、喜怒哀乐反映到作品中来,让读者看到一个跃然纸上的人物形象。所以主人公人生事件的选取就非常重要,要根据其表现的个性特征从芜杂的事件中攫取出来,从而让读者明了主人公成长发展过程和性格特征。

三是艺术性。这是传记的文学属性所决定的。传记要利用高度个性化的人物语言、合理的结构安排、巧妙的情节处理、生动的细节描写等,还有一些修辞手法的运用,如对比、烘托等,使传记作品更加生动、形象,从而增加传记作品的可读性。

(三)传记的分类

古代传记可分为史传文和史传文之外的文章两类。现代传记的分类,包括他传、自传、小传、回忆性文章、评传、小说化传记等。中学传记主要是写自传和他传两类。

1. 自传

自传是传记的一种。传记以记叙人物生平事迹为主,自传则是以记述自己的生平事迹为主。学生自传作文要写出一个真实的、活生生的"我"来。要让读者通过文中的这个"我"能够了解到"我"生活中真实的样子。所以学生的自传要求学生首先要能够认识自己,回顾自己的人生道路。

从某种程度上来说,学生写自传的过程是一个寻找自己、发现自己的过程。学生通过人生中的某一条线,把自己的人生串联起来,并对自己的人生作适当的审视、分析和总结,最终的目的是实现自我的成长。

2. 他传

由李健健主编《立传三·关于自传》中提到:"自传与他传的相同之处都是书写人物生平的记录,不同之处在于一是书写自己,一是书写他人。"所以和自传是自己写自己不同,他传的传主和作者是两个不同的人。他传的作者要站在旁观者的角度来对自己之外的第二人进行传记的书写。

但不论是自传还是他传都会涉及"当局者"和"旁观者"两个对象,由于人看待问题具有一定的局限性,这种局限性会造成看问题的片面性,因此写自传和他传的时候要处理好"清"与"迷"两个问题,要掌握更多真实可靠的材料,避免过分主观,过分夸大好与坏、褒与贬、得与失、对与错,以保持传记的精神——阐述的事件真实,给予的评价合理。

二、自传评改标准及范例

(一)评改标准

题目:_____

作者:_____ 日期:_____

	分值						得分		
							自评	互评	师评
一、内容(55%)									
1. 文章的选材切合题意、取舍得当	10	8	6	4	2	0			
2. 文章内容真实、充实,材料丰富	10	8	6	4	2	0			
3. 以记叙为主,能结合议论、描写、抒情等多种表达方式	10	8	6	4	2	0			

续表

	分值	得分		
		自评	互评	师评
4. 塑造的传主人物性格形象饱满	10 8 6 4 2 0			
5. 能写出对传主的感受,感情真挚	10 8 6 4 2 0			
6. 对传主给予了客观合理的评价	5 4 3 2 1 0			
二、表达(45%)				
1. 文章结构安排符合文体要求	10 8 6 4 2 0			
2. 全文结构完整,分段恰当,各段之间有清晰和流畅的过渡	10 8 6 4 2 0			
3. 表达流畅,无语病	10 8 6 4 2 0			
4. 字迹工整	5 4 3 2 1 0			
5. 语言有文采,能恰当地运用写作手法	10 8 6 4 2 0			
三、扣分部分				
1. 标题:缺失标题扣2分				
2. 字数:每少50个字扣1分				
3. 错别字:每一个错别字扣1分(重复的不计)				
4. 标点:标点错误多的,酌情扣分				
四、总分				

评阅者：_____　　　　　　　　　日期：_____

【评语】
_____
_____

(二)评改范例

作文题：

写一篇关于自己的传记,记录自己的成长。要求：题目自拟,字数不少于600字。

学生习作

我的自传

初三　某生

我叫×××,家在广东省韶关市瑶族自治县,就读于××中学,是一名初三的学生。我个性比较开朗,并且有点霸道,身边熟悉我的人都叫我"假

小子"。

　　给人"假小子"的印象最早来自儿时,那个时候,我和姐姐个子十分小,因此时常被同村的小胖子欺负。他仗着自己比我们高的那大半个头和身上的三两肥猪肉,整天摆出一副"君王"的姿态在村里面横行霸道,隔不了两天就有小伙伴被他弄哭,我因此十分气愤,寻思着若他惹上了我,我定要他好看。不巧,我刚有了这个勇气,他就和我杠上了,我新折好的纸飞机因为从他头上飞过落在他脚下,他就用力踩了又踩,还十分挑衅地站在我面前想看我哭的样子。没想到的是我一点也没有畏惧,并表示要他和我道歉,他哪里受过这种"委屈",当场就发飙了,一场"战斗"就这样发生了,令我意外的是,小胖子中看不中用,被我死死摁倒在地,动弹不得,从此我成了村里面的"将军",大人们都叫我"假小子"。

　　这种假小子的形象一直持续到了小学,由于个性十分"小子",所以总能和男生女生玩成一片,于是每天都忙着和同学们谈天说地,瞎扯呼,在学校混得如鱼得水。但同时又由于个性总是大大咧咧,说话太过于直接,因此常常伤了同学的心,我因此十分苦恼,却又找不到解决的途径。机缘巧合的是,后来看到了《读者》中有一篇讲自己处理人际关系的文章,渐渐明白了倾听和尊重的重要性,也明白了"小子"的个性应该运用到恰当的地方。

　　学习的重要性是上了初中才意识到的事,因为小学的时候,我感觉即使不用心也能考个好名次,但初中科目的突然增加和学科内容的难度增大让我有点束手无策,开始的时候我十分迷茫,整个人生陷入了低谷,特别是面对物理化学这些"男生"科目,我学得十分不如意。但关键时候我"假小子"不服输的个性又出来了,我暗暗发誓:先"干掉"我班的男生,然后再"干掉"全年级的男生,最后成为男女生的"领头羊"。下定这个决心之后,我开始冷静下来,因为我开始懂得暴躁和不安解决不了任何问题,也正是这一股不服输的小子劲头,让我慢慢知晓学习不仅仅只是付出付出再付出的简单重复就能收获好成绩,而是要经过不断的反思总结,在合理安排时间和精力的前提下才能开出胜利的花朵。那一段时间,我仿佛忘记了学习之外的事,身边的同学都觉得我突然变得"文静"了,"文静"得和他们疏远了。其实我觉得我还是原来那个"假小子",只是我的野心的指向不再是娱乐和游戏,而是学习和超越,我越是学习得越多,我就感觉到自己知道的东西太少,所以于是我不再像往常那样整天嘻嘻哈哈,我开始计划自己的将来,并让自己不断去尝试新的事情,不光是学校的演讲比赛、文艺晚会，体育运动等也慢慢成为了我新的兴趣。

如今，我即将面临毕业，也即将面临一个更大的学习舞台——高中，我感觉到了自己对知识更疯狂的渴望，也感觉到了现实的压力，我希望自己能继续保持这种"野小子"不服输的个性，同时能驾驭自己的"野性"，以免陷入"当局者迷"的混乱。

回顾自己走过的这十五年，我跌倒过，蒙着枕头哭过，失败过，彷徨过，但是我自己很自豪的一点是，每一次我都告诉自己不要放弃，因为生活属于勇敢的男男女女。在接下来的十六岁，十六岁以后，我希望自己能一直保持这种对幸福生活的追求，对知识的强烈渴望，做一个勇敢的"假小子"。

我的人生自传，我将自己执笔，用蓬勃的激情燃烧青春岁月。

内容分析

作者除了介绍自己的姓名、就读的学校之外，还选择了自己儿时、小学、初中和即将步入的高中阶段的为人、生活和学习经历，作者并没有事无巨细地写下每个阶段的每件事，而是详略得当，记录了人生阶段中这几个主要事件或具有代表性的事件，来显示传主的性格特点。

文章的选材比较切合题意，内容也比较真实、客观，选取的事件能围绕传主的性格特征展开铺陈，但所塑造的传主形象稍嫌不够饱满。

表达分析

本文结构完整，段落清晰，首先介绍自己的姓名、家庭地址、就读学校及性格特点，按时间顺序，从儿时写到小学，再到初中和即将面临的高中，最后对这十五年的人生做了总结，但本文在内容衔接上略有不足，文章第3、4自然段过渡不自然，文意转换较突兀。

【评分】

	分值					得分		
						自评	互评	师评
一、内容(55%)								
1. 文章的选材切合题意、取舍得当	10	8	6	4	2	0			8

续表

	分值						得分		
							自评	互评	师评
2. 文章内容真实、充实,材料丰富	10	8	6	4	2	0			8
3. 以记叙为主,能结合议论、描写、抒情等多种表达方式	10	8	6	4	2	0			8
4. 塑造的传主人物性格形象饱满	10	8	6	4	2	0			6
5. 能写出对传主的感受,感情真挚	10	8	6	4	2	0			8
6. 对传主给予了客观合理的评价	5	4	3	2	1	0			8
二、表达(45%)									
1. 文章结构安排符合文体要求	10	8	6	4	2	0			8
2. 全文结构完整,分段恰当,各段之间有清晰和流畅的过渡	10	8	6	4	2	0			6
3. 表达流畅,无语病	10	8	6	4	2	0			6
4. 字迹工整	5	4	3	2	1	0			5
5. 语言有文采,能恰当地运用写作手法	10	8	6	4	2	0			8
三、扣分部分									
1. 标题:缺失标题扣2分									
2. 字数:每少50个字扣1分									
3. 错别字:每一个错别字扣1分(重复的不计)									
4. 标点:标点错误多的,酌情扣分									
四、总分									79

评阅者:_____   日期:_____

【评语】

文章质朴,写出了传主"假小子"的性格特征。叙述的人生经历有详有略,并运用了语言描写、动作描写来刻画传主形象,传主"假小子"的形象跃然纸上。作者在行文中能加入自己的感受,选取最体现传主性格特征的事件,使该传记更具有感染力。只是,在段落的衔接上作者还需斟酌。总之,这是一篇内容充实、行文活泼的作文。希望作者再接再厉,修改出更好的文章!

(三) 备注

指导学生写自传,无论是初中生还是高中生都要让他们先回忆自己、梳理自己,然后再按写作要求撰写。

三、他传评改标准及范例

（一）评改标准

题目：_____

作者：_____ 日期：_____

	分值						得分		
							自评	互评	师评
一、内容(55%)									
1. 文章的选材切合题意、取舍得当	10	8	6	4	2	0			
2. 文章内容真实、充实，材料丰富	10	8	6	4	2	0			
3. 以记叙为主，能结合议论、描写、抒情等多种表达方式	10	8	6	4	2	0			
4. 塑造的传主人物性格形象饱满	10	8	6	4	2	0			
5. 能写出对传主的感受，感情真挚	10	8	6	4	2	0			
6. 对传主给予了客观合理的评价	5	4	3	2	1	0			
二、表达(45%)									
1. 文章结构安排符合文体要求	10	8	6	4	2	0			
2. 全文结构完整，分段恰当，各段之间有清晰和流畅的过渡	10	8	6	4	2	0			
3. 表达流畅，无语病	10	8	6	4	2	0			
4. 字迹工整	5	4	3	2	1	0			
5. 语言有文采，能恰当地运用写作手法	10	8	6	4	2	0			
三、扣分部分									
1. 标题：缺失标题扣2分									
2. 字数：每少50个字扣1分									
3. 错别字：每一个错别字扣1分(重复的不计)									
4. 标点：标点错误多的，酌情扣分									
四、总分									

评阅者：_____ 日期：_____

【评语】
_____
_____

(二)评改范例

作文题:

写一篇传记,对象可以是自己的老师、同学、朋友、父母、亲人等,自己除外。要求:题目自拟,字数不少于600字。

平凡不平凡
——专访××学校副校长××
初三 某生

他不是什么名人,也没长着三头六臂,他有的只是在教坛上二十几年的职业生涯,有的只是一股为教育事业奋斗的汹涌澎湃,他的家乡在AA,他的名字叫××。

××,出生于粤北山区的一个贫困家庭,由于父亲的身体一直不好,身为长子的他从小便长兄为父,用双肩担起了家庭的重担,除了努力学习之外还要照顾好弟弟妹妹。只是20世纪六七十年代的环境任他再努力,学到的东西也只是零星碎片。中学读书的期间,大部分学习的时间被剥夺,天天种茶叶,做茶叶,以至于在初中毕业的时候他连二十六个字母也没有读完。

但艰苦的环境并没有让他退缩,反而激起了他内心的倔强与刚毅,家乡落后的教育状况让他知道了自己的人生责任,也让他确立了自己的人生目标。高中三年的忘我拼搏,让他在那个大学生凤毛麟角的年代脱颖而出,华南师范大学为他送来了入学的通知书。

在大学的求学过程中,他秉承"艰苦奋斗,严谨治学,为人师表,求实创新"的校训,严格要求自己,不断提升自己,经过大学四年的学习生涯,他终于以优异的成绩毕业。

毕业后他毅然回到了家乡,将全部的精力投入到家乡的教育建设中去。

刚刚来学校,学校就将高三级历史班交给了他,当时担任高三的老师平均年龄五十多岁,而他当时只有二十几岁,但他毅然接下来这个重担。经过几年的全身心投入,他教的学生有一个考上了北京大学,本科的升学率也非常好,当回忆这一切的时候,他说:"当时真的很累,不过累得很幸福,毕竟自己坚持下来了,也战胜了自己,证明了自己。"

此后他在AA中学一待就是十几二十年,从一个专业课老师成了现在学校的副校长。但从他做老师的那一天起他就没有停止过他的教学工作,在主管学校其他事务的同时,他依旧要求学校要给自己安排教学任务,他不止一次提到说:"给学生上课对我来说不是一种负担,而是一种解脱,它已经不仅仅是我的职业,更是我的事业。"

给学生上课是一种解脱,这就是他对于教学的最真实感受,也是他最真切的情感,在二十几年的教学旅程里也正是他的这样一种心态让他在面对任何困难时能够镇定自若,让他能够时刻充满着激情从而全身心投入到教育的工作中去,并且将一直这样走下去。

他就是这样一位平凡却又不平凡的教师。在他的人生旅程当中,虽然我们看不到什么多么惊人的事迹,但正是他的甘于平凡造就了他的不平凡,他用他的一生去恪守自己的誓言与信念,从而为教师这样一个职业画上了光辉的一笔。

内容分析

本文的题目"平凡不平凡"既是对传主也是对从事教育行业的大部分教师教育生涯的总结,非常具有概括性,能够让读者在情感上获得共鸣。

传主的生平材料来自专访,也就是传主自己的回忆和阐述,因此能够较好地保持材料的真实可靠性。文章在材料的筛选上也做得比较好,包括儿时、中学、大学读书的经历和以后从教发生的事情以及一些对当时社会环境的交代都能够紧紧围绕传主来进行,并且是围绕传主的职业——教师而服务,形成了一条比较清晰的教师生涯路线。

另外就是对传主给予了适当的评价,特别是结合传主所说的"给学生上课对我来说不是一种负担,而是一种解脱,它已经不仅仅是我的职业,更是我的事业"做出了恰当合理的评价。只是在详略的处理上做得不够好,全文的事实铺陈较为直白,缺少适当的演绎,比如缺少人物外貌特征的描写,因而读者无法形成对传主的一个清晰的印象。

表达分析

本文的结构基本合理,段落之间的过渡比较自然,语言也比较流畅,语法上的错误比较少。但详略上的处理不当,故事缺少波澜,缺少特别的传主镜头,人物的个性凸显不出来,应该在所选取的传主事例上攫取其中一个特例进行适当的演绎，比如加入与传主人生相关的其他人物角色，综合各种写作的手法，包括语言、动作、神态、外貌等细节的描写，构建一个往日时空的场景，再现当时发生的具体情节，从而为读者呈现一个更具有生命力的人物形象。

【评分】

	分值						得分		
							自评	互评	师评
一、内容(55%)									
1. 文章的选材切合题意、取舍得当	10	8	6	4	2	0			10
2. 文章内容真实、充实，材料丰富	10	8	6	4	2	0			10
3. 以记叙为主，能结合议论、描写、抒情等多种表达方式	10	8	6	4	2	0			10
4. 塑造的传主人物性格形象饱满	10	8	6	4	2	0			6
5. 能写出对传主的感受，感情真挚	10	8	6	4	2	0			8
6. 对传主给予了客观合理的评价	5	4	3	2	1	0			5
二、表达(45%)									
1. 文章结构安排符合文体要求	10	8	6	4	2	0			10
2. 全文结构完整，分段恰当，各段之间有清晰和流畅的过渡	10	8	6	4	2	0			8
3. 表达流畅，无语病	10	8	6	4	2	0			8
4. 字迹工整	5	4	3	2	1	0			4
5. 语言有文采，能恰当地运用写作手法	10	8	6	4	2	0			6
三、扣分部分									
1. 标题：缺失标题扣2分									
2. 字数：每少50个字扣1分									
3. 错别字：每一个错别字扣1分（重复的不计）									
4. 标点：标点错误多的，酌情扣分									
四、总分									85

评阅者：＿＿＿＿＿＿＿＿＿＿ 日期：＿＿＿＿＿＿＿＿＿＿

【评语】

本文的文章框架比较完整，符合传记的写作要求，所选取的传主材料能够体现传主的人物个性，事例顺序的串联也比较好，能够让读者看到传主的成长轨迹，并且对传主的个性形成做出了适当的解释和评价。

但在细节上的处理,特别是小情景描绘上要加强。另外本文词汇不够丰富,语言不够有文采。总体而言,本文是一篇较好的中学生传记,只要能增加传主的一些更细致的小情节,使人物的形象更加饱满、更立体,则会是一篇优秀的中学生传记。

好的文章是修改出来的,希望能根据要求,做出适当的修改,若有不明白的地方可以和老师商量。

(三)备注

传记在中学包括初中和高中都是必修的一种文体,但由于升学的压力,师生都偏向于记叙文和议论文的训练,传记的作文教学非常薄弱。学生虽然学过传记这种文体,但容易把传记和普通的记叙文、记叙性散文混淆,所以写出来的传记常常四不像。因此,希望教师在进行传记作文教学之前必须明确传记和其他文体之间的异同,只有教师的指导到位,学生写出的作文才能更到位一些。落实到具体教学时,不同学段的要求应该有所不同。初中生传记写作要求基本做到结构合理、选材得当、人物形象鲜明、表达流畅等即可。高中生则要求在此基础上加强材料和人物的表现力,体现传主与时代背景的关系等,增加文章的深度。

第三节 演 讲 稿

一、演讲稿概述

(一)什么是演讲稿

演讲稿,也叫演讲词,是演讲者为了在公共场合演讲而事先写的书面材料,它是进行演讲的依据。撰写演讲稿,可以帮助演讲者整理演讲思路、规范演讲语言、组织演讲内容,从而提高演讲水平。一般具有宣传、鼓动、教育和欣赏等作用,它可以把演讲者的观点、主张与思想感情传达给听众以及读者,使他们信服并产生共鸣。

(二)演讲稿的特点

演讲稿像议论文一样论点鲜明、逻辑性强、富有特点,但它又不是一般的议论文。它是一种带有宣传性和鼓动性的应用文体,经常使用各种修辞手法

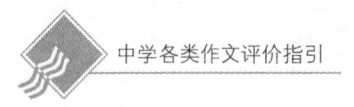

和艺术手法,具有较强的感染力。演讲稿具有以下四个特点。

1. 针对性

演讲是用于公众场合的宣传形式,它的性质是一种社会活动。它为了以思想、感情、事例和理论来晓谕听众,打动听众,"征服"群众,必须要有现实的针对性。所谓针对性,首先是作者提出的问题是听众所关心的问题,评论和论辩要有雄辩的逻辑力量,要能为听众所接受并心悦诚服,这样,才能产生应有的社会效果;其次是要懂得听众有不同的对象和不同的层次,而"公众场合"也有不同的类型,如党团集会、专业性会议、服务性俱乐部、学校、社会团体、宗教团体、各类竞赛场合,写作时要根据不同场合和不同对象,为听众设计不同的演讲内容。

2. 口语化

演讲的本质在于"讲",而不在于"演",它以"讲"为主、以"演"为辅。由于演讲要诉诸口头,拟稿时必须以易说能讲为前提。如果说,有些文章和作品主要是通过阅读欣赏,领略其中意义和情味,那么,演讲稿的要求则是"上口入耳"。一篇好的演讲稿对演讲者来说要可讲,对听讲者来说应好听。因此,演讲稿写成之后,作者最好能通过试讲或默念加以检查,凡是讲不顺口或听不清楚之处(如句子过长),均应修改与调整。具体要做到以下几点:① 把长句改成适听的短句;② 把倒装句改为常规句;③ 把听不明白的文言词语、成语加以改换或删去;④ 把单音节词换成双音节词;⑤ 把生僻的词换成常用的词;⑥ 把容易误听的词换成不易误听的词。这样,才能保证讲起来朗朗上口,听起来清楚明白。

3. 现场性

演讲活动是演讲者与听众面对面的一种交流和沟通。听众会对演讲内容及时作出反应:或表示赞同,或表示反对,或饶有兴趣,或无动于衷。演讲者对听众的各种反应不能置之不顾。因此,写演讲稿时,要充分考虑它的临场性,在保证内容完整的前提下,要注意留有伸缩的余地。要充分考虑到演讲时可能出现的种种问题,以及应对各种情况的对策。总之,演讲稿要具有弹性,要体现出必要的控场技巧。

4. 鼓动性

演讲是一门艺术。好的演讲自有一种激发听众情绪、赢得好感的鼓动性。

要做到这一点,首先要依靠演讲稿思想内容的丰富、深刻,见解精辟,有独到之处,发人深省,其次语言表达要形象、生动,富有感染力。如果演讲稿写得平淡无味,毫无新意,即使在现场"演"得再卖力,效果也不会好,甚至会产生相反的效果。

(三)演讲稿的分类

根据不同的标准,演讲稿可有不同的分类。按照演讲的内容、性质划分,有政治演讲稿、学术演讲稿、军事演讲稿和社会生活演讲稿等;按照演讲稿使用场合划分,有比赛演讲稿、竞聘演讲稿、事迹报告稿、典礼发言稿、开幕词、闭幕词、欢迎词、欢送词、论辩词等;不管是把演讲稿按内容、性质划分,还是按场合划分,它们从表达方式上主要都可分为叙述式演讲稿、议论式演讲稿和说明式演讲稿。下面简要介绍这三种演讲稿。

1. 叙述式演讲稿

叙述式演讲稿用于向听众陈述自己的思想、经历、事迹,或转述自己看到、听到的他人的事件。叙述当中,也可夹用议论和抒情。如模范人物事迹报告。

2. 议论式演讲稿

议论式演讲稿用于摆事实、讲道理。它既有事实材料,又有逻辑推断,立场坚定,旗帜鲜明。如辩论会上的发言词、主题班会上的发言等。

3. 说明式演讲稿

说明式演讲稿用于对听众说明事理。通过解说某个道理或某一问题来达到树立观点的目的。如学术活动上的报告、政治上阐述政治纲领的竞选讲话等。

二、演讲稿评改标准及评改范例

(一)评改标准

题目:＿＿＿＿＿＿＿＿＿＿＿＿＿＿＿＿＿＿＿＿＿＿＿＿＿＿＿＿＿＿＿＿＿＿＿＿＿＿＿

作者:＿＿＿＿＿＿＿＿＿＿＿＿＿＿＿＿＿　　日期:＿＿＿＿＿＿＿＿＿＿＿＿＿＿＿＿＿

	分值	得分		
		自评	互评	师评
一、内容(55%)				
1. 文章的选材切合题意	10　8　6　4　0			

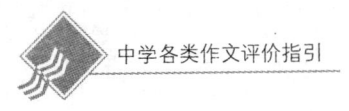

续表

	分值					得分		
						自评	互评	师评
2. 文章内容充实,材料丰富	10	8	6	4	2	0		
3. 文章内容能围绕中心事件或人物作阐述	10	8	6	4	2	0		
4. 文章能展现感人的事件(有关键细节的描写、详略得当)或塑造动人的人物形象(有恰当的外貌、心理等表现对象特征的描写)	10	8	6	4	2	0		
5. 作者能发表恰当的议论或抒发真挚的情感	10	8	6	4	2	0		
6. 文章立意深刻或主题有吸引力	5	4	3	2	1	0		
二、表达(45%)								
1. 文章结构安排符合文体要求	10	8	6	4	2	0		
2. 全文结构完整,分段恰当,各段之间有清晰和流畅的过渡	10	8	6	4	2	0		
3. 表达流畅,无语病,语言符合演讲稿特征	10	8	6	4	2	0		
4. 字迹工整	5	4	3	2	1	0		
5. 语言有感染力,能恰当地运用写作手法	10	8	6	4	2	0		
三、扣分部分								
1. 标题:缺失标题扣2分								
2. 字数:每少50个字扣1分								
3. 错别字:每一个错别字扣1分(重复的不计)								
4. 标点:标点错误多的,酌情扣分								
四、总分								

评阅者:_____   日期:_____

【评语】
_____
_____

(二)评改范例

1. 叙述式演讲稿

作文题:

回顾自己的成长历程,以"长大了"为话题写一篇600字左右的演讲稿。

学 生 习 作

长大了

初一 某生

想不起是几年前的事了。我应该还是个稚气未脱的毛孩子,而且还是个胆小鬼。我怕黑暗,怕寂寞,怕孤独,也怕小虫子。其实现在也是,只不过把心中的恐惧打消了。

那应该是一个特别的夜晚。妈妈似乎要干什么惊天动地的事,让我到小姨家过夜。我害怕,可又没办法。到了小姨家,很好。可晚上小姨和小姨夫要到朋友家去取什么东西,没带我去。

孤孤零零只有我一个人,在这样一个死寂的夜晚,我怕了。就是电视机的嘈杂声也无法赶走我的恐惧和孤独。我漫无目的地按着遥控器,不知要找什么,像无头苍蝇似的。时针特别慢的才走了几圈,夜却已经深了。眼皮越来越重,可我却不敢入睡。耳朵正在灵敏地捕捉着摩托车的声音。门外突然传来敲门声。我赶快开门,却没见着小姨,是这儿的邻居。她问我怎么了,我什么话也没说,哭着关上了门。关上门后,我冷静下来。躺在床上,不知过了几个世纪,我终于盼回了他们,安心地睡去了。事后那邻居把她所看到的告诉了他们。小姨夫笑我胆小,我无言以对。

多少年以后,我又来到了他们家过一个孤独的夜晚。到这儿,家里没人,大概是出去玩了。我一个人看电视。直到夜深人静,他们还没回来。

不知是什么时候,他们回来了。小姨问我怕吗,我摇头。她似乎记起什么,深沉地说道:"长大了!"

我一下感到了自己再也不是以前那个我了。我真的长大了,不是吗?

内 容 分 析

选材切合题意,通过我在小姨家独自度过夜晚的两次不同反应,阐明我"长大了"这一主题,条理清晰。遗憾的是选材不够典型,语言感染力有待提高,演讲稿的特征不够鲜明。

表 达 分 析

语言表述流畅,基本无语病。详写若干年前的夜晚,我期盼小姨一家人回家的细节,能用到较为准确的形容词和修辞手法,刻画得较为生动。然而在阐明主题方面,缺乏有效的议论句。

【评分】

	分值						得分		
							自评	互评	师评
一、内容(55%)									
1. 文章的选材切合题意	10	8	6	4	2	0			8
2. 文章内容充实,材料丰富	10	8	6	4	2	0			8
3. 文章内容能围绕中心事件或人物作阐述	10	8	6	4	2	0			10
4. 文章能展现感人的事件(有关键细节的描写、详略得当)或塑造动人的人物形象(有恰当的外貌、心理等表现对象特征的描写)	10	8	6	4	2	0			9
5. 作者能发表恰当的议论或抒发真挚的情感	10	8	6	4	2	0			8
6. 文章立意深刻或主题有吸引力	5	4	3	2	1	0			4
二、表达(45%)									
1. 文章结构安排符合文体要求	10	8	6	4	2	0			6
2. 全文结构完整,分段恰当,各段之间有清晰和流畅的过渡	10	8	6	4	2	0			8
3. 表达流畅,无语病,语言符合演讲稿特征	10	8	6	4	2	0			6
4. 字迹工整	5	4	3	2	1	0			5
5. 语言有感染力,能恰当地运用写作手法	10	8	6	4	2	0			6
三、扣分部分									
1. 标题:缺失标题扣2分									
2. 字数:每少50个字扣1分									
3. 错别字:每一个错别字扣1分(重复的不计)									
4. 标点:标点错误多的,酌情扣分									
四、总分									78

评阅者:_____   日期:_____

【评语】

　　这篇演讲稿通过对比我两次独自在小姨家过夜的心态和反应,阐明"我长大了,能够克服恐惧,慢慢独立"这一主题,中心突出。在简单的叙事中,能够注意到细节的刻画,通过人物的神态、语言、动作将"恐惧"的心态生动地展现,表现出小作者较好的语言表达能力。如果在写作时撰写演讲稿的意识更明确,语言表达上加以变化,运用口语化语言,增加演讲的现场感,会更贴近文体要求。

总之,这是一篇内容充实、结构完整的作文。希望小作者再接再厉,修改出更好的文章!

【备注】

作为应用文写作,评价标准需与不同阶段学生的写作水平相适应。初中对学生的写人叙事能力要求较低,主要是说明白,写清楚。因此演讲稿的评价标准也应该集中在这一点上。高中要求学生会写复杂记叙文,议论文写作也成为训练的重点,总体要求较高。因而在演讲稿的写作技巧、手法的运用上也应相应有所提升。教师在具体操作时要根据学生的年龄段适当调整评价标准。

2. 议论式演讲稿

作文题:

在人生的道路上,理想往往被称为指引我们前进的明灯。回顾五千年中华文明史,理想成就了多少名家大师。展望漫漫人类发展路,理想还将扮演着鼓舞者的角色。在同学们的花季岁月中,是否有过对理想的描摹和追求呢?请以"理想"为话题写一篇600字左右的演讲稿。

学生习作

理想与我同行

初二 某生

敬爱的老师,亲爱的同学们:

大家好!

今天我演讲的主题是《理想与我同行》。

理想是什么?有人说它就像一盏明灯,照亮了人们前进的道路;有人说它如五星红旗,激励着人们不断向未来进发;也有人说它好似一堆柴火,温暖着人们的心。是啊!理想就是这么的伟大神奇,就是这样的震撼人心。然而,无论你的理想如何,如果没有以祖国以党为中心,同样是没有任何意义的。我们同是炎黄子孙,同是中国人。我们同为了一个理想而奋斗,那就是让祖国更加繁荣富强,屹立于世界民族之林。

自古以来，中国人就在为这个理想而奋斗着。他们渴望有一个民主和平的新中国，他们受够了被称为东亚病夫的日子。中国人民努力着，奋斗着。在理想的蓝天下，一步一个脚印。终于1949年10月1日，饱经战乱的中国安定下来了。中国人民终于实现了他们的理想。他们用鲜血染红了五星红旗，用生命换回了我们的幸福生活。

与他们相比，我们这一代是幸福的，没有战火，只有和平；没有贫穷，只有富足。既然老一辈的人给我们创造了这么好的幸福生活，我们就更加要努力奋斗，为中华之崛起而读书，朝着我们的理想前进前进再前进。

我的理想是当一名科学家，也许你会笑我傻，笑我笨。世界上好职业多的是，干吗要选这个又累又烦人的职业？而我会毫不犹豫地告诉你，一个人的理想要以祖国为中心。而我就是要让我们祖国的科学事业发展取得更大的进步。无论未来的道路有多艰难，我都不会放弃。因为我仿佛看到了烈士们对我充满期待的眼神，仿佛看到了那鲜艳的五星红旗迎风飘扬。我们是新一代的希望，我们是21世纪的新太阳，我们是中国未来的脊梁。

同学们，让我们今天在这里许下我们沉重的理想吧！脚踩祖国神奇秀丽的大地，仰望蓝天，放飞我们的理想。让我们一步一步朝着梦想的方向进发，与理想同行。为中华之崛起而读书。加油，中国一定会更加繁荣富强，我们一定会实现自己的理想。

我的演讲完毕，谢谢大家。

内容分析

选材切合题意，且材料较为丰富。从让中国"屹立于世界民族之林"的伟大梦想讲到个人"当一名科学家"的理想，突出了"将个人理想和国家发展需要相结合"的中心，最后呼吁在场同学一起"与理想同行"。结构完整，内容翔实。

表达分析

语言表述流畅，无语病。这是一篇声情并茂的演讲稿，语言感染力强。同时，注意到演讲稿的特点：语言具有现场性、鼓动性。设问、排比、对比、比喻、呼告等手法的运用，使整篇演讲稿的表述如行云流水。

【评分】

	分值						得分		
							自评	互评	师评
一、内容(55%)									
1. 文章的选材切合题意	10	8	6	4	2	0			9
2. 文章内容充实,材料丰富	10	8	6	4	2	0			8
3. 文章内容能围绕中心事件或人物作阐述	10	8	6	4	2	0			8
4. 文章能展现感人的事件(有关键细节的描写、详略得当)或塑造动人的人物形象(有恰当的外貌、心理等表现对象特征的描写)	10	8	6	4	2	0			9
5. 作者能发表恰当的议论或抒发真挚的情感	10	8	6	4	2	0			10
6. 文章立意深刻或主题有吸引力	5	4	3	2	1	0			4
二、表达(45%)									
1. 文章结构安排符合文体要求	10	8	6	4	2	0			6
2. 全文结构完整,分段恰当,各段之间有清晰和流畅的过渡	10	8	6	4	2	0			8
3. 表达流畅,无语病,语言符合演讲稿特征	10	8	6	4	2	0			8
4. 字迹工整	5	4	3	2	1	0			5
5. 语言有感染力,能恰当地运用写作手法	10	8	6	4	2	0			10
三、扣分部分									
1. 标题：缺失标题扣 2 分									
2. 字数：每少 50 个字扣 1 分									
3. 错别字：每一个错别字扣 1 分(重复的不计)									
4. 标点：标点错误多的,酌情扣分									
四、总分									85

评阅者：_____　　　　　日期：_____

【评语】

　　这篇演讲稿能够围绕"理想伴我行"这一主题,结合"个人理想要与国家繁荣富强相结合"这一原则来展开演讲,中心明确。语言的现场感和鼓动性强,充分运用各种修辞手法使语言的感染力得到充分的发挥。不失为一篇优秀的演讲稿。

　　希望小作者再接再厉,修改出更好的文章!

【备注】

应用文写作的评价标准需与不同阶段学生的写作水平相适应。初中一般不对学生进行议论文写作训练,加之学生的理性思维能力还未得到充分的发展,因此议论式演讲稿的评价标准不应过多地放在议论的深度上,而应从情感的角度考查学生表达真情实感的程度和语言表述的清晰度。只要表述清晰,主题集中,语言富有感染力,就是一篇优秀的议论式演讲稿。高中生的议论文写作能力较高,思辨思维得到发展,因此,除了考查语言表现力之外,思想的深度也应作为评价的要点。教师在具体操作时要根据学生的年龄段适当调整评价标准。

3. 说明式演讲稿

作文题:

亲爱的同学们,有才能并且有意愿为人民服务的人大多数要通过竞选演讲的方式竞争上岗。现在,我们班也要选班干部了。请同学们选择一个自己心仪的职位,写一篇不少于600字的竞选演讲稿。

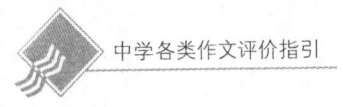

团支书竞选演讲稿

初一 某生

"苒苒齐芳草,飘飘笑断魂",通过这首诗,大家对我的名字"苒"的意思有更加深刻的认识吧,那就是蒸蒸日上、勇往直前。正如同我的名字,我自信,我坚强,我勇于竞选初一(八)班团支部书记这一职务。

拿破仑说过,不想当将军的士兵不是一个好士兵。我想我不仅要当将军,而且还要做一名出色的、成功的,能为大家、为班级谋利益的将军,也就是团支部的元首——团支部书记。在上学期,我很庆幸能被老师和同学们认可,被推选为团支部书记。半年里,我努力学习,积极组织各种有益活动,带头做好每一件事情;受到师生的一致好评。同时我不断自我鞭策,使工作、学习更上一层楼。

今天,我又站在演讲台上,竞选团支书这一职位,心情无比激动。如若承蒙大家的信任和支持,使我有幸当选为团支书,我将感激万分,并将此化为不尽的动力,进一步完善自己,提高自己各方面的素质,以饱满的热情和积极的心态去对待每一件事;在工作中以身作则,勇于创新,锐意进取。

假如我当选,第一,我将尽职尽责,做好团的工作,不言苦,不辞累,努力工作,不断提高学习和工作能力,保证学习再上新高,各项工作周到、到位;第二,虚心向别人学习,做到有错就改,有好的意见就接受,同时坚持自己的原则;第三,与班委会联手举办一些读报活动、知识竞赛等,以此推动同学们的课外阅读活动,拓宽我们的阅读面、知识面。

我想我能够为老师分忧解难,努力使自己成为学生的好干部,老师的好助手。请大家向我投上神圣的一票吧!

内容分析

选材均围绕"竞选团支书"这一主题,从解释名字意义入手,表现了竞选者积极向上的精神面貌。接下来的竞选词中,首先表决心,然后亮出个人的相关工作经验,把自己塑造成为一个有心、有力、诚恳的竞选者角色。接着,小作者回到当前竞选的情境中来,承诺了当选后的工作态度和工作展望,进一步加强了聆听者对小作者的信任,说明其确实了解"团支书"的工作,并乐于为班级服务。最后,用诚恳地语言呼吁大家投他一票。内容环环相扣,丰富合理。

表达分析

语言表述流畅,较少语病。引用恰当,情感充沛。这是一篇动之以情、现场感强、展现个人能力的优秀演讲稿。

【评分】

						分值	得分		
							自评	互评	师评
一、内容(55%)									
1. 文章的选材切合题意	10	8	6	4	2	0			9
2. 文章内容充实,材料丰富	10	8	6	4	2	0			9
3. 文章内容能围绕中心事件或人物作阐述	10	8	6	4	2	0			10
4. 文章能展现感人的事件(有关键细节的描写、详略得当)或塑造动人的人物形象(有恰当的外貌、心理等表现对象特征的描写)	10	8	6	4	2	0			8

续表

	分值						得分		
							自评	互评	师评
5. 作者能发表恰当的议论或抒发真挚的情感	10	8	6	4	2	0			9
6. 文章立意深刻或主题有吸引力	5	4	3	2	1	0			4
二、表达(45%)									
1. 文章结构安排符合文体要求	10	8	6	4	2	0			8
2. 全文结构完整,分段恰当,各段之间有清晰和流畅的过渡	10	8	6	4	2	0			7
3. 表达流畅,无语病,语言符合演讲稿特征	10	8	6	4	2	0			8
4. 字迹工整	5	4	3	2	1	0			5
5. 语言有感染力,能恰当地运用写作手法	10	8	6	4	2	0			8
三、扣分部分									
1. 标题:缺失标题扣2分									
2. 字数:每少50个字扣1分									
3. 错别字:每一个错别字扣1分(重复的不计)									
4. 标点:标点错误多的,酌情扣分									
四、总分									85

评阅者:_____   日期:_____

【评语】

 这篇演讲稿能够充分考虑到竞选的需要去展现内容,以诚恳的语言,通过恰当的表现手法,将个人的能力、经历、决心和展望表现出来,是一篇结构完整、内容充分的优秀竞选演讲稿。希望小作者再接再厉,修改出更好的文章!

【备注】

 应用文写作的评价标准需与不同阶段学生的写作水平相适应。说明式演讲稿往往带有固定的表现内容,因此在结构的选择、材料的组织和语言表现力上要求就较高。要求学生的情境感强,能够结合具体情境和手头上掌握的资料写出具有针对性的演讲稿。教师在具体操作时要根据学生的年龄段适当调整评价标准。

第四节 调查报告

一、调查报告概述

(一) 什么是调查报告

调查报告是对某一工作、事件、问题或现象,有目的地进行深入细致的调查后,将收集到的材料加以系统整理、综合、分析、研究而写成的书面报告。①

(二) 调查报告的特点

1. 题材的广泛性

无论是带有普遍性还是具有特殊意义的问题,都可以用调查报告的形式反映。

2. 内容的时代性

调查报告针对现实生活和工作中的问题展开,以便迅速反映生活和工作中的经验、问题,用以指导推动实践,或为决策提供信息。因此调查报告所针对的往往是热点或难点问题,具有鲜明的时代性。

3. 用事实说话

调查报告主要通过具体情况、数字、做法、经验和问题来说明主旨,揭示规律。因此,依据事实来说明问题是调查报告的表达特征,材料客观、真实和准确是其首要的要求。这就决定了调查报告在表达方式上以叙述为主,用事实说话。

4. 语言的平实性

调查报告是用报告的形式来反映调查的材料和结论的,语言不能含混模糊,更要注意科学性,简明平实,准确具体,有说服力。以平实的语言陈述材料,不夸张、不修饰、不片面追求文采,力求准确、明快、简洁。

5. 结构的稳定性

调查报告的结构不追求变化和悬念,只求清晰和严谨,其结构基本上采用

---

① 陈佳民,等.常用文体写作[M].广州:广东教育出版社,2006:48.

前言加主体的写法。

调查报告的前言又称引言,要写得简明扼要,介绍调查本身的情况,或者介绍调查对象的基本情况,或者概述调查的结果或结论。

调查报告的主体部分,要详述调查对象的情况、做法和经验等,综合、分析、研究调查材料而得出的具体认识、观点和基本结论,要有针对性、典型性。

调查报告结尾处可以作出总结,或者提出对策,或者提出问题,或者展望前景。如果相关内容正文都讲了,结尾也可以省略。

(三)调查报告的分类

调查报告从内容上分,常见的有下面四种。①

1. 情况调查报告

情况调查侧重于对情况的来龙去脉作出调查和报告,或对某种社会现状作定量定性分析。这类情况调查经常见报,发挥着提供信息、引导大众深入了解社会、关注社会动态的作用。有些报纸的"调查附记",是对读者反映的某件事或某个问题作出的回答,对事情的来龙去脉作出的调查和客观报告。如《川东北地区留守儿童受教育情况调查报告》(郑裕等,2013)、《少子化时代中美家长育儿态度调查报告——基于教养实践中的若干问题》(李欢等,2013)。

2. 经验调查报告

经验调查侧重于对某个单位成功的做法作出调查和报告,意在推广经验。这类调查报告在报刊上也常见,以发挥以点带面、典型引路的示范作用。如《西安君乐城堡酒店会议管理经验调查》(田红鹰,2012)、《关于联想公司并购经验的调查报告》(孟瑶等,2011)。

3. 问题调查报告

问题调查针对社会生活中的不良现象、问题弊端,在深入调查的基础上揭露事实和指出危害,以引起人们的重视和警惕,为解决问题创造条件。如《河南省信阳市家庭暴力问题调查报告》(胡显春,2009)、《公务员考试录用公平性问题调查报告》(周小金,2006)。

4. 研究性调查报告

研究性的调查报告侧重于对现实生活中有研究价值的问题进行深入的调

---

① 诸孝正,陈妙云.应用写作[M].广州:广东高等教育出版社,2007:182-183.

查,表达调查者的思考。这类调查具有很明显的研究性质。

比如人大附中高二学生撰写的《中关村中小学分布对其周围房价的影响》调查报告。

二、调查报告评改标准及范例

(一)评改标准[①]

题目:_____

作者:_____ 日期:_____

	分值						得分		
							自评	互评	师评
一、内容(40%)									
1. 标题清晰,具概括性	5	4	3	2	1	0			
2. 调查对象及范围清晰	5	4	3	2	1	0			
3. 调查目标及方法清晰	5	4	3	2	1	0			
4. 调查结果分析仔细中肯	5	4	3	2	1	0			
5. 调查结果推论合理	5	4	3	2	1	0			
6. 能就调查结果提出可行而合理的建议	5	4	3	2	1	0			
7. 调查部分、总结部分能概括各项重要发现	5	4	3	2	1	0			
8. 调查报告作者身份、署名、日期齐备	5	4	3	2	1	0			
二、修辞用语(30%)									
1. 用字客观中肯	6	5	4	3	2	1			
2. 语气诚恳务实,切合身份	6	5	4	3	2	1			
3. 行文简洁流畅	6	5	4	3	2	1			
4. 措辞考虑读者身份	6	5	4	3	2	1			
5. 能准确表达分析结果	6	5	4	3	2	1			
三、结构(20%)									
1. 结构完整	5	4	3	2	1	0			
2. 内容有序,分段恰当	5	4	3	2	1	0			
3. 能适当运用大标题与小标题	5	4	3	2	1	0			
4. 在主体部分有数据罗列、资料分析以及提出建议	5	4	3	2	1	0			

[①] 岑绍基.作文量表互改研究与实践应用写作[M].香港:香港教育图书公司,2005:148.

续表

	分值	得分		
		自评	互评	师评
四、标点、字体(10%)				
1. 标点运用得宜	5 4 3 2 1 0			
2. 字体端正	5 4 3 2 1 0			
五、扣分部分				
1. 错别字(每个扣1分,重复的不计,最多扣5分)				
2. 字数(连字、标点在内,字数过多或不足者,20字扣1分,最多扣10分)				
六、总分				

评阅者：_____　　　　　日期：_____

【评语】
_____
_____

（二）评改范例

作文题：

随着社会经济的发展,在当前的消费市场,90后高中生作为一个特殊消费群体,受到越来越多的关注,他们的消费行为总体趋向合理,但也不同程度存在着消费结构不合理、消费行为不合理。调查你身边同学的消费行为并分析其原因。要求：① 字数800—1200左右。② 确定题目。③ 写成调查分析报告的形式,对调查中的现象要分析原因。

学生习作

关于学生名牌消费现象的调查分析

高二　某生

（1）仔细阅读了政治学科的研究性学习指导意见后,我所选定的课题是"研究本校学生对名牌产品的了解和使用名牌产品的情况,并结合现所掌握的经济知识及自身感想,对此类行为是否合理进行分析和评述"。

（2）由于我校没有作出要穿校服的硬性规定,我们大部分学生都是穿着便服上学的,这就为我的调查研究提供了便利。我先是进行粗略统计,发现学生便服大致可分为两类：一类是普通衣服,一类是名牌衣服。而名牌又可分为两类：一类是比较便宜的、比较大众化的品牌，如班尼路、锐步等；另一类是比较高档的、比较昂贵的品牌，如 Dior、Prada 等。鞋帽、书包等配件的情况也大致如此。

（3）然后我对我校高一、高二、高三年级的同学进行随机抽样调查，得到了以下数据。

	被调查人数	穿着普通衣服	穿着一般名牌	穿着高档名牌
高一年级	48	18（占 37.5%）	24（占 50%）	6（占 12.5%）
高二年级	51	17（占 33.3%）	26（占 51%）	8（占 15.7%）
高三年级	49	17（占 34.7%）	26（占 53%）	6（占 12.3%）

（4）由以上数据可得出初步结论：学生中的确存在"名牌消费现象"。我又对这些学生中穿名牌的同学的消费心理作了进一步探究，概括、归纳出了以下几种情况。

① 家里有钱，穿名牌是习惯（23 人，占 24%）。
② 家里有钱，穿名牌来炫耀（12 人，占 12.5%）。
③ 大家都穿名牌，我不穿显得穷酸（17 人，占 17.7%）。
④ 我就是要穿名牌超过别人（6 人，占 6.25%）。
⑤ 名牌的质量好，耐穿且美观大方（38 人，占 39.6%）。

（5）第一种观念的持有者，我认为无法对其名牌消费作过多评价。对他们而言，穿名牌已像中小学生穿校服那样习以为常，并且购买名牌对其家庭不会造成很重的经济负担，故只能将他们归为高档次消费群体。不过，其行为虽称不上不合理，但站在学生的立场，我还是想奉劝他们，不用件件都是名牌，也该适当培养艰苦朴素的精神。

（6）持第二种观念的同学，虽然他们的消费行为也不会造成很重的家庭负担，但必须对他们进行思想品德教育，因为他们的观点和消费出发点都是错误的。

（7）对于抱有第三种、第四种想法的同学，我认为他们在思想认识上走入了一个误区。我们不久之前刚学习了消费结构、适度消费、消费效益等关于合理文明消费的知识，我想尝试运用这些知识针对这些同学的行为作一些分析。从满足消费需要的序列和层次来分，消费可分为生存消费（即维持生命所必需的消费）、享受消费（为丰富物质生活和精神生活而进行的消费，包括享用高档生活用品)和发展消费(即为求得自身全面发展而进行的消费)。这些同学的名牌消费往往给家庭造成很大负担,他们过分注重享受消费,不仅忽略了发展消费,还可能影响到正常的生存消费。我们提倡适度消费,即根据生产和收入的水平来确定消费的水平。这些同学显然没有根据家庭收入情况来购买自己的衣物用品,而且他们的购买目的也不正确,穿名牌并没有对他们自身的提高起到什么作用。这不仅没有适度消费,还造成了一种浪费现象。由此可见,这些同学的名牌消费行为明显是属于不合理的消费行为。归根结底他们是受到了校园中乃至社会上常见的盲目攀比的不良风气的影响。除了教育其树立正确的消费观外,还应对他们的人生观、价值观进行纠正,让他们明白,人的价值并不是体现在谁的衣服更漂亮、更昂贵上,而是取决于人的自身素养以及对社会所作的贡献。

(8) 我自己是持第五种观点的。我的名牌消费观便是名牌不用多,但要备一些,可以在比较正式的场合穿着。而且,名牌往往也是质量的保证,所谓"一分价钱一分货"是颇有道理的。这样进行名牌消费,既不会给家庭造成过重的经济负担,又可以给自身带来好处。所以,我认为这种名牌消费观是比较正确、合理、文明的,这样的消费行为也是比较具有效益的,是可以发展经济、提高生活质量的。另外,对名牌的向往,在我看来,只要适度,也未必不是一件好事。有时,这种对更好的物质生活的追求也能在一定程度上激励人奋进。只要把握尺度,这也是一种很好的动力。

(9) 由此可见,名牌消费是否合理,关键要看消费观念是否正确,中学生应当树立正确的消费观。

分 析

标题"关于学生名牌消费现象的调查分析",点明调查报告的目标。

第(1)段明确交代了文章主题。调查背景——政治学科研究性学习选题。调查目的——对此类行为是否合理进行分析和评述。

第(2)(3)段说明了调查的方法、对象、步骤,并列出调查数据。

第(4)段以列点方式,对调查结果进行分析、推论。

第(5)(6)(7)(8)四段对各点进行评论,提出自己的看法、观点。

第(9)段写成结论,提出建议"中学生应当树立正确的消费观"。

【评分】

	分值						得分		
							自评	互评	师评
一、内容(40%)									
1. 标题清晰,具概括性	5	4	3	2	1	0			5
2. 调查对象及范围清晰	5	4	3	2	1	0			4
3. 调查目标及方法清晰	5	4	3	2	1	0			4
4. 调查结果分析仔细中肯	5	4	3	2	1	0			5
5. 调查结果推论合理	5	4	3	2	1	0			5
6. 能就调查结果提出可行而合理的建议	5	4	3	2	1	0			4
7. 调查部分、总结部分能概括各项重要发现	5	4	3	2	1	0			4
8. 调查报告作者身份、署名、日期齐备	5	4	3	2	1	0			5
二、修辞用语(30%)									
1. 用字客观中肯	6	5	4	3	2	1			5
2. 语气诚恳务实,切合身份	6	5	4	3	2	1			5
3. 行文简洁流畅	6	5	4	3	2	1			4
4. 措辞考虑读者身份	6	5	4	3	2	1			6
5. 能准确表达分析结果	6	5	4	3	2	1			5
三、结构(20%)									
1. 结构完整	5	4	3	2	1	0			5
2. 内容有序,分段恰当	5	4	3	2	1	0			5
3. 能适当运用大标题与小标题	5	4	3	2	1	0			5
4. 在主体部分有数据罗列、资料分析以及提出建议	5	4	3	2	1	0			4
四、标点、字体(10%)									
1. 标点运用得宜	5	4	3	2	1	0			5
2. 字体端正	5	4	3	2	1	0			5
五、扣分部分									
1. 错别字(每个扣1分,重复的不计,最多扣5分)									
2. 字数(连字、标点在内,字数过多或不足者,20字扣1分,最多扣10分)									
六、总分									90

【评语】

  本文结合所学经济常识和自己的认知,对校内学生使用名牌产品的情况作出了分析和评价。全文结构明晰,首先交代调查目的和背景,接着对调查方法、步骤进行说明,随后列出了调查数据,并进一步进行分析和推论,得出调查结果,紧跟其后的是对调查结果的详细分析,并结合"合理文明消费的知识"对其中两种观点进行驳斥后表明了自己赞同的观点。用词准确,明白晓畅,切合自己的身份。这是本文值得赞赏的地方。

应该说,这是一次较为简单的校内调查,从列出的调查数据也可以得出这个结论。如果数据和材料能再全面些,比如说,被调查的人数再增多一些,区分不同性别,或者进一步调查,是什么影响了他们的名牌消费观念等,相信这次调查实践会使作者对所学的经济知识掌握得更扎实,同时也会引发对更深层次问题的思考,从而使这次调查变得更有价值、更有意义。建议作者可朝此方向作适当改进。

(三)备注

总体而言,要写好调查报告,必须努力做好以下几方面的工作。

第一,认真做好调查研究。做好调查研究要掌握正确的步骤和方法。

(1)调查研究的一般步骤包括:① 明确调查目的;② 决定调查方法;③ 实地进行调查;④ 资料分析提炼;⑤ 写作调查报告。

(2)常用调查方法:个别访问、开调查会、现场观察、问卷调查、查阅资料等。

第二,分析和概括调查的结论。

对调查研究得到的材料进行梳理、分析、研究、概括,作出调查结论,主要包括思考材料、概括结论、提炼观点句、取舍材料四方面。

调查报告的类型较多,中学生常用的类型是问题调查报告和研究性调查报告。根据不同阶段学生水平的不同,教师可适当引导学生确定调查报告的标题、目的等,逐步帮助学生掌握调查报告写作的方法。相对而言,初中生可能更多地需要教师加以指引,尤其在思考材料、概括结论部分,由于其思维能力的限制,教师需要注意从旁引导,帮助学生得出相对全面和精准的判断,在使用评价标准时可适当放低要求。对高中生而言则可侧重于评价内容、结构这两项的相应部分。

第五节 书 信

一、书信概述

书信,是生活、学习和工作中用得最广泛的一种应用文。书信的种类很多,常见的有一般书信和专用书信两种。专用书信,是指介绍信、证明信、申请信、建议书等等。一般书信,是指私人间来往的书信。[①] 话题作文中应用较多的是一般书信,因为一般书信的应用范围极其广泛,如政治、学术、文艺、家务、世俗、人情世故等各方面。书信可以议论,可以抒情,可以描写,可以叙事。它的针对性强,形式灵活。因此,这里只讲一般书信。

一般书信由五部分组成,即称呼、正文、敬祝语、署名和日期。每个部分都有固定的格式。要写好书信,除掌握基本格式外,还应具有一定的写作技巧。

首先要明确写信的目的。目的不同,语气、写法也不相同。其次,要能把自己的想法和要说的事情,清楚、明白地告诉对方。为此,写信前必须考虑清楚要写哪几件事,先写什么,后写什么,哪些应详写,哪些要略写,切不可想到哪写到哪,杂乱无章,没有头绪。再次,写信的语言要简洁,口语化,措辞要得体。这就要求在写信时做到有话则长,无话则短,还要考虑收信人的身份、经历、文化水平等方面的特点等。如讲述庆贺喜事要自豪;写给长者,口气要谦虚、尊敬;写给同学、朋友,语气应该亲切友爱;如果对方文化水平不高,语言则要简洁朴实、通俗易懂。[②] 此外,还要讲究礼仪,就是要求文雅、和气、谦虚,不讲粗话,更不能出口伤人。

二、书信评改标准及范例

(一)评改标准

题目:_____

作者:_____ 日期:_____

	分值	得分		
		自评	互评	师评
一、内容(55%)				
1. 文章内容切合题意	10 8 6 4 2 0			
2. 文章内容充实,使人容易理解作者意图	10 8 6 4 2 0			
3. 文章内容能围绕主题有层次地展开	10 8 6 4 2 0			

---

① 李景隆,高瑞卿.应用文体写作概要[M].沈阳:辽宁人民出版社,1983:196.
② 书信写法指导[J].新课程(小学版),2006(11):49.

续表

	分值						得分		
							自评	互评	师评
4. 充分表达作者的看法或感受	10	8	6	4	2	0			
5. 文章情感真挚	10	8	6	4	2	0			
6. 文章立意深刻	5	4	3	2	1	0			
二、表达(45%)									
1. 全文结构完整，段落分明	5	4	3	2	1	0			
2. 剪裁恰当而不冗赘	10	8	6	4	2	0			
3. 语言简洁恰当	10	8	6	4	2	0			
4. 表达流畅，能恰当地运用写作手法	10	8	6	4	2	0			
5. 书信体格式正确，特征鲜明	5	4	3	2	1	0			
6. 字迹工整	5	4	3	2	1	0			
三、扣分部分									
1. 标题：缺失标题扣2分									
2. 字数：每少50个字扣1分									
3. 错别字：每一个错别字扣1分(重复的不计)									
4. 标点：标点错误多的，酌情扣分									
四、总分									

评阅者：_____　　　　　　　　日期：_____

【评语】
_____
_____

（二）评改范例

作文题：

每个人生命中都会经历挫折，有的人能直面挫折，化解痛苦，有的人却能把不小心打破一个鸡蛋，放大成失去一个养鸡场的痛苦。你怎么看待挫折？你身边的人又是怎样对待挫折的？请以"遭遇挫折与放大痛苦"为话题，写一篇文章。要求：① 题目自拟，立意自定，但所写内容必须在话题范围之内。② 不少于800字。③ 不得套作，不得抄袭。

学生习作

父亲，我爱您

高三　某生

尊敬的父亲：

父亲，当我用这两个有些沉重的字称呼您时，我的心更加沉重。在这安静的考场，想到了您，以这样的形式写信给您，我想哭。

曾经，当妈妈还在时，您是那样的健朗。在我心中，您是我的偶像，我时时为您感到自豪。从妈妈幸福的眼眸里，我知道了您是妈妈一生的依靠。而您，确实是那一把伞，风雨里为我们挡住寒冷；烈日下为我们遮去酷暑。您，我的父亲，妈妈的依靠，我的偶像。

还记得吗？我们家曾经是那样的穷，妈妈在家带孩子，您一人在外面风里来雨里去，每月拿着那一点微薄的工资养家，可您从不厌倦。那日，您下岗了。妈妈一人坐在沙发上垂泪，她不知以后家里的日子要怎样过下去，不知以后的路怎样熬下去。父亲，我亲爱的父亲，您走到妈妈面前，握着妈妈的手，一字一句地说："凤啊！别哭，天塌下来我顶着，我一个堂堂男子汉，难道连个家都养不活？"是的，以后的日子您早出晚归，靠着健康的体魄和别人一些微薄的资助，您重新开始，在人心险恶的商海中摸爬滚打，不知疲惫。每次看到您熬红的双眼，苍老的面容，日益增多的白发，妈妈眼里总是蓄着泪水，而我总是一次次告诉自己，长大后要像父亲一样有出息。

那年，阳光和暖，您将您一年辛苦赚来的钱放在母亲手里，告诉母亲："凤，你以后和孩子有好日子过了。"母亲一面点头一面泪落如珠，而您也哭了，当您把脸扭到一边时，我告诉自己：父亲，即使您一无所有，但只要有您，我们依然活得快乐，父亲，我亲爱的父亲。

那天，天气阴冷，像今天。妈妈在艰难地支撑半年后，终被那可恨的病魔夺去了生命。那天，您眼睛红肿，衣服单薄，我一时觉得您苍老了许多，像一棵茁壮的树突然被人一下子砍倒。那晚，您告诉我，孩子，以后的路要自己走了，父亲，您为什么要告诉我这些，为什么？

多少个夜晚，我坐在家门口等您，而您总是醉醺醺地回家，对于流泪的我，您却似乎已看不见，别人说您会打麻将了，我吃惊，当终于在一天帮您洗衣服时，看到那个欠条时，我信了。又有人说，您会跟村里的几个人去抽一种很特别的烟时,我呆了,连眼泪都落下来了。父亲,我亲爱的父亲,告诉我,这不是真的,我不愿失去母亲后,再失去一个健全的父亲,我永远不愿自己变成一个孤儿。

母亲,如果您在天堂里能看到我们,那您告诉父亲:"即使是已没有了我,但也并不等于失去了一切,这一些困难与曾经艰苦的日子相比,这又算得了什么?"父亲,您知道吗?这点挫折,算不了什么,虽然失去母亲,我们也可在人间为母亲祝福,母亲希望我们过得好,能为我们顶起生活的一片蓝天,一片希望。父亲,我爱您,从头开始,母亲为我们祝福,我永远不愿失去您!

此致

敬礼

女儿
××××年×月×日

内容分析

本文内容充实,切合题意。文章首先选取了父亲下岗当日说"天塌下来我顶着"和父亲把辛苦赚来的血汗钱交给母亲时说"你以后和孩子有好日子过了"这两段独白,刻画了一个勇于面对艰难困苦、战胜挫折的父亲,一个能为妻女遮风挡雨、顶天立地的男子汉形象。继而选取了父亲遭遇母亲病故的挫折之后,喝酒、赌博、抽"特别的烟"三件事,写出了父亲的沉沦。按照时间顺序,文章层层展开,并穿插着作者自己的感受:"我的父亲,妈妈的依靠,我的偶像","长大后要像父亲一样有出息","只要有您,我们依然活得快乐","我不愿失去母亲后,再失去一个健全的父亲",读者能清晰地感受到作者对父亲的深情呼唤。作者并不因父亲沉沦生恨,而是深情地呼唤父亲再度坚强地站起来,顶起生活的蓝天。文章饱含深情,富有感染力。

但是,对于父亲截然不同的两种生活态度背后的成因,本文挖掘的深度不够,读者可能会难以理解父亲前后两种生活态度的落差。

表达分析

本文结构完整,段落分明。文章按照时间顺序展开,并且运用了对比的写作手法,详写昔日那个勇于面对艰难困苦、战胜挫折的父亲,略写如今精神崩溃、生活沉沦的父亲,使读者易于理解作者的写作意图,即肯定父亲敢于直面挫折以及呼唤父亲再度坚强地站起来。语言朴实无华,全文多为口语化的语言,可以拉近与读者的距离,同时使父亲的形象更加鲜活。本文为书信体,前有称呼,后有署名和时间,格式正确,做到了要求中说的"文体特征要鲜明"。

但本文个别地方,如"当终于在一天帮您洗衣服时,看到那个欠条时",用词还欠推敲。个别语句存在语义不明的现象,如"母亲希望我们过得好,能为我们顶起生活的一片蓝天,一片希望","父亲,我爱您,从头开始,母亲为我们祝福,我永远不愿失去您"等,语言还应该更恰当一些。

【评分】

	分值						得分		
							自评	互评	师评
一、内容(55%)									
1. 文章内容切合题意	10	8	6	4	2	0			10
2. 文章内容充实,使人容易理解作者意图	10	8	6	4	2	0			8
3. 文章内容能围绕主题有层次地展开	10	8	6	4	2	0			10
4. 充分表达作者的看法或感受	10	8	6	4	2	0			8
5. 文章情感真挚	10	8	6	4	2	0			10
6. 文章立意深刻	5	4	3	2	1	0			3
二、表达(45%)									
1. 全文结构完整,段落分明	5	4	3	2	1	0			5
2. 剪裁恰当而不冗赘	10	8	6	4	2	0			10
3. 语言简洁恰当	10	8	6	4	2	0			8
4. 表达流畅,能恰当地运用写作手法	10	8	6	4	2	0			8
5. 书信体格式正确,特征鲜明	5	4	3	2	1	0			5
6. 字迹工整	5	4	3	2	1	0			5
三、扣分部分									
1. 标题:缺失标题扣2分									
2. 字数:每少50个字扣1分									
3. 错别字:每一个错别字扣1分(重复的不计)									
4. 标点:标点错误多的,酌情扣分									
四、总分									90

评阅者:_____ 日期:_____

【评语】

　　字字情,声声泪,这是一篇饱含着父女深情的优秀散文,读来令人感叹嘘唏、热泪盈眶。昔日勇于面对艰难困苦、战胜挫折的父亲,一个能为妻女遮风挡雨、顶天立地的男子汉,竟在妻子病故之后,放大痛苦,精神崩溃,急遽地沉沦下去。女儿为此万箭穿心,痛心疾首,她详细地哭诉往事,希冀唤起父亲面对挫折的坚毅与勇气,再度坚强地站起来,顶起生活的蓝天。文章写得情真意切,没有丝毫的夸饰和矫情,朴实无华,感人肺腑。尤其是文中那些对父亲深情的呼唤,一声声,一句句,重重地叩击着读者的心灵。

（三）备注

　　应试作文用书信体来写,也可以算作取胜的一条"捷径"。由于书信体语言特点是自然、亲切,最适合于抒发人的真性情,真感受,所以,采用这种文体最容易把内心的喜悦、悲伤、快乐、痛苦形诸笔端,表述出来。书信的基本格式虽然不变,表达情感的具体要求在初高中却会有所不同。教师在具体操作时要根据需要适当调整评价标准。

第六节　读 书 笔 记

一、读书笔记概述

（一）什么是读书笔记

　　《现代汉语词典》中关于"笔记"有两条解释:

　　① 听课、听报告、读书时所做的记录;

　　② 一种以随笔记录为主的著作体裁,多由分条的短篇汇集而成。

　　叶圣陶先生的《文心》中是这样解释的:

　　"笔记,普通都是作者有所见到,随时写录,有的记述见闻,有的记述自己的感想,有的记述读书心得,内容非常复杂。"

　　"普通笔记中有关读书心得的记述,这可称为读书笔记。"[①]

　　总的来说,读书笔记是指阅读时为了把自己的读书心得记录下来或为了把文中的精彩部分整理出来而做的笔记。

[①] 叶圣陶,夏丏尊.文心[M].北京:中国青年出版社,1983:191-192.

（二）读书笔记的特点

古往今来，人们在长期的读书实践中摸索出了许多行之有效的读书方法，其中笔记读书法为许多学者、名家所青睐，甚至有"不动笔墨不读书"之举。这是一种把读书笔记纳入阅读过程的读书方法。它的特点是读写结合，在"心到"的基础上，眼手并用。这种方法能使读者在阅读过程中集中注意力，较为透彻地理解文章内容，比较清晰、确切地掌握所获知识。

读书笔记是读者个人的阅读所得，具体怎么做，采用何种形式，都由读者自己而定，具有很强的个性化特征。缩写、扩写、续写、改写、摘抄和写读书心得这些都可以视作读书笔记的形式，学生在做读书笔记时可以自由选择。

（三）读书笔记的分类

读书笔记类型多种多样，富有个性化特点。在此，我们把最常用的几种类型归纳如下。

1. 索引式

我们学习中常常会遇到这样的情况，某些参考书或杂志上的文章，对自己十分有用，但内容较多，在这种情况下，可以使用索引式读书笔记，以便需要的时候就能够信手拈来。索引式读书笔记是读者把自己精读、泛读的书名、作者、出版社名称等信息汇总起来，编成索引的一种读书笔记，如书刊篇目名、编著者、出版年月、藏书处。如果是书，要记册、章、节；如果是期刊，要记期号；报纸要记年月日和版面，以备日后查找方便。

2. 符号式

符号式是指读者阅读时用各种符号在书上标出内容的要点、疑点等，即在书上用图示符号表示自己思索的内容的一种读书笔记。这样做有利于明确重点，加深印象，加深理解。

一般来说，单线"＿＿"表示特别重要的内容或关键语句；关键性的词语可在其下面用小圆圈"。"标注；斜线"/"标明段内层次；对精彩语句的欣赏可用感叹号"！"表示；问号"？"表示对某些观点和某些意思的质疑；需要重读或摘抄的，可以在前边加"△"；要特别引起注意或记住的，可以在后面画上一个"★"。此外，还可自己创造一些符号，根据需要赋予它某种代表义。甚至可以用不同颜色的笔来画符号，用以表示不同的程度或含义。但要注意，做记号要精少，

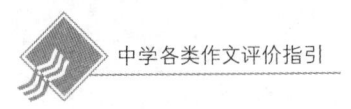

切记记号不宜过多,过多不但不能显出重点,反而会弄得眼花缭乱;做记号也要醒目,每一次阅读时,可以用不同颜色的笔加以勾画。

3. 批注式

批注式是指读者阅读时在页面的空白处加注有关解释和评语,对所读内容的得失加以评论,或对疑难之点加以注释的一种读书笔记。批注的内容很灵活,可以是对词义的理解、句义的分析、段义的概括、表现手法的说明等。批注式读书笔记有以下几种形式:① 在书眉上写上校文、订误、提示、心得、评语等眉批;② 在原文后面加尾批;③ 在行与行之间加行批;④ 在正文两边加旁批;⑤ 在佳妙处加旁点;⑥ 在最精辟处加旁圈。批注要精准简明,一定要做到有的放矢,写批注并不是写得越多越好,要写到点子上。要选择好角度,要有侧重点,评论要精准,不能泛泛而谈。

批注式读书笔记的优点是随读随写,不受约束,并往往能迸发出思想的火花。写得好的批注笔记小而精、见解独到、一语破的,能启发顿悟,即所谓"思理入妙要言不繁"。这不但于笔记者本人有回味的价值,其他读者亦可以一睹为快,如《水浒传》《红楼梦》等名著的点评。某老师在教授《紫藤萝瀑布》一课中,要求学生就文章的标题和开头、结尾写上批注,目的就在于让学生学习文章标题、开头和结尾运用的巧妙写作手法,帮助学生消化知识。

4. 纠谬式

纠谬式是指读者阅读时,对书中的谬误包括错误的观点和引用不当的材料等用笔记形式改正的一种读书笔记。如毛泽东读《新唐书·徐有功传》时,看到书中说"命系庖厨,何足惜哉",毛泽东指出这种说法不恰当,认为历史上的志士仁人"以身殉志,不亦伟乎"!对于中学生而言,阅读时可以先从字词入手纠误,接着从书中获取主要信息,准确把握其中的基本观点,最后用自己的或已知的观点和书中观点进行对比评价。在对比过程中,如有不确定的地方要查找资料,寻找论据证明或纠正自己的观点。对于书中错谬或偏颇的观点,学生可以及时用笔记形式改正。其实,纠谬就是一个再学习的过程。通过纠谬,学生能够加深相关知识在自己脑海中的印象。

5. 摘录式

摘录式是指读者阅读后,把认为有重要资料价值的内容照原文抄录下来的一种读书笔记,一般是照抄书刊文献中与自己学习、研究有关的精彩语句、段落等作为日后应用的原始材料。因此,所抄内容要加注小标题,要注明出处、页码、作者,而且一定要与原文一致。关于词句、个别论点、个别事物的摘录,宜用卡片或活页纸的形式,以便于分类保存查检;长篇文章的详细抄写,宜用笔记本的形式,可多备几个笔记本,按需要分门别类地抄写。我们还可以将这些文字(或图画)剪下来贴在笔记本或不用的杂志上。

对于中学生而言,课文中的名言警句非常集中,值得摘抄。此外,学生还可以摘抄同一主题的名言,可以摘抄同一作家的哲言,也可以摘抄生活中的语言。摘录的原文文字如果简短,则可求全;如果摘录的文字过长,为了节省时间和篇幅,也可以采取缩写的办法,然后在笔记本上做个索引,以备以后使用。

6. 提要式

提要式是指读者用自己的语言将书和文章的主要内容、观点写下来的一种读书笔记。读者从不同角度对一篇作品进行提要,可以得到作品不同角度的内容。常见的有段落提要、情节提要、描写提要、说明提要、人物提要、论点论据提要和论证提要等多种,但使用最多的是段落提要。

提要的方法主要有三种:① 用自己的话写原文,此法适用较长篇、段和不需要直接引用的资料。② 把书中内容用观点罗列的形式记录下来,此法适用于较为艰深的书和文章,便于掌握全书内容和逻辑结构。③ 把原文的章节标题抄下来,再把每章节的纲目写出来。有时可以照抄原文,有时也可以在深层次理解的基础上用简洁的文字自己概括出来。自己概括的内容写完后,要与原文查对,看有无片面和遗漏之处。

7. 心得式

心得式是指读者读了一本书或一篇文章以后,把自己体会最深刻、最有意义的部分写成心得笔记,形式可以多种多样。它可以是把读书时摘记的要点和心得结合起来写成的,也可以是对原文的某些论点的发挥或提出批评、商榷的意见,还可以是读了几本或几篇论述同一问题的书、文后,抓住中心评论它们的观点、见解,提出自己看法的笔记。把读书的心得写成短小的文章、札记、随笔,既可以巩固和提高阅读效果,又可以形成自己的研究成果,它是读者阅读、思考、写作有机结合的产物。

写心得笔记是一种很好的阅读方法,心得笔记不必拘泥于某一固定形式。无论怎样写读书心得,首先要选择自己感受最深的东西去写,这是写好心得的关键。然后要联系自己的学习、生活实际,实事求是,不可空谈。这样的心得才会有血有肉,才能触及灵魂。

8. 评荐式

评荐式是指读者阅读后,觉得文章精彩,有意义,价值高,写评论文章推荐他人阅读,形成共同读书、互相讨论的风气的一种读书笔记。对于中学生而言,学习时间比较紧,大量阅读课外书的时间不多,需要在较短的时间内尽可能多地阅读各种优秀的作品。为了满足这个需求,可以在同学当中流传评荐式的读书笔记。在评荐式读书笔记中,可以简单概括书(或文章)的内容,或者摘要精彩片段进行个人评点,最后还要附上推荐理由。

9. 比较式

比较式指读者在阅读同一主题的多本书(或文章)后,把所看书(或文章)对同一问题发表的观点予以归纳总结、比较异同、做出评判而后写成文章的一种读书笔记。

二、读书笔记评改标准及范例

(一) 评改标准

题目:_____

作者:_____ 日期:_____

	分值	得分		
		自评	互评	师评
一、索引式				
1. 清楚、完整地记录书籍材料的来源(书名、作者、出版社名称、出版年月、藏书处、册、章、节和页码)	10 8 6 4 2 0			
2. 清楚、完整地记录期刊材料的出处(文本名、期刊名、期号、年月日和版面)	10 8 6 4 2 0			
3. 分门别类归纳	10 8 6 4 2 0			
总分				
二、符号式				
1. 符号精少	10 8 6 4 2 0			
2. 符号醒目	10 8 6 4 2 0			
3. 符号统一	10 8 6 4 2 0			

续表

	分值						得分		
							自评	互评	师评
4. 所做符号重点突出	10	8	6	4	2	0			
总分									
三、批注式									
1. 批语要有分析,且分析要有根据,不是泛泛而谈	10	8	6	4	2	0			
2. 批注要选择好角度	10	8	6	4	2	0			
3. 批注有侧重点	10	8	6	4	2	0			
4. 批注准确	10	8	6	4	2	0			
总分									
四、纠谬式									
1. 对谬误的纠正准确	10	8	6	4	2	0			
2. 有分析论证,且分析有根据	10	8	6	4	2	0			
3. 有自己的看法,且能自圆其说	10	8	6	4	2	0			
总分									
五、摘录式									
1. 对摘录内容加合适的小标题	10	8	6	4	2	0			
2. 对摘录内容注明出处、页数、作者,而且一定要与原文一致	10	8	6	4	2	0			
3. 对摘录内容分门别类	10	8	6	4	2	0			
4. 摘录准确	10	8	6	4	2	0			
总分									
六、提要式									
1. 提要全面,无片面之处	10	8	6	4	2	0			
2. 提要完整,无遗漏之处	10	8	6	4	2	0			
3. 提要重点突出	10	8	6	4	2	0			
4. 提要有层次性,体现详略得当的特点	10	8	6	4	2	0			
总分									
七、心得式									
1. 所写内容是自己感受最深的	10	8	6	4	2	0			
2. 内容充实	10	8	6	4	2	0			
3. 表达流畅,无语病	10	8	6	4	2	0			
4. 语言有文采,能恰当地运用写作手法	10	8	6	4	2	0			
总分									

续表

	分值	得分		
		自评	互评	师评
八、评荐式				
1. 对所推荐作品介绍清楚	10 8 6 4 2 0			
2. 清楚阐明推荐理由	10 8 6 4 2 0			
3. 对所推荐作品有个人独特的看法	10 8 6 4 2 0			
总分				
九、比较式				
1. 有清晰的比较角度	10 8 6 4 2 0			
2. 比较分析有依据	10 8 6 4 2 0			
3. 比较评论后有结论	10 8 6 4 2 0			
总分				

评阅者：_____　　　　　　　　　　　日期：_____

【评语】

_____

_____

（二）评改范例

作文题：

阅读了石黑谦吾的《再见了，可鲁》，你心中一定会有很多感触，请写一篇关于该书的心得式读书笔记，要求写出自己的真情实感。

学生习作

一只狗，一生情
——读《再见了，可鲁》有感

高二　某生

（1）在我很小的时候，我就喜欢上了小猫、小狗，并不仅仅因为它们的可爱与单纯。日本有个作家叫石黑谦吾，他说，他的生命中出现过很多只狗，它们仿佛是与他的宿命相连的，他从狗身上得到了巨大的安慰和鼓励，因此，他写了《再见了，可鲁》这本书。当我拿到这本书的时候，马上就被它的封面所吸引，上面是一只趴着的拉布拉多犬，深黑色的背景。

（2）那样的眼神，那样的姿态，是那样的熟悉。我情不自禁地，轻轻地把手搭在它的鼻子上，霎时，似乎激起了心中的某个回忆。手心有种异样的感觉，仿佛真的有温温的、湿湿的呼吸，温暖了我的手。那眼睛在跟我诉说着它的一生。

（3）可鲁是一只纯正的拉布拉多犬，也许本应该很平常的成为一只平凡的宠物，但是，它却是一只导盲犬。直到看了这本书，我才知道，导盲犬是一种多么了不起的动物。它会帮助主人上下车，引着主人走安全的道路，遇到路口会停下，遇到障碍物会避开，当红灯亮的时候停下脚步……可以想象，盲人对导盲犬会有多大的依赖，而导盲犬的这些行为都仅仅因为它们对人的爱。

（4）可鲁是日本的一只导盲犬，退役后由一对姓仁井的夫妇收养。那时可鲁已经是一只虚弱的老狗了。书里面说到，可鲁已经快不行了，也许是肺部受到压迫而感到呼吸困难，它频频示意要翻身，但是最终，它连发出示意的力气都没有了。"仁井先生不停地抚摸着它的头，仁井太太摩挲着它的背部，用平静的口吻对它说：'小可，谢谢你，你不需要再那么努力了，可以了，你就慢慢休息吧，到了天国以后，要准确地报出自己的名字"仁井可鲁"噢！'"刚说完，可鲁就停止了呼吸。看到这里，我难过地哽咽，最终还是哭了，为了这可爱生命的陨落，为了一个我认为无比高尚的生灵。

（5）佛斯特说过："在这个自私的世界上，一个人唯一不自私的朋友，唯一不抛弃他的朋友，唯一不忘恩负义的朋友，就是他的狗。"可谓"一只狗，一生情"。

（6）狗把人类看成自己的神，即使人们不停地辜负它们，背叛它们，伤害它们，但它们却永远是人类最忠诚的伙伴，毫无怨言地陪伴着我们的孤独。

（7）它们忠诚勤劳，但求付出不求回报。在某些世俗的人身上，这些品德已经逐渐消失殆尽了，狗性中深具超凡的神性，而人性中却潜藏着可耻的兽性。

（8）这个社会越来越世俗，越来越淡漠，人与人心灵之间的隔阂越来越大，试问，此时还有谁在保持着不变的忠诚呢？还有谁让你唤之则来，呼之则去，不计较你的粗鲁和无理的对待，并无休止地迁就你呢？

（9）从此，我告诉自己要更爱狗，也希望能告诉别人，请爱你们的狗。

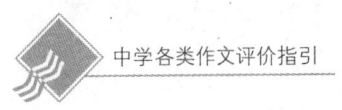

【分析】

作者读完《再见了,可鲁》这本书后,把自己体会最深刻的部分——"一只狗,一生情",抽取出来写成读书笔记。文章从狗讲到人,从书讲到自己,又从自己写到他人,都起源于自己喜爱狗的个性。作者能够做到选择自己最有感受的内容并联系自己的实际来写。文章从事写到理,从国外到国内又回到世界,都透露出一种情、一种人文关怀,内容相当充实。

表达清晰流畅,并适当应用引用名言(第5段)和对比的写作手法(第6—8段)。

【评分】

	分值						得分		
							自评	互评	师评
七、心得式									
1. 所写内容是自己感受最深的	10	8	6	4	2	0			10
2. 内容充实	10	8	6	4	2	0			8
3. 表达流畅,无语病	10	8	6	4	2	0			8
4. 语言有文采,能恰当地运用写作手法	10	8	6	4	2	0			8
总分									34

评阅者:_____   日期:_____

【评语】

小作者用流畅感人的语言叙述了读《再见了,可鲁》一书的感悟,真挚地表达了对可鲁的敬佩和怜悯之情,让人感同身受。文章的第8段中作者升华了思想感情,视野延伸至社会,在写作技巧上表现较出色。

(三)备注

由于初高中生智力发展水平不一样,初中生运用纠谬式、评荐式和比较式读书笔记会比较困难,因此,建议初中生多用索引式、符号式、批注式、摘录式、心得式读书笔记,而高中生则可以根据自己的兴趣和需要来选择不同类型的读书笔记。其实读书笔记是一种自由度很大的文体,它对初中生和高中生的要求并没有严格区分。如果初中生觉得自己有兴趣也有能力驾驭不同的方式,也可以任意选择不同类型的读书笔记。教师在使用该标准时,应根据学生程度的不同在评分时各有偏重。

第七节 随 笔

一、随笔概述

（一）什么是随笔

随笔，顾名思义，至少有随时笔录和随意运用两重含义。随时笔录指及时地从生活中和书本阅读中得题，多为信手拈来，借题发挥，视野比较开阔；随意运用指随笔的思路绝不拘泥于某一点静止不动，而是如行云流水般运动不止，大多在谈天说地中传递出深刻独到的人生体验、左右逢源的渊博知识。在中学生习作中，随笔主要是指学生把自己对社会的观察、日常学习生活中的所思所感记录下来的一种写作方式。

（二）随笔的特点

随笔，亦称杂文，是散文的一个分支，是议论文的一个变体，可以叙事、抒情或评论。通常篇幅短小，形式多样。写作者惯用各种修辞手法曲折传达自己的见解和情感，语言灵动，婉而多讽。在写法上，它们往往旁征博引，而不作理论性太强的阐释。行文缜密而不失活泼，一般采用夹叙夹议的方法，结构自由而不失谨严，贵在写出作者的真情，显出作者的性灵。

（三）随笔的分类

根据题材与内容的不同，随笔可分为记叙性随笔、议论性随笔和说明性随笔。以下分别介绍各类随笔的基本特点。

1. 记叙性随笔

记叙性随笔大多取材于日常生活中的片断或作者的偶然经历，基本内容是叙事写人。随笔的主旨是写情见性，它的抒写往往融入作者的主观感受，有时直截了当说出，有时是隐藏在文字背后；它描写的往往是人们经历的平凡小事，但经过仔细体味后，会使读者察觉世俗风情、感悟人生道理。

2. 议论性随笔

这类随笔又叫"随感"或"杂感"。所谓"随"，有随手记下而非刻意为文之义；所谓"杂"，是指内容广泛，包罗万象，大至社会问题、人生哲理，小至身边琐事、风花雪月、鸟虫宠物、校园风情、学习心得、书籍品评、亲人友人，无不可写。

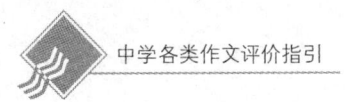

但这类随笔的重点还是个"感"字,作者要有感而发,哪怕是一点思考、一点感受、一点闪光的意念都可带到文章中去,不摆做文章的架子,保持一种随意漫谈的风格。

3. 说明性随笔

黎先耀写人和自然关系的随笔《天之骄子》,着笔于形态各异的自然景观,表达自己热爱大自然的情趣,着力加强人们的生态意识。可见,说明性随笔不同于纯粹的说明文,它看重的是事物中的意趣,带有鉴赏的性质,有时则借物抒怀,另有寄托。模山范水,往往以片断的文字,把大自然的千姿百态准确形象地描绘出来。练习这类随笔,要以精细而敏锐的观察力,捕捉到事物特有的生命力,笔调轻灵,不刻意为文。正如王国维所说的那样:"以我观物,故物皆著我之色彩。"

二、随笔评改标准及范例

(一)评改标准

题目:_____

作者:_____ 日期:_____

	分值					得分		
						自评	互评	师评
一、内容(55%)								
1. 文章的选材切合题意	15	12	9	6	3	0		
2. 文章内容充实,材料丰富	10	8	6	4	2	0		
3. 文章内容能围绕中心展开描写	10	8	6	4	2	0		
4. 作者能写出真实感受	10	8	6	4	2	0		
5. 文章立意深刻,思想健康	10	8	6	4	2	0		
二、表达(45%)								
1. 文章结构安排符合文体要求	10	8	6	4	2	0		
2. 全文结构完整,分段恰当,各段之间有清晰和流畅的过渡	10	8	6	4	2	0		
3. 表达流畅,无语病	10	8	6	4	2	0		
4. 字迹工整	5	4	3	2	1	0		
5. 语言有文采,能恰当地运用写作手法	10	8	6	4	2	0		

续表

	分值	得分		
		自评	互评	师评
三、扣分部分				
1. 标题：缺失标题扣 2 分				
2. 字数：每少 50 个字扣 1 分				
3. 错别字：每一个错别字扣 1 分(重复的不计)				
4. 标点：标点错误多的，酌情扣分				
四、总分				

评阅者：_____　　　　　　日期：_____

【评语】

_____

_____

（二）评改范例

作文题：

【2008年上海市高考作文题目】平常大家关注更多的也许是"我们"，如果把视线转向"他们"，你会看到什么，又会想到什么？请以"他们"为题写一篇文章。要求：不少于800字，不写诗歌，不得透露个人相关信息。

学生习作

他　　们

在城市的尽头，没有繁华的街市，闪亮的霓虹；在城市的尽头，只有破旧的棚户区，只有饱经生活风霜的生命；在城市的尽头，有他们这样一群人。

让我怎样称呼他们？外来务工人员子女，农民工子弟，抑或是农民工二代？不，我不想用这些冰冷的名字称呼他们，我多想叫着他们带着泥土气的乳名，拉着他们的小手，走近他们的生活。

他们从小生长在故乡的青山绿水中，纯洁的灵魂在田野里抽穗拔节。在山野的风中，他们奔跑着，憧憬着。风吹过田野，吹进了城市，为了生计，为了未来，他们跟从父母来到了城市，在城市的尽头扎下了根。于是，习惯了青山绿水的双眸第一次触碰到了高楼大厦、车水马龙。他们不知道怎样穿过六车道的马路,小小的手指怎么也数不清写字楼的层数。繁华的现代文明不曾给他们带来任何快乐,相反,却在心上烙下了深深的痕迹。

他们背起书包,小心翼翼地融入城市的生活。可是却在"城市人"异样的眼光中,第一次明白了户口与暂住证的区别。他们都是父母心头的宝啊!却过早地承担了不属于这个年龄的负担。

放学回家,他们做好简单的晚饭,等着还在工地或菜场上劳作的父母;午夜醒来,泪眼中城里的星空没有家乡的明亮。他们悄悄许愿,希望明天他们的打工子弟小学不会因交不出电费而被查封……

然而,从他们日益长高的身体上,我看到了他们的成长的痕迹。记得一位记者问一个打工子弟学校的孩子,学成后是否会回到家乡时,小姑娘毫不犹豫地说:"当然,一定回去!"那一刻,我差点落下泪来,为他们的成长。

记得那年春晚,他们稚气的宣言:"我们的学校很小,但我们的成绩不差。""我们不和城里的孩子比爸爸。""北京的2008,也是我们的2008!"他们逐渐成熟,告别昨天的羞怯,开始迎接新的一天。

虽然,他们还在为不多的学费而苦恼;虽然,学校还是交不上水电费;虽然,还有好多体制还不够完善……虽然有好多个"虽然",但是,只有一个"但是"就足够了,已经有众多视线转向他们,他们正在茁壮地成长。

太阳从地平线上升起,照亮了城市的尽头,照亮了他们的生活。

他们,终将会成为我们。

内容分析

本文选取"城市外来打工者子女"作为写作对象,人物虽然普通,但紧紧扣住了作文要求中的"他们",切合题意。

本篇文章感情真挚。在第二自然段对写作对象中的"他们"的称呼中,"让我怎样称呼他们","我多想叫着他们带着泥土气的乳名,拉着他们的小手,走近他们的生活",这些语句都带着真实饱满的情感,能一下子打动读者。接下来作者对"城市外来打工者子女"曾经的生活状态与现在的生存状态进行对比描绘,令读者心痛心动。所幸,作者也看到了这些孩子们的成长,并对此现状寄寓美好愿望,透露出乐观积极的正能量,使整篇文章充满感染力。

 表达分析

本文结构完整,段落清晰,可分为四个部分:第一部分(第1—2段),用了"反复""设问"的修辞手法,引出写作对象并概括"他们"的特点,给读者留下深刻的印象。第二部分(第3—5段),运用对比描写,展现了农民工子女们曾经的生活状态和现在的生存状态。第三部分(第6—8段),列举记者问、春晚节目的例子,运用"排比"的修辞手法,写出农民工子女的成长。最后一部分(第9—10段),寄寓作者的美好愿望,令人深思。

【评分】

	分值						得分		
							自评	互评	师评
一、内容(55%)									
1. 文章的选材切合题意	15	12	9	6	3	0			15
2. 文章内容充实,材料丰富	10	8	6	4	2	0			10
3. 文章内容能围绕中心展开描写	10	8	6	4	2	0			10
4. 作者能写出真实感受	10	8	6	4	2	0			10
5. 文章立意深刻,思想健康	10	8	6	4	2	0			10
二、表达(45%)									
1. 文章结构安排符合文体要求	10	8	6	4	2	0			10
2. 全文结构完整,分段恰当,各段之间有清晰和流畅的过渡	10	8	6	4	2	0			10
3. 表达流畅,无语病	10	8	6	4	2	0			10
4. 字迹工整	5	4	3	2	1	0			5
5. 语言有文采,能恰当地运用写作手法	10	8	6	4	2	0			10
三、扣分部分									
1. 标题:缺失标题扣2分									
2. 字数:每少50个字扣1分									
3. 错别字:每一个错别字扣1分(重复的不计)									
4. 标点:标点错误多的,酌情扣分									
四、总分									100

评阅者:_____　　　　　　　　日期:_____

【评语】

　　这篇文章是2006年、2007年、2008年三年上海市高考唯一的满分作文,是一篇优秀的场上随笔。作者通过"他们不知道怎样穿过六车道的马路,小小的手指怎么也数不清写字楼的层数""他们做好简单的晚饭,等着还在工地或菜场上劳作的父母"等诸多场景呈现农民工子女的生存状态,让人心痛,也让人感动。结尾一句"他们,终将会成为我们",既表现出了写作者的美好愿望,同时也对社会发出雷鸣般的呼唤,让人在深思的时候,更进一步反思,意味深长。

（三）备注

　　随笔写作较少作为作文教学中的重点来教,更多是根据学生的兴趣,由学生自主选择来写。随笔注重表达作者思考的独立性与情感的真挚性,因而,初中阶段的学生能在随笔中清楚地叙述事情,真实地表达情感即可,要求较低。高中阶段需在清楚叙述、真实表达的基础上,还要求学生用心思考,注重行文逻辑严密,灵活运用写作手法,总体要求较高。教师在具体操作时,要鼓励学生提高写作兴趣,同时也要根据学生的年龄段适当调整评价标准。

第八节　日　　记

一、日记概述

（一）什么是日记

　　一个人把自己在每天的工作、学习和生活中的事情、感想和见闻有选择地、真实地记录下来,这就是日记。日记作为一种文体,属于记叙文性质的应用文。日记的内容,来源于我们对生活的观察。

（二）日记的特点

　　日记一开始是作为商业交易的记录本,后来人们用日记来记录天气、事件一直到个人的心理感受、思想。日记可以记录将要做的事情,也可以记录已经发生的事情,需要加以逻辑上和结构上的处理。日记主要具有以下特点。

　　1. 持续性

　　写日记贵在持之以恒,贵在有连续性。中途因故中断,都应补写,否则达不到写作目的。除日期外,有的还写明天气、地点等。

2. 真实性

日记具有自我服务性质，必须记录亲身经历中的所遇、所思、所想、所感，无须编造，这是日记价值之所在。

3. 灵活性

日记作为一种日常个人写作体裁，本无定式，可根据内容表达需要和自己的习惯，灵活运用，切忌生搬硬套某些体式。常是先写日期，再写正文。

4. 典型性

日记不是简单生活现象的罗列，必须以有一定意义和有价值的事作为写作内容，流水账写法不可取。

（三）日记的分类

日记一般分为生活日记、观察日记和随感日记三种。

1. 生活日记

生活日记，就是把自己每天的生活、学习、工作情况有选择地记录下来。

要写好生活日记，需要注意日记内容要真实，所选的事情要有意义，语言要简明和通顺。另外，可给日记加个题目。

2. 观察日记

观察日记即观察记录，就是把日常生活中的某一侧面，通过有目的的、细致的观察，记录下来。可以写零碎的片段，不必讲究文章结构，也可以写得比较完整，类似一篇记叙文。

要写好观察日记，观察目的要明确，观察要全面细致，观察要持之以恒，观察日记的语言要准确，不能用"大概、差不多"这类似是而非的词语。

3. 随感日记

这种日记主要是就一篇文章、一本书、一部电影或生活中的某一件事情，抒发自己的感想。日记中以议论为主，叙述是为了议论，有时整篇日记都是写自己的感受。

要写好随感日记，需要注意联系自己的真实思想，重点写"感"，讲究实事求是。

（四）日记的写法

日记通常由书端和正文两个部分组成。日记常以第一人称记下当天生活中的所见、所闻、所做或所想的事情。一般而言,日记的写法如下。

(1) 先在第一行中间写上某月某日、星期几,有的还要写上当天的天气情况。

(2) 第二行空两格开始写正文,转行要顶格。正文一般用记叙文的形式写,有时也可以用议论文的形式来写。不管用什么形式来写,都要正确反映当天遇到的有意义的事情,反映这一天自己的思想感情。

另外,日记的内容要真实。诚实,是一种美德,自己怎样想,就怎样写,不要说假话。

正文的篇幅可长可短,长的可以写成千字,短的可以只写一两句话。这由自己所写的内容来决定。如果要详细地记下一件事,既要把事情的前因后果交代清楚,又要把事情的经过写得具体,那篇幅就要长些。如果要记的是自己从书本上看到的或从别人那里听到的一个知识,只要写下这个知识的要点,那篇幅就可以短些。总之,只要把该记的写清楚就可以了,可短的不要勉强拉长,可长的不要硬缩短。

二、日记评改标准及范例

(一) 评改标准

题目:_____

作者:_____ 日期:_____

	分值						得分		
							自评	互评	师评
一、内容(50%)									
1. 文章内容真实,有自己的感受	10	8	6	4	2	0			
2. 文章内容充实,材料丰富	10	8	6	4	2	0			
3. 能从自己的角度讲清楚中心事件	10	8	6	4	2	0			
4. 能写出对事件的感受	10	8	6	4	2	0			
5. 内容相对集中,有记叙的重点	10	8	6	4	2	0			
二、表达(40%)									
1. 文章结构完整,分段恰当,过渡自然	10	8	6	4	2	0			
2. 表达通顺,有个性化的表达	10	8	6	4	2	0			
3. 表达手法恰当,符合内容需要	10	8	6	4	2	0			
4. 语言真挚/优美,有打动人心的力量	10	8	6	4	2	0			

续表

	分值	得分		
		自评	互评	师评
三、加分部分(10%)				
1. 标题能够概括日记中心,加 2 分				
2. 字数能够达到年段作文要求,加 3 分				
3. 内容或者语言上有闪光点,加 3 分				
4. 书写工整字迹清晰,加 2 分				
四、总分				

评阅者：_____   日期：_____

【评语】
_____
_____

(二) 评改范例

作文题：

记录身边的人和事,写下自己的观察和感悟,抒发自己的情感。要求：① 题目自拟,最好能够反映中心事件。② 内容真实,写出自己的所见所想。

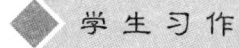

高中心情

高三　某生

（1）窗外又飘起了牛毛般的细雨。

（2）房间里暗暗的,让人有种昏沉的感觉,自己也不知道自己的最终目标是什么。只是为了在以后的考试中取得一个让大家都满意的成绩,还是为了别的什么。教室里始终有种令人压抑的感觉,大概因为是实验班吧,无论我怎么样努力都进不了班里的前 20 名。始终处于一个不能被别人记住的位置,一直过着平凡的生活。

（3）偶尔抬起头也会看见窗外明媚的阳光,但它始终盖不住教室里压抑的气氛。大概在一年前,英语老师说过要给我们放英文电影,结果是我们每次都看着别班的同学高高兴兴地去看一场又一场的电影。班里有同学给英语老师提建议,结果招来她的一顿批评,看来我们是没有这种希望了。每天听着那不标准的英语,都快要疯掉了。可我们班的英语却出奇的好,大概是与每天死板地做题分不开吧。

(4) 怎么说呢,大概这是一种风气,学生家长要给老师送礼,我们班的"小公主"可以每天不上操一点事都没有,可我们班的另一个女生却因为一两次的旷操被罚了好几节课了,上课时间整节课地跑。也未免太不公平了吧,但我们又不能去说些什么。

(5) 大概是上辈子欠了数学的,不然它怎么会这么刁难我呢?明明已经花了大部分的时间在数学上,但它还是每次都拖我的后腿,真是拿它没办法。好像我们就像两条平行线,永远遥望却始终没有交点,而我也只能这样。

(6) 还记得小时候快乐的时光,如今却早已不在,虽然只有妈妈还是一如既往地对我好,为我付出,而我也愿意为了她去努力学习,虽然已经筋疲力尽,但我相信我愿意为她付出一切,甚至生命。

(7) 高中生活永远是单调乏味的,同学们也都在为了一个好成绩而钩心斗角,虽然我还没有什么远大的目标,至少我还有自己的梦想。我还是会去继续努力,虽然可能是无用功至少我还有机会。

这篇日记以"高中心情"为写作对象,文章选取了英语老师不守承诺、送礼风气导致不公、数学成绩总拖后腿、妈妈辛劳地付出等典型事件来表现自己压抑的心情。

文章从高中生最为关注的成绩起笔,写出了自己目标不明、名次难前的迷惘状态,然后通过学校日常发生的一系列事件来交代和反映自己的心情。内容真实,贴近高中生活,能够写出自己的实际状态,且在写作中,有非常强烈的个人感受。

文章材料较为丰富,但每一个事件的描写都较为简略,记叙的重点不是非常集中。文中选取了高中生活的典型片段,但都是简单几笔带过,没有在某一事件上进行详细的叙述并写自己的感受。如果能够抓住某一件事,比如英语老师不守承诺这件事,作者应该是渴望看电影、渴望老师能够接纳学生建议的,那在这件事情的描述上,可以将自己的想法和当时的即时感受写下来,这样,"高中心情"这个中心将表现得更为明确一点,而不仅仅是反映心情的高中生活片段记录。

表达分析

这篇日记采用了"总—分—总"的完整结构,段与段之间内容区分比较清晰,每一段都是独立而且有其表达意义的。但比较可惜的是,虽然中间各段都是典型事件的叙述,都能反映"高中心情"这个中心,但段与段之间的过渡不够自然,缺少衔接的段落或句子,削弱了文章的完整性与集中性。

本文的表达通畅,能够做到文从字顺地表达自己的想法。语言偏口语化,有点对话的感觉。文章没有刻意采用某种写作手法,除了文章第一自然段"窗外又飘起了牛毛般的细雨"一句有点以景衬情的意味之外,其他段落都是"笔随心走",想到哪儿写到哪儿,较为自然。

语言朴实真挚,在读文章的过程中,就能感受到作者流露在笔端的压抑和不满之情,但在压抑之中,也还有一种要奋起的自我勉励。

【评分】

	分值						得分		
							自评	互评	师评
一、内容(50%)									
1. 文章内容真实,有自己的感受	10	8	6	4	2	0			10
2. 文章内容充实,材料丰富	10	8	6	4	2	0			7
3. 能从自己的角度讲清楚中心事件	10	8	6	4	2	0			9
4. 能写出对事件的感受	10	8	6	4	2	0			8
5. 内容相对集中,有记叙的重点	10	8	6	4	2	0			7
二、表达(40%)									
1. 文章结构完整,分段恰当,过渡自然	10	8	6	4	2	0			6
2. 表达通顺,有个性化的表达	10	8	6	4	2	0			9
3. 表达手法恰当,符合内容需要	10	8	6	4	2	0			8
4. 语言真挚/优美,有打动人心的力量	10	8	6	4	2	0			8
三、加分部分(10%)									
1. 标题能够概括日记中心,加 2 分									2
2. 字数能够达到年段作文要求,加 3 分									2
3. 内容或者语言上有闪光点,加 3 分									2
4. 书写工整字迹清晰,加 2 分									2
四、总分									80

评阅者:_____   日期:_____

【评语】

　　初读这篇日记,马上就感受到了你在高中生活中的压抑和苦闷,如果其他同学能够读到你的这篇文章的话,也一定马上就能够感同身受,因为你在日记中,写到了英语电影,写到了送礼之风,写到了数学成绩,这些可都是同学们非常关注的内容呢。你的日记写得有思想,有内容,如果还能够细细地记叙某一件事,写写自己的感受,加上一点点过渡,那就更能代表同学们的心声啦!

　　希望你能如自己所愿,为妈妈,为自己的梦想,不断地去努力,加油!

（三）备注

　　日记是非常个性化的写作,每个人都有自己记录生活、记录心情的方式及习惯,而且,写日记的目的是为了让学生有机会更加自由地表达自己的所见所思,让学生可以通过日记与自我、与他人交流,通过日记为写作积累素材。因此,日记的批改其实并没有太过严格的标准,在内容和表达上,也不必刻意去追求高标准。

　　作为一种交流性的自我写作,日记批改应该重在鼓励与肯定。要肯定学生写日记时所选取的角度或事件,这是学生对于生活的敏感之处和关注点,不要轻易否定学生在作文中所写的内容,而应该鼓励他们不断地拓宽自己的视野。要重视学生在日记中表达出来的想法,特别是与自己观点不一致的,不要轻易去评判,同时可以用委婉的方式向学生平和地表达自己的观点。要抓住学生的闪光点,即使学生在写作中只有一句闪光的语言,也尽量让学生知道你的发现与赞美。

　　日记与其他写作不一样,它并不是一种纯粹的写作训练,更多时候是学生的自我表达。因此,教师在批改时,要淡化分数,尽量不写关于写作方面的评语,而是采用第二人称的方式,跟学生进行对话,关注学生的内心成长与真实感受,要通过亲切的、口语化的评语,营造一种和谐的氛围,让学生敢于写真实的日记,敢于写真实的感受。

　　初中日记写作要求学生能清楚地叙述事情,详细描述对生活或其他事物的观察,表达自己的真实感受即可,要求较低。高中日记写作要求学生在清楚叙述的基础上,还要合理选材,并综合运用各种写作手法展现写作内容,能调动自己的语言积累,推敲、锤炼语言,表达力求准确、鲜明、生动,总体要求较高。教师在具体操作时要根据学生的年龄段适当调整评价标准。

中　编
文学类作文评价指引

第五章 诗歌评改技能

第一节 诗歌文体概述

一、什么是诗歌

《写作知识词典》对诗歌的定义是:"诗歌是文学体裁的一种。通过有节奏、韵律的语言反映生活,抒发情感。"[1]《中国诗歌大辞典》对诗歌的解释是:"诗歌是一种抒情性最强的文学样式,它饱含着强烈的感情和丰富的想象,高度概括地反映社会生活,语言凝练、形象,富于节奏感和音乐美。"[2]何其芳认为:"诗是一种最集中的反映社会生活的文学样式,它常常以直接抒情的方式来表现,并且在精练与和谐的程度上,特别是节奏的鲜明上,它的语言有别于散文的语言。"[3]总之,诗歌是一种抒情性强,想象丰富,以富于节奏和韵律的具有音乐美感的语言集中精练地反映社会生活的文学体裁。

二、诗歌的特点

无论是旧体诗还是新诗,它们都有如下特点。

第一,凝练而集中地反映生活和表达思想感情。诗歌对社会生活的艺术概括,比其他文学样式更加集中、精练。诗歌总是力求以较少的篇幅容纳较多的内容,用极少的语言表现最丰富的感情,言简意赅、耐人寻味是诗歌的追求。

---

[1] 写作知识词典[M].北京:中国社会科学出版社,1996:24.
[2] 中国诗歌大辞典[M].北京:中国辞书出版社,1996:1.
[3] 何其芳.关于写诗和读诗[M].北京:人民文学出版社,1982:33.

这就要求诗人必须对诗歌的词句进行反复锤炼,使之更加准确、含蓄、生动。

第二,具有强烈的思想感情,充满想象力,注意意象的营造。诗歌的生命根基是情,所以诗歌都具有浓郁的感情色彩。诗歌也被称为"想象的语言",诗歌需要诗人展开丰富的想象和联想选取意象,组合意象,从而充分地表达诗人的思想感情。

第三,具有节奏和韵律的语言。节奏主要指诗句中长短不一、强弱不同的因素有规律的变化,押韵是指相同的语音在诗句的某个位置上,有规律地反复出现。古典诗歌讲究声韵、节奏。新诗一般也要押韵,要有鲜明的节奏,只有极少一部分诗是不押韵的。

三、诗歌的分类

从诗歌形式上的表现划分,诗歌可以分为旧体诗和新诗两大类。下面分别介绍它们的基本特点。

(一)旧体诗

旧体诗区别于现代用白话写作的新诗。它包括各类体式的古体诗、近体诗、词和散曲。下面主要介绍古体诗和近体诗。

古体诗是仿照唐代以前古诗的写法而形成的一种诗体,也称古诗、古风。古体诗格律比较自由,不拘对仗、平仄。包括以下形式:(1)五言古诗(简称"五古");(2)七言古诗(简称"七古"):诗中可以夹杂长短句;(3)乐府诗:袭用汉魏六朝乐府旧题或模仿乐府体裁而写的诗,如李白的《蜀道难》;(4)古绝:南朝出现的一种短小的诗歌形式,只有四句,与讲究平仄的近体绝句不同。

近体诗也称"今体诗"和"律诗",唐代形成的诗体,其字数、句数、平仄、对仗和押韵都有严格的规定。包括以下形式:(1)五言律诗:简称"五律",五言八句,也称"短篇";(2)七言律诗:简称"七律",七言八句,也称"长句";(3)排律:也称"长律",即超过八句的律诗,一般都是"五言",中唐以后有少量七言排律;(4)律绝:通称"绝句",分为七言绝句和五言绝句;(5)律诗的变体:包括三韵小律(即六句的律诗)、六言律(每句六字,有四句或八句的)、齐梁体(唐人所作符合平仄句式但不符合"黏对"规则的律诗)。①

---

① 经本植.中国古典诗歌写作学[M].北京:语文出版社,1999:7-8.

(二)新诗

新诗是指"五四"新文化运动以后出现的白话诗,主要有自由诗和新格律诗两种。

自由诗是与格律诗相对,在语言形式上不受格律限制的、较为自由的诗体。作者可以根据需要自由组织排列字句,但并不等于"绝对的自由",仍然具有一定的语言和节奏形成的韵律。它是现今比较流行的诗体。如艾青的《我爱这土地》。

新格律诗,在1926年提出,以闻一多和徐志摩为代表。这类诗虽不像旧体诗有严格的格律,但与自由诗相比,其字数、行数、节数及音节和押韵都有一定的规律,形式齐整,音韵规则。如闻一多的《死水》和徐志摩的《再别康桥》。

第二节 诗歌评改标准及范例

诗歌有旧体诗和新诗之分,旧体诗创作要求较高,新诗则相对自由,不受格律限制,创作起来较为简单。在中学作文写作中,学生更倾向于选择新诗进行创作,对于旧体诗则极少涉足。为此,本节只介绍新诗的评改标准及范例。

一、旧体诗(略)

二、新诗

(一)新诗评改标准

题目:＿＿＿＿＿＿＿＿＿＿＿＿＿＿＿＿＿＿＿＿＿＿

作者:＿＿＿＿＿＿＿＿＿＿＿＿＿＿＿ 日期:＿＿＿＿＿＿＿＿

	分值						得分		
							自评	互评	师评
一、内容(45%)									
1. 诗歌立意深刻,反映社会生活	10	8	6	4	2	0			
2. 诗歌的选材切合题意,围绕中心进行表达	10	8	6	4	2	0			
3. 诗歌意象选择恰当,形象鲜明	10	8	6	4	2	0			
4. 诗歌感情充沛,富有感染力	10	8	6	4	2	0			
5. 诗歌内容富于想象	5	4	3	2	1	0			

续表

	分值	得分		
		自评	互评	师评
二、表达(55%)				
1. 诗歌结构完整,建行合理	10 8 6 4 2 0			
2. 诗歌构思巧妙,富有创意	10 8 6 4 2 0			
3. 诗歌表达流畅,浑然一体	10 8 6 4 2 0			
4. 诗歌语言形象,修辞得当	10 8 6 4 2 0			
5. 诗歌语言凝练,简而不竭	5 4 3 2 1 0			
6. 诗歌声情结合,富有音乐美	5 4 3 2 1 0			
7. 书写工整	5 4 3 2 1 0			
三、扣分部分				
1. 标题:缺失标题扣2分				
2. 错别字:每一个错别字扣1分(重复的不计)				
3. 标点:标点错误多的,酌情扣分				
四、总分				

评阅者:_____ 日期:_____

【评语】
_____
_____

(二) 评改范例

作文题:

有人说:"夜里星光璀璨,很美。"也有人说:"夜里一片漆黑,很凄凉。"夜可以扫除喧嚣,夜也可以遮蔽繁华。在你眼中,夜又是怎样的呢?请以"夜"为话题,写一首小诗。要求:① 题目自拟,立意自定。② 不得套作,不得抄袭。

学 生 习 作

夜　梦

初二　某生

黑夜,
如同做错了事的孩子,
匆匆覆盖洁白的天空。

他睁着黑洞洞的眼睛，
静静地等待梦的到来。

梦，
迈着她轻盈的步子，
悄悄地从黑夜脚下溜过。
她似乎从未发现
那双炽热的、黑洞洞的眼睛。

黎明，带着手枪，
无情地把黑夜击倒。
黑夜带着伤
不情愿地退去了。

光明照亮大地，
梦满足地离开了。
而清晨呢？
还挂着晨星
淡淡的月亮与初升的太阳。

黑夜啊，
何必苦苦守候？
你可知道
只有你在的时候
梦才能如此自由。

内容分析

诗歌选取"夜"和"梦"作为主意象进行创作，通过"夜"和"梦"的关系来揭示诗歌的主题。立意新颖，文题相扣，基本能围绕主旨进行创作。

诗歌第一节写黑夜静候梦的到来，第二节写梦来了，却从未留意到夜。开头两节引出了诗歌的两个主意象，并让两个意象建立起特定的关系。第三、四节写黎明来后,夜与梦的不同结局。夜与梦似从未相触,却始终纠缠在一起,形象鲜明、具有感染力。最后一节是小诗人对结局的评价,也是对夜的宽慰。在这一节中,小诗人语重心长地道出了夜对于梦的意义,同时揭示了诗歌的主题。总体来说,这首小诗构思独特、富于想象,诗中形象鲜明、有感染力。

表达分析

小诗结构比较合理、完整,段落分明,但建行可稍加斟酌。如第三节中,"黎明,""带着手枪,"两句可单独成行。语言方面,语句流畅,朗朗上口,富有韵律美。开头五句,写得顽皮,富有童趣。修辞运用得当,如把黎明想象成带着手枪把黑夜击倒,运用了拟人的修辞手法。但个别语句运用不够准确,如最后一节中"黑夜啊,何必苦苦守候?"一句。从全诗立意可知,小诗人并不反对黑夜对梦的守候。相反,小诗人认为黑夜对梦的守候是有意义的,因为黑夜给了梦自由。但"黎明"的到来妨碍了"夜"对"梦"的拥有,"夜"不情愿退去。事实上小诗人规劝黑夜的只是他的"不情愿"而非黑夜对梦的守候。因而可以改成:"黑夜啊,何必不情愿呢?"

另外,诗歌的题目也不够准确。"夜梦",给人的感觉是一个词,一个合成词。但细看诗歌却发现"夜梦"其实是"夜"和"梦"两个词,是两个不同的意象。若把题目《夜梦》改为《夜与梦》或《夜·梦》会更为符合诗歌的内容。可见,小诗人在语言推敲方面还需多下工夫。

【评分】

	分值						得分		
							自评	互评	师评
一、内容(45%)									
1. 诗歌立意深刻,反映社会生活	10	8	6	4	2	0			8
2. 诗歌的选材切合题意,围绕中心进行表达	10	8	6	4	2	0			10
3. 诗歌意象选择恰当,形象鲜明	10	8	6	4	2	0			10
4. 诗歌感情充沛,富有感染力	10	8	6	4	2	0			8
5. 诗歌内容富于想象	5	4	3	2	1	0			5
二、表达(55%)									
1. 诗歌结构完整,建行合理	10	8	6	4	2	0			6

续表

	分值						得分		
							自评	互评	师评
2. 诗歌构思巧妙,富有创意	10	8	6	4	2	0			10
3. 诗歌表达流畅,浑然一体	10	8	6	4	2	0			8
4. 诗歌语言形象,修辞得当	10	8	6	4	2	0			8
5. 诗歌语言凝练,简而不竭	5	4	3	2	1	0			3
6. 诗歌声情结合,富有音乐美	5	4	3	2	1	0			4
7. 书写工整	5	4	3	2	1	0			5
三、扣分部分									
1. 标题:缺失标题扣2分									−1
2. 错别字:每一个错别字扣1分(重复的不计)									
3. 标点:标点错误多的,酌情扣分									
四、总分									84

评阅者：＿＿＿＿＿＿＿＿＿＿　　　　　　　　日期：＿＿＿＿＿＿＿＿＿＿

【评语】

小诗选取"夜"和"梦"作为主意象进行创作,通过"夜"和"梦"的关系来揭示诗歌的主题,立意新颖,文题相扣。小诗从"夜""梦"两个意象的关系入手,带出"夜""梦"的不同结局,构思独特、富于想象。诗中形象鲜明、有感染力。最后一节对结局进行了评价,结构比较合理、完整,段落分明,但建行可稍加斟酌。此外,小诗的题目和诗中个别语句运用不够准确,小诗人在语言推敲方面还需多下工夫。

总的来说,此诗已有诗形,也有诗意。作为一名八年级的学生,你已基本掌握了诗歌创作的方法。期待你更多的作品！

（三）备注

初中阶段的诗歌创作要求相对较低,只要符合诗的形式,有具体的意象,能通过意象组合反映诗歌主题,语言流畅,有一定的想象力即可。高中阶段的诗歌创作要求稍微提高,要求立意深刻,能反映社会生活；内容丰富,富有想象力；情感饱满,具有感染力；在语言的精练、表现手法的运用上都有了更高的要求。教师在具体操作时要根据学生的年龄段适当调整评价标准。

第一节 散文文体概述

一、什么是散文

散文,是指与小说、诗歌、戏剧并列的一种文学体裁,对它又有广义和狭义两种理解。广义的散文,是指除诗歌、小说、戏剧以外的所有具有文学性的散行文章,除以议论抒情为主的散文外,还包括通讯、报告文学、随笔杂文、回忆录、传记等。随着写作学科的发展,许多文体自立门户,散文的范围日益缩小。狭义的散文是指文艺性散文,它是一种以记叙或抒情为主,取材广泛、笔法灵活、篇幅短小、情文并茂的文学样式。

二、散文的特点

(一) 题材广泛

散文比起小说、戏剧、诗歌等其他文学体裁来说,由于其自由多、受限少,可选择的题材范围极广。大到古今中外,小到一花一叶,只要取材需要,大小不拘,均可入文。但在运用过程中,需要注意题材的真实性,与小说的虚构不同,散文的题材必须是真人真事,真情实感。

(二) 个性鲜明

散文大多采用第一人称的写法,最直接最充分地表达"我"的所见、所闻、所感、所得,略别于其他体裁的作品。散文作者应该记自己的经历,述自己的见闻,谈自己的感受,露自己的性情,用自己的眼光,讲自己的话,亮自己的观点。因此,散文更加带有个人性,更能充分展示作者的个性特征。

(三)写法灵活

写法灵活,主要表现在散文的篇章结构的灵活多变与表现手法多种多样两个方面。散文无定体,笔法无定格,这正是散文形式自由的表现。时间结构、空间结构、感情结构、逻辑结构、联想结构等结构形式在散文写作中,有时被单独使用,有时被混合使用,形成散文灵巧善变的篇章结构;叙述、描写、抒情、说明、象征、烘托、衬托、对比、对照、联想、想象、讽刺、类比等表达方式和表现手法,也在散文的写作中被灵活运用,造就了散文写法各式各样的特点。

(四)文情并茂

散文讲究感情充沛,讲究语言的精练及富有文采。散文的感情是由作者直接流露的,必须真挚,能与读者产生共鸣。散文的语言自古以来就讲究文采,辞藻优美,因而作者要精心锤炼散文的语言,使其达到诗意的美和形象的美。

三、散文的分类

散文有不同的分类标准,根据写作学上的教学分类,按照内容和表达方式的不同,散文可分成下列三大类。

(一)记叙散文

记叙散文是内容为记人、叙事、写景、状物,表达方式以记叙、描写为主的散文,还可以细分为记人散文、叙事散文、写景散文和状物散文四个小类。

(二)抒情散文

抒情散文是内容强调抒发作者的感情,表达方式也以抒情为主的散文,重在抒发作者的内心感受和主观情感。抒情散文一般可以分为叙事抒情文、借景抒情文两小类。

(三)议论散文

议论散文是内容强调发表作者的见解,表达方式以形象议论为主的散文。它说理,往往借助于事例的简述、形象的描绘和感情的抒发来进行,文学色彩很浓。它同一般议论文一样,要求观点鲜明、概念准确、说理充分、层次明晰、以理服人。除此之外,它强调逻辑推理,严密论证。

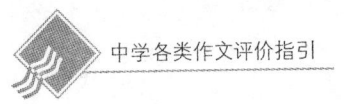

第二节 散文评改标准及范例

一、记叙散文

(一)评改标准

题目：_____

作者：_____ 日期：_____

	分值						得分		
							自评	互评	师评
一、内容(55%)									
1. 文章的选材切合题意	10	8	6	4	2	0			
2. 文章内容充实,材料丰富	10	8	6	4	2	0			
3. 文章内容能围绕中心人物做完整的记叙	10	8	6	4	2	0			
4. 文章叙述流畅、描写生动具体(有恰当的外貌、心理、细节等描写)	10	8	6	4	2	0			
5. 作者能写出对事件或人物的感受,情感真实充沛	10	8	6	4	2	0			
6. 文章立意深刻	5	4	3	2	1	0			
二、表达(45%)									
1. 文章结构安排符合文体要求,详略得当	10	8	6	4	2	0			
2. 全文结构完整,分段恰当,各段之间有清晰和流畅的过渡	10	8	6	4	2	0			
3. 表达流畅,无语病	10	8	6	4	2	0			
4. 字迹工整	5	4	3	2	1	0			
5. 语言有文采,能恰当地运用写作手法	10	8	6	4	2	0			
三、扣分部分									
1. 标题：缺失标题扣2分									
2. 字数：每少50个字扣1分									
3. 错别字：每一个错别字扣1分(重复的不计)									
4. 标点：标点错误多的,酌情扣分									
四、总分									

评阅者：_____ 日期：_____

【评语】
_____
_____

(二) 评改范例

作文题：

阅读下面的文字，根据要求作文。

古人曾写过这样的诗句："一种春声浑难忘，最是长安课归时"，表现了对放学之后的欢快、嬉闹之声的深深怀念。今天，我们周围的声音多得让人应接不暇，可是，哪一种才是真正牵动你内心深处的呢？是校园的课钟，还是窗外的风雨？是新岁的爆竹，还是梦中的短笛？或者，那是……

请认真阅读上面材料，写一篇不少于800字的文章，立意自定，题目自拟，文体要求写记叙类的作文（以记叙描写为主要表达方式，可以记叙自己的经历，也可以编述故事）。

◆ 学 生 习 作

天　籁

高三　某生

（1）我伫立着，清风吹来，耳际一片喧嚣。我闭上眼，细细聆听，穿过那片喧嚣，我似乎听到了久违了的故乡那棵常青树上的"沙沙"声。

（2）清澈的河水静静地流淌着，看似带走些什么，却留下了它的印记。在河的旁边，长着一棵苍翠欲滴的树，爷爷告诉我，那是四季挂绿的常青树。常青树好高好高，枝繁叶茂，叶子永远是那么翠绿。小时候，我总喜欢坐在常青树下，靠在爷爷旁边，听他讲着过去的事情。风轻轻吹来，穿过常青树翠绿的叶子，传来一阵"沙沙"声。我抬头，朝阳将它的光芒毫不吝啬地洒向大地，透过树叶，在地上留下斑驳的阳光。就这样，我在阳光中，在微风中，在"沙沙"声中，听爷爷一句一句地讲述着过去。

（3）长大后，我离开了故乡，来到了城市中，随着年岁的增长，我有了新的圈子，接触到了从未见识过的世界。在这里，我看到了各种各样的树木，在这里，我听到了新颖多彩的离奇故事，不再喜欢爷爷的老故事了。我听到商场亢奋的摇滚乐，不再怀念大自然的"沙沙"声……渐渐地，我离故乡越来越远了。

（4）过了好几年，我回故乡探望爷爷。我和爷爷又来到了那条小河边，爷爷迈着蹒跚的步子走向常青树。夕阳在爷爷身后留下长长的影子。爷爷自言自语地说："常青树永远是那么苍翠，只有在凋亡的那天才会枯黄。看来，我要先它枯黄了……"我忙说："不会的，你会和常青树一样，永远苍翠的。"爷爷笑了笑，没说什么。我们在树下坐着，一阵风吹过，树叶传出沙沙声。好熟悉的声音啊！我看了看爷爷，他的头发被风吹乱了。太阳渐渐落下了，我们也踏上了回家的路。夕阳在我们身后留下最后一道光芒。

（5）一年后，爷爷去世了。恍恍惚惚，我又回到了故乡。清澈的河水依旧流淌着，常青树依旧翠绿，却物是人非。"沙沙""沙沙"，风吹过树叶的声音萦绕耳际，如诉说着爷爷的一生，如天籁……胜过了地上的万般声音。

（6）"树欲静而风不止，子欲养而亲不待。"

（7）永在我心，那故乡常青树上的"沙沙"声。

内容分析

本文以"天籁"为题，把爷爷诉说过去时伴随的风吹树叶的"沙沙"声当成天籁，并且永远怀念，切合题意。通过声音怀念爷爷，角度新颖，不落俗套。本文开头就点明"沙沙"声使我怀念，并截取了爷爷伴着"沙沙"声跟我谈话的片段，以时间顺序进行叙述，选取的材料都是作者亲身所经历的小事，较为丰富。叙述流畅自然，景物描写到位，且感情与感受非常真切，对爷爷的怀念之情真实感人。

但作为一篇记叙性散文，选取的材料略显单薄，可以截取某一个细节进行更加细致的刻画和叙述，文章更易给人留下深刻印象。同时情感抒发还有深化的可能，第6段中能加入一段情感的抒发或许会更好。

表达分析

全文从开篇点题，中间以时间顺序记叙我和爷爷的回忆，结尾抒情，深化主题，结构完整，段落之间过渡自然流畅。

本文语言质朴，句式整齐而又灵活多变，富有自由灵动的色彩。在回忆与爷爷交谈的情节时，描写细致生动，景物描写特别出彩，并善于运用表情描写表现人物，因此可以说本文是一篇结构完整、语言流畅、思路清晰的记叙散文，读来自然感人。

但本文材料安排详略不够合理，重点情节不够突出，建议可以加大笔墨叙述小时候爷爷在"沙沙"声中给我讲过去的事的情节,这样叙述有详有略,重点更加突出,情感表达更加充分。

【评分】

	分值						得分		
							自评	互评	师评
一、内容(55%)									
1. 文章的选材切合题意	10	8	6	4	2	0			10
2. 文章内容充实,材料丰富	10	8	6	4	2	0			8
3. 文章内容能围绕中心人物做完整的记叙	10	8	6	4	2	0			9
4. 文章叙述流畅、描写生动具体(有恰当的外貌、心理、细节等描写)	10	8	6	4	2	0			9
5. 作者能写出对事件或人物的感受,情感真实充沛	10	8	6	4	2	0			9
6. 文章立意深刻	5	4	3	2	1	0			4
二、表达(45%)									
1. 文章结构安排符合文体要求,详略得当	10	8	6	4	2	0			8
2. 全文结构完整,分段恰当,各段之间有清晰和流畅的过渡	10	8	6	4	2	0			8
3. 表达流畅,无语病	10	8	6	4	2	0			10
4. 字迹工整	5	4	3	2	1	0			5
5. 语言有文采,能恰当地运用写作手法	10	8	6	4	2	0			8
三、扣分部分									
1. 标题:缺失标题扣2分									
2. 字数:每少50个字扣1分									
3. 错别字:每一个错别字扣1分(重复的不计)									
4. 标点:标点错误多的,酌情扣分									
四、总分									88

评阅者:_____　　　　　　　　日期:_____

【评语】

"一线串珠"是中学生应试记叙文的绝佳模式。本文围绕"沙沙声",以时间为顺序,结合我成长的体验,串联描写了几个和爷爷一起生活的片段,表达了对爷爷真挚的爱和深切的怀念。文章叙述描写很有层次,语言流畅自然,饱含真情,毫不做作。

若能在材料安排上做到详略得当,最后的情感抒发更加深入,将增色不少。

（三）备注

高中对于写作的总体要求是要观点明确，内容充实，感情真实健康，思路清晰连贯，能围绕中心选取材料，合理安排结构；学习运用多种表达方式，能调动自己的语言积累，推敲、锤炼语言，表达力求准确、鲜明、生动。记叙散文在高中作文中占有重要地位，对于记叙散文，应该更讲求叙述生动具体，抒发自己的真情实感，突出个人的感受，语言上更要求辞藻优美。

二、抒情散文

（一）评改标准

题目：_____

作者：_____ 日期：_____

	分值						得分		
							自评	互评	师评
一、内容(55%)									
1. 文章的选材切合题意	10	8	6	4	2	0			
2. 文章内容充实，材料丰富	10	8	6	4	2	0			
3. 文章内容能围绕抒情基调写作	10	8	6	4	2	0			
4. 文章叙述流畅、描写生动具体	10	8	6	4	2	0			
5. 作者能写出对事件或人物的感受，情感真实充沛	10	8	6	4	2	0			
6. 文章立意深刻	5	4	3	2	1	0			
二、表达(45%)									
1. 文章结构安排符合文体要求，详略得当	10	8	6	4	2	0			
2. 全文结构完整，分段恰当，各段之间有清晰和流畅的过渡	10	8	6	4	2	0			
3. 表达流畅，无语病	10	8	6	4	2	0			
4. 字迹工整	5	4	3	2	1	0			
5. 语言有文采，能恰当地运用写作手法	10	8	6	4	2	0			
三、扣分部分									
1. 标题：缺失标题扣 2 分									
2. 字数：每少 50 个字扣 1 分									
3. 错别字：每一个错别字扣 1 分（重复的不计）									
4. 标点：标点错误多的，酌情扣分									
四、总分									

评阅者：_____ 日期：_____

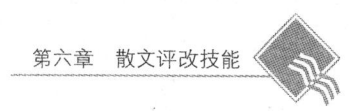

【评语】

_____

_____

(二)评改范例

作文题:

阅读下面的文字,根据要求作文。

大自然有不同的声音,请以"雨"为话题,写一篇不少于600字的作文。

◆ 学 生 习 作

听　雨

某生

(1)我自幼就爱听雨,每当下雨时,我总是要跑到阳台上,伸出胖乎乎的小手接住自天而降的雨滴,再一点一点地灌进小盒里。当盒里的水满了之后,我就把小盒放在雨中,看雨滴跌入盒里溅出的水花,听那盒子里面发出的悦耳的"叮咚"声。站在阳台上向远处望去,大地、村落隐蔽在浓浓的雨雾中,雨幕中只有院子里的那个大烟囱还清晰可见。雨越下越大,大大的雨滴落在地上,发出"噼噼啪啪"的响声,溅出了无数个圆圆的水泡儿,雨滴落在树叶上,像水珠一般滚落到地面上。这时,我总会拍着手,咧着嘴笑出声来。看累了,便爬上躺椅,伴着雨声甜甜地睡去。

(2)我长大了,少了小时候的幼稚,多了几分成熟,听雨时的感受也与过去有所不同。每当下雨时,我仍是静静地聆听,但更多的是出神地品味,理智地欣赏,似乎在听一份怆然与欢乐。那淅淅沥沥的雨声把我带入了一个美妙的世界。

(3)也许"盘古开天辟地"之说是正确的吧!不然的话,天上的雨儿怎会偏爱着大地呢?听,仔细地听,你会发现大自然中多了一种真挚的声音:"大地妈妈,我来了!"于是,雨儿一落下就在大地妈妈身上欢乐地蹦跳,大地妈妈摸摸它们的头,给它们讲着一个个地久天长的故事。雨儿们听着听着,投入大地妈妈的怀抱。奇迹出现了:地上的草青了,树上的叶绿了,花儿更鲜了,甚至连心情也是新的,竟有一种清爽、愉快的感觉。

(4)听,用心地听,你又会发现大自然中奏起了美妙的乐章。可不是吗?有些调皮的雨珠黏在电线上,有些则自由自在地滑动,大地妈妈在下面急切地呼唤它们这些"小调皮"。小雨点又落到了屋檐上,那"滴答滴答"的声音似乎是在甜甜地呼唤每个孩子的乳名,然后又顺着屋檐"滴滴答答"地回归到母亲的怀抱。

(5)"天街小雨润如酥"。大自然中的万物都在接受着春雨的洗礼,纯洁的雨水带来了丰收的兆头,纯洁的雨水带来了幸福的祈望,纯洁的雨水带来了欢乐的气氛。

(6)听雨,听大自然的脉搏,听大自然的心跳,听大自然的呼唤。听雨,是追求一份惬意,是追求一份心情,是追求一份诗意。

◆ 内容分析

  本习作属于借景抒情散文。这篇习作写的是春天的雨景,重点突出一个"听"字,较好地写出了"我"听雨时的所见所思所感,抒写了"我"小时候和长大后听雨的不同心情。

◆ 表达分析

  文章情感真挚,思路清晰,层次井然,能够充分运用借景抒情的表现手法,把自己内心要表达的情感蕴涵在对雨的描写之中。习作中运用了比喻、拟人等手法来表现出雨的特点,形象生动,将听雨形象化,更好地抒写对雨的思考,语言优美。借听雨来抒发感情,既有深度,又有广度,富有诗意和感染力。但是在结构上,有些段落过渡得不够自然,衔接不够紧密。

【评分】

	分值						得分		
							自评	互评	师评
一、内容(55%)									
1. 文章的选材切合题意	10	8	6	4	2	0			10
2. 文章内容充实,材料丰富	10	8	6	4	2	0			8
3. 文章内容能围绕抒情基调写作	10	8	6	4	2	0			8
4. 文章叙述流畅、描写生动具体	10	8	6	4	2	0			10
5. 作者能写出对事件或人物的感受,情感真实充沛	10	8	6	4	2	0			8
6. 文章立意深刻	5	4	3	2	1	0			4
二、表达(45%)									
1. 文章结构安排符合文体要求,详略得当	10	8	6	4	2	0			8

续表

	分值	得分		
		自评	互评	师评
2. 全文结构完整,分段恰当,各段之间有清晰和流畅的过渡	10 8 6 4 2 0			6
3. 表达流畅,无语病	10 8 6 4 2 0			8
4. 字迹工整	5 4 3 2 1 0			4
5. 语言有文采,能恰当地运用写作手法	10 8 6 4 2 0			8
三、扣分部分				
1. 标题:缺失标题扣2分				
2. 字数:每少50个字扣1分				
3. 错别字:每一个错别字扣1分(重复的不计)				
4. 标点:标点错误多的,酌情扣分				
四、总分				82

【评语】

文章借助"听"来表达对"雨"的感受。围绕"听雨"这个论点,选取了小时候听雨和长大后听雨不同的场景来抒发个人的思考,笔调灵活跳动,符合散文的特点。并且,作者在文章中运用了比喻、拟人等手法描写了雨的形态和声音,将雨写得非常传神,使文章更富有真情实感。但是,文章在过渡方面略显突兀,建议将最后关于具体描写雨的段落结合不同年龄段对雨声的思考来描写,这样文章的结构会更加清晰,过渡也更加自然。此外,本文的结尾略显仓促,主题渲染得不够多,更加倾向于描写了,"听"的思考还可以更好地表达出来。

总之,这是一篇符合文体要求、行文流畅、语言灵动的作文。希望作者能在此基础之上多做努力和修改,不断开阔视野,写出更优秀的作文!

(三)备注

初中对于写作的要求是写作要有真情实感,力求表达自己对自然、社会、人生的感受、体验和思考,多角度观察生活,发现生活的丰富多彩,能抓住事物的特征,有自己的感受和认识,表达力求有创意。总的来说,是要做到内容充实,感情真实健康,思路清晰连贯,能围绕中心选取材料,合理安排结构;学习运用多种表达方式,能调动自己的语言积累,推敲、锤炼语言,表达力求准确、鲜明、生动。抒情散文常用于初中作文的写作当中,对于抒情散文,应该更讲求在文章中结合所描写的对象,抒发自己的真情实感,突出个人的感受和见

解,语言上更要求辞藻优美。

高中生要注意在亲身体验的基础上去探究适合表达自己情感的语言形式和方法。

三、议论散文

(一) 评改标准

题目：_____

作者：_____ 日期：_____

	分值						得分		
							自评	互评	师评
一、内容(50%)									
1. 文章标题与内容相符,范围适中	5	4	3	2	1	0			
2. 文章的中心论点明确	10	8	6	4	2	0			
3. 文章内容充实,材料充分丰富	5	4	3	2	1	0			
4. 文章论据运用准确,紧扣主题	5	4	3	2	1	0			
5. 文章的论证得当,论证方法多样	5	4	3	2	1	0			
6. 文章能从议论中抒发作者的真情实感	10	8	6	4	2	0			
7. 文章立意角度新颖	5	4	3	2	1	0			
8. 文章思想性深刻	5	4	3	2	1	0			
二、表达(50%)									
1. 文章结构安排符合文体要求	10	8	6	4	2	0			
2. 全文结构完整,分段恰当,各段之间有清晰和流畅的过渡	10	8	6	4	2	0			
3. 文章论证过程详略得当	5	4	3	2	1	0			
4. 表达流畅,无语病	10	8	6	4	2	0			
5. 字迹工整	5	4	3	2	1	0			
6. 文章文笔优美,能适当使用不同的表现手法	10	8	6	4	2	0			
三、扣分部分									
1. 标题：缺失标题扣2分									
2. 字数：每少50个字扣1分									
3. 错别字：每一个错别字扣1分(重复的不计)									
4. 标点：标点错误多的,酌情扣分									
四、总分									

评阅者：_____ 日期：_____

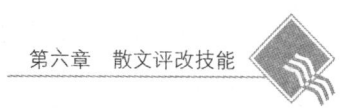

【评语】
_____
_____

(二) 评改范例

作文题：

青春，是人生中最美好的年华；小说，则是可以用来写下人生最美丽的时刻；可是，有人认为我们的青春毕竟不是部小说，请以"青春不是小说"为题，写一篇议论性散文。

学生习作

青春不是小说

高一 某生

(1) 有人说，青春不是小说。的确青春不是你想象的小说，不喜欢华丽的语言，只喜欢淡淡的问候。

(2) 一些人一些事，往往不值得你为之付出，哪怕是一丝丝的问候；反之，一些人一些事，往往值得你为之付出一切，包括你最宝贵的生命。

(3) 青春就像一根蜡烛，在你亮丽的同时更伴有眼泪流出；青春就像一瓶开了盖的水，你只要不往里加，永远都是只有减少，没有增加；青春就像燃烧着的太阳，即使再辉煌，也会有毁灭的时候。

(4) 渐渐的，看着你成了我的一种习惯，我怕，怕有一天你突然消失，然后我看着这熟悉又陌生的人群，有无尽的畏惧，你永远不会知道我会在某一个角落关注你，因为青春不是小说；不会有那帅帅的男孩和漂亮的公主，更不会有灰姑娘与王子，有的只是再平凡不过的你我，因为青春不是小说；天黑又会天亮，风依然会刮，雨依然会下，时间不会因为你而停滞不前，因为青春不是小说。

(5) 起床上学，放学回家，每天两点一线式的生活，记得丘吉尔说过一句话："我常想，如果今天不比昨天多做一点什么，那么明天又有什么意义。"可这样平淡的生活，我们又能多做出什么呢？也许吧，青春就是这样，在你还没来得及做什么的时候已悄悄地逃跑了。

(6) 青春就是一个矛盾的时期，明明不喜欢孤孤单单的，却又讨厌那喧闹的人群，我们有着这个年纪所不该有的忧伤。郭敬明，一个忧伤的80后，他有他的《天亮说晚安》,更有《爱与痛的边缘》,沉浸于他的《悲伤逆流成河》之中,他是一个用青春闯出来的一切,他就像荷花一样,出淤泥而不染,他所处的环境复杂。

(7)铃铃铃,一串讨厌的铃声把我从思维空间中拉了回来,看着这班级打闹的同学,看着老师那厌恶的眼光看了一眼后面的某某,说下课。

(8)不要说我太忧伤,我只是不喜欢和那些讨厌的人打交道,不要说我太清高,我只是看不惯这里的人和事,其实我只想做我自己。

(9)青春就是这样一个时代,它会让你充满好奇,却又让你无法探究,它会束缚着你,但知道青春不是小说。

内容分析

本文以"青春不是小说"为题,将青春与小说进行对比来说明青春是什么,角度新颖,不落俗套。本文开头就点题说青春不是小说,进而阐明青春"像什么",再接着写青春时平凡的暗恋,继而写青春时周而复始平淡的生活,再写青春时莫名的忧伤,最后写现实的自己正处在青春之中,有着对青春的困惑,只知道青春不是小说。论点表达清楚,选取的材料都是作者平常亲身所见与所经历的小事,不仅丰富,且感情与感受非常真切,写出了这个时代学生对于青春的独特理解。

但作为一篇议论性散文,本文所选取的论据还是略显不足且说服力不够强,在论证时大都寥寥几笔带过,让读者对于"青春不是小说"这个论题了解不够清晰,略显遗憾。在立意方面,尽管作者表达了在她这个年纪对青春特有的看法,但她对青春的内涵的挖掘还是略显稚嫩,如果能从青春的内涵再做一点延伸,或许会更好。

表达分析

全文九个段落之间,看似缺少内在的逻辑关系,但是,全文内容都围绕青春这个话题展开描绘,这就形成了本文"形散神聚"的散文特色。

本文语言流畅、富有文采。文章开头便点出"青春不是你想象的小说",抒情意味十足,把学生时代的青春特点展现出来,并加以感受。可以说,本文为一篇结构完整、语言流畅、观点较突出的议论性散文。

但本文第2段略显突兀,与上下文的衔接不是非常紧密,建议可以删去,或是另外改写。

【评分】

	分值						得分		
							自评	互评	师评
一、内容(50%)									
1. 文章标题与内容相符,范围适中	5	4	3	2	1	0			5
2. 文章的中心论点明确	10	8	6	4	2	0			10
3. 文章内容充实,材料充分丰富	5	4	3	2	1	0			3
4. 文章论据运用准确,紧扣主题	5	4	3	2	1	0			5
5. 文章的论证得当,论证方法多样	5	4	3	2	1	0			3
6. 文章能从议论中抒发作者的真情实感	10	8	6	4	2	0			9
7. 文章立意角度新颖	5	4	3	2	1	0			4
8. 文章思想性深刻	5	4	3	2	1	0			3
二、表达(50%)									
1. 文章结构安排符合文体要求	10	8	6	4	2	0			10
2. 全文结构完整,分段恰当,各段之间有清晰和流畅的过渡	10	8	6	4	2	0			7
3. 文章论证过程详略得当	5	4	3	2	1	0			4
4. 表达流畅,无语病	10	8	6	4	2	0			8
5. 字迹工整	5	4	3	2	1	0			4
6. 文章文笔优美,能适当使用不同的表现手法	10	8	6	4	2	0			8
三、扣分部分									
1. 标题:缺失标题扣2分									
2. 字数:每少50个字扣1分									
3. 错别字:每一个错别字扣1分(重复的不计)									
4. 标点:标点错误多的,酌情扣分									
四、总分									83

评阅者:_____ 日期:_____

【评语】

　　文章角度新颖,写出了当代学生对青春的独特理解。文章围绕"青春不是小说"这个论点,具体选取了四个生活中典型又常见的例子,从四个方面论述了青春不是小说,笔调灵活跳动,符合散文的特点。并且,作者在文章中着重写自己的青春、自己的感受,使文章更富有真情实感。但是,在论证的过程中,说服力略显不够,可以选取更多、更深刻的角度进行论述;文章第2段略显突兀,建议进行删减或改写。

总之，这是一篇符合文体要求、观点明确、行文流畅、语言灵动的作文。希望作者能在此基础之上多做努力和修改，不断开阔视野，写出更优秀的作文！

（三）备注

高中生要写好散文，教师要注意调动其个人来自生活的真情实感。在此基础上，再引导他们讲究语言的优美。

第七章 小说评改技能

第一节 小说文体概述

一、什么是小说

"小说"一词最早出现于《庄子·外物》:"饰小说以干县令,其于大达亦远矣。"庄子这里提到的"小说",指的是细微琐碎的言谈。经过中华文化的不断发展,现今小说的含义已经发生了质的改变。

现在普遍认为小说是以塑造人物形象为中心,通过描写故事情节和具体环境反映社会生活的一种叙事性文学体裁。在文学分类中与诗歌、散文、戏剧并列,为文学的一大类别。

二、小说的特点

一般认为,人物、情节、环境是构成小说的三个基本要素。小说取材允许虚构,第一、二、三人称都可使用。在表现手法上,小说以叙述和描写为主,也可以通过人物开展抒情和议论。小说写作技法灵活多变,作者既可以隐身幕后,也可以直接站出来议论或抒发情感。小说的故事情节来源于生活,但它常常是经过作者的加工整理、提炼安排的,它比现实生活中发生的真事更集中、更完整、更具有代表性。小说的环境描写、人物的塑造和中心思想有着极其重要的关系,其中环境描写包括社会环境描写和自然环境描写。小说创作不受时间和空间的限制,能自由地反映丰富复杂的社会生活。

塑造人物形象是小说反映社会生活的主要手段。小说中的人物,不一定是真人真事,而是作者根据现实生活创作出来的具有典型性、代表性的人物,我们称之为"典型人物"。小说塑造人物形象的方法主要包括语言描写、动作描写、心理描写、肖像描写、神态描写等。

三、小说的分类

如果我们把小说按篇幅字数进行分类,可以把小说分成长篇小说、中篇小说、短篇小说和微型小说四类。而中学生的写作受考场字数的限制,所能创作的就只有微型小说。微型小说又名小小说、超短篇小说、袖珍小说等,本是作为短篇小说的一个品种而存在,后逐渐发展成为一种独立的文学样式,其特点是篇幅短小(字数一般限制在千字以内)、结构严密(时间、人物、场所都应该尽可能地压缩集中)和取材精确(避免冗长叙述,以一个点展开一个面,以微观反映宏观)。以下分别介绍两类微型小说的基本特点。

(一)情节式微型小说

情节式微型小说,存在一条包含开端、发展、高潮、结局并体现因果联系的小说情节链。这条情节链来源于作者所经历和感受的生活,是作者将原本无序的生活情节进行艺术整理后所得到的,体现了作者的社会理想和审美趣味。

中学生在写作时要注意到情节式微型小说与一般小说的不同。长、中、短篇小说的情节链是由一条或几条故事线索串起几个情节单元,每个情节单元又串起几个艺术场面,而线索与线索之间,情节单元与情节单元之间,艺术场面与艺术场面之间,都能互相交错,呈现一种错综复杂的状态。微型小说则往往只有一个情节单元和一个艺术场面。若在写作中设计过多的故事线索或情节单元,反而违背了微型小说的原则。

按照作者的情节技法来给情节式微型小说进行分类,包括以下三种:(1)悬念式微型小说,它采用悬念法和误会法来设置微型小说的情节。(2)对比式微型小说,它采用对比法来提炼情节,是将两个不同的细节在一个场面中相加,形成对比场,如陈村的作品《陈村的报告会》中真假陈村的报告会,形成了"假陈村成功而真陈村反而不成功"的鲜明对比。(3)反转式微型小说,是作者为了给小说营造一种跌宕起伏和一波三折的艺术效果,给情节链的最后一个细节单元做了"反转式处理"所产生的微型小说。刘海涛先生说："微型小说自有绝招,它把文章做在情节链的最后一个细节单元上,它靠作品的'最后的打击力量'来带活全篇,形成它独有的艺术魅力。"所以,悬念式、对比式和反转式就是比较适合中学生写作微型小说的情节创造技法,是我们平时的小说作文训练的重点内容。

(二)非情节式微型小说

非情节式微型小说,往往没有完整的情节,即便在有情节的情况下也不是以铸造情节链为艺术重点,甚至于它有时是有心铸造一种与传统情节有所不同的变形情节。刘海涛先生说："本书把这一类不以情节表达为重心,或者没有情节,或者有变形情节的微型小说统统归于非情节式微型小说一类。"

中学生在进行小说写作时大部分选择的是情节式体裁,一方面是容易操作,另一方面是为了更容易地表达自己的文章中心给阅卷老师看。但是,部分写作水平高的学生(尤其是有大量课外阅读量的学生),在小说创作过程中不自觉地由情节式往非情节式过渡,使得非情节式微型小说在整个中学生小说作文中的比例逐渐加大。那么,我们是否能从某个角度出发,来给非情节式小说进行分类呢?

按照小说的立意的形成和表达的规律来给非情节式小说进行分类,包括象征式、哲理式、讽刺式、寓言式、怪诞式五类。从中学生的小说创作能力角度出发,可以把中学生写的非情节式小说分成两类。第一类是象征式微型小说,它是把形象外的意蕴往形象里灌注。情节式微型小说中象征只是局部的,要么是一个细节,要么是一个景物,但是象征式小说中的象征则是整体的,要么是整个故事框架,要么是整个人物形象。第二类是哲理式微型小说,它是把形象中的内涵与形象外的意蕴连通起来。这类小说往往带有情节式微型小说的外表,有人物、故事和完整的情节,但它不是以塑造人物性格和叙述事件为目的,它的构思重点,始终放在如何表达出一个生活哲理,让一个生活哲理最终打动读者、启迪读者上。

第二节 小说评改标准及范例

一、情节式微型小说

（一）评改标准

题目：_____

作者：_____ 日期：_____

	分值						得分		
							自评	互评	师评
一、内容(55%)									
1. 文章的选材切合题意	10	8	6	4	2	0			
2. 文章内容能清晰表达主题	10	8	6	4	2	0			
3. 文章开头能设置悬念，结尾出人意料又在情理之中	5	4	3	2	1	0			
4. 文章能塑造饱满的人物形象（有恰当的外貌、心理等表现对象特征的描写）	10	8	6	4	2	0			
5. 文章情节安排合理、完整，符合艺术真实	10	8	6	4	2	0			
6. 文章能真实而艺术地再现各种环境	5	4	3	2	1	0			
7. 文章立意深刻	5	4	3	2	1	0			
二、表达(45%)									
1. 文章结构安排符合文体要求	10	8	6	4	2	0			
2. 全文结构完整，分段恰当，各段之间有清晰和流畅的过渡	10	8	6	4	2	0			
3. 表达流畅，无语病	10	8	6	4	2	0			
4. 字迹工整	5	4	3	2	1	0			
5. 语言有文采，能恰当地运用写作手法	10	8	6	4	2	0			
三、扣分部分									
1. 标题：缺失标题扣2分									
2. 字数：每少50个字扣1分									
3. 错别字：每一个错别字扣1分（重复的不计）									
4. 标点：标点错误多的，酌情扣分									
四、总分									

评阅者：_____ 日期：_____

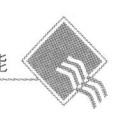

【评语】
_____
_____

（二）评改范例

作文题：

日子在一天天地过去,不舍昼夜,我们也在一天天地成长,没有退路,而我们对于成长的感觉——渴盼、等待和体验,却是真实而美好的。当你终于可以独自一人面对那漫漫长夜,再次见到黎明的曙光,该是何种心情呢？请以"成长的心情"为话题写一篇作文。要求：自定立意,自选角度,自选文体（除诗歌外）,自拟题目,不少于800字,不得抄袭。

学生习作

触摸新生

高三 某生

（1）她睁开眼睛,看着眼前白色的房间,空气里还弥漫着消毒水的味道,她才记起自己发生了什么,腹部术后的剧痛赶走了她最后一点睡意。

（2）她侧过头看着睡在她身旁的婴儿,那是医生和她一起拼命了四个小时的成果。小家伙睡得很熟,全然不知自己已经来到了一个新的世界。她的眼泪滑落,滴在枕巾上,晕开。

（3）她曾经不想要这个孩子,在刚发现自己怀孕时一度有过流产的想法,因为她没有丈夫。是的,未婚先孕在那个偏远闭塞传统的小山村里是不被原谅的。父亲想要赶她出门,她哭着跪求父母原谅,虽然最后并没有被撵出去,但父亲自那日以后就再也没理她。她曾经和母亲说过堕胎,母亲却打她,骂她不孝,事情也就这样搁置了。

（4）四个月后,她的肚子也显露出来,村里人议论纷纷,说李老头那个不肖女未婚先孕,坏了李家名声,枉李老头一生耿直,却出了这种女儿。虽然母亲劝她不要胡思乱想,但流言蜚语像是能穿墙似的,总会飘进她的耳朵里,一点点咬噬她的心,再加上怀孕的生理反应,这让她生不如死。终于,某天她趁父母外出办事,拿出了藏在柜子里的农药,写好遗书放在桌上,她真的撑不下去了。

（5）这时,她好像感觉有什么不一样,她低下头看着自己隆起的腹部,那里曾是她耻辱的标志,她用手抚摸腹部,心想:里面的小家伙知道我快要死了么?然后,她清清楚楚地感觉到腹部的震动,传到她的手掌,然后直直地撞进她心里。她难以置信地看着,抚摸着,好像能穿透自己的身体,看到里面的孩子,蜷缩的身体,紧握着拳头,像是想抓住自己,小家伙又动了一下。她抬起头,泪眼迷离地将遗书撕得粉碎,她刚刚触摸到的是一个全新的生命,她想留住它,她悄悄将农药放回原位,以后,再也没提起过不要这个孩子。

(6)现在,她想保护的人就在她眼前,睡得恬静惬意,她伸手想帮他掖一下褪褛,手伸到他面前,褪褛中的手突然伸出来将她的食指擒住,力度像羽毛一样轻柔,她又一次感受到了那份悸动。她反握住孩子的手,感受新生的柔软和脆弱,这样的悸动触碰到了她心里最柔软的地方,然后化开,她想看着他成长,想保护他,想在他身后看他走自己的路,他或许是她后半生的快乐。他是新生,也是她的重生。

(7)这时,母亲推门走进病房,看着床上的母子笑了,走过去放下手里的保温桶坐在床前跟她说:"孩子生下来了就好了,你也别和你爹怄气了,他很担心你的,就是拉不下面子,现在还在医院大门口晃就是不进来,以后我们一家就好好过,一切都会好的。"

(8)她听得哭了起来,转头抚摸还在熟睡中的婴儿,随即又笑了。是啊,他是新生,也是她的重生。

内容分析

这篇作文属于情节式小说。作文将主人公刚怀孕、怀孕四个月后以及分娩后三个时间段的故事情节穿插进叙述中,交代了她的遭遇和心理转变的过程,基本符合题意。以广义的"成长"含义来叙述小说,比较清晰地表达了小说主人公从不想要孩子到认为孩子的到来给了她"重生"的心情转变过程,作文主题表达较突出。开头以医院的环境描写引入,设置了悬念,引起读者的好奇心和阅读兴趣,作文结尾以"重生"点题。在塑造人物形象方面,运用了心理描写、动作描写、神态描写,将一个未婚先孕、饱受流言之苦,最终因为腹中小生命而改变了人生态度的女人形象比较完整和合理地展现了出来。文中环境描写有两处,一是开头的自然环境描写,二是对由于主人公未婚先孕引发的村里人的流言的社会环境描写,两处环境描写都为故事情节的完整起到了一定的作用。

但是这篇作文取材比较特殊,选取怀孕分娩作为题材对中学生来说不太恰当。作文立意较为普通,故事情节较平缓,结尾略显仓促。如果对主人公的母亲和父亲的形象描写能更完整细致一些,将他们与故事主人公之间的故事完善(尤其是父亲与她之间的故事),能够更好地表现出"成长的心情"这一主题。

表达分析

这篇作文的结构安排合理、分段清晰,从现实到回忆再到现实的叙述,以一个场景将小说故事的来龙去脉交代得比较清晰,没有产生歧义。作文也以此分为三个部分:第一部分(第1—2段),写主人公成功分娩小孩;第二部分(第3—5段),写她回忆从怀孕后到怀孕四个月之间的遭遇和心理转变过程;第三部分(第6—8段),写她在新生儿和母亲话语的影响下转变了人生态度。三个部分构成比较完整的故事情节。

心理描写是本文塑造人物形象的主要手法,作者适当运用了比喻的修辞将主人公人生态度的转变过程较为详尽地描绘出来。语言表达较流畅,有一定文采,语病较少。

【评分】

	分值						得分		
							自评	互评	师评
一、内容(55%)									
1. 文章的选材切合题意	10	8	6	4	2	0			6
2. 文章内容能清晰表达主题	10	8	6	4	2	0			6
3. 文章开头能设置悬念,结尾出人意料又在情理之中	5	4	3	2	1	0			2
4. 文章能塑造饱满的人物形象(有恰当的外貌、心理等表现对象特征的描写)	10	8	6	4	2	0			10
5. 文章情节安排合理、完整,符合艺术真实	10	8	6	4	2	0			8
6. 文章能真实而艺术地再现各种环境	5	4	3	2	1	0			4
7. 文章立意深刻	5	4	3	2	1	0			2
二、表达(45%)									
1. 文章结构安排符合文体要求	10	8	6	4	2	0			10
2. 全文结构完整,分段恰当,各段之间有清晰和流畅的过渡	10	8	6	4	2	0			8

续表

	分值						得分		
							自评	互评	师评
3. 表达流畅,无语病	10	8	6	4	2	0			8
4. 字迹工整	5	4	3	2	1	0			4
5. 语言有文采,能恰当地运用写作手法	10	8	6	4	2	0			8
三、扣分部分									
1. 标题:缺失标题扣2分									
2. 字数:每少50个字扣1分									
3. 错别字:每一个错别字扣1分(重复的不计)									
4. 标点:标点错误多的,酌情扣分									
四、总分									76

评阅者:_____ 日期:_____

【评语】

本文属于情节式微型小说。以广义的"成长"为主题,较娴熟地运用心理描写和动作描写等手法描绘出了一个未婚先孕的女子的生活遭遇和心理转变过程,基本符合题意。本文能考虑到人物、情节、环境这小说三要素,塑造了比较完整的主人公形象,情节安排较为集中,并且运用环境描写使小说故事更完善,符合小说的文体要求。作文结构安排清晰,语言表达较流畅,有一定文采,无错别字,字数符合要求。但文章题材特殊,立意不够深刻,故事叙述较为平缓,主人公与父母亲之间的人物冲突不明显,部分情节不符合艺术真实,结尾略显仓促。

希望作者保持优点,加强人物冲突,适当加强悬念,创造出更吸引人的小说。

(三)备注

高中生的小说写作训练偏向情节式微型小说,要求写作时关注事情的起因、发展、高潮和结局,能完整表达主题和成功塑造人物形象,对所经历、所感受的生活有自己鲜明新颖的思考和体会,甚少注意特定情节构成。情节式微型小说写作中不仅需要注意叙事结构,所选事例有一定的现实基础,强调情节安排合理,过渡流畅,有相应的辅助和暗示,以增强情节的可读性和吸引力,对情感变化的细致处理更是推动情节发展的重要因素。这些都需要我们在日常小说写作和阅读中多分析、多学习。

二、非情节式微型小说

（一）评改标准

题目：_____

作者：_____   日期：_____

	分值	得分		
		自评	互评	师评
一、内容(55%)				
1. 文章的选材切合题意	10 8 6 4 2 0			
2. 文章情节安排合理,符合逻辑	10 8 6 4 2 0			
3. 文章内容能清晰表达主题	10 8 6 4 2 0			
4. 文章能塑造饱满的人物形象(有恰当的外貌、心理等表现对象特征的描写)	10 8 6 4 2 0			
5. 作者能抽离文章之外,让故事自己说话	10 8 6 4 2 0			
6. 文章立意深刻	5 4 3 2 1 0			
二、表达(45%)				
1. 文章结构安排符合文体要求	10 8 6 4 2 0			
2. 全文结构完整,分段恰当,各段之间有清晰和流畅的过渡	10 8 6 4 2 0			
3. 表达流畅,无语病	10 8 6 4 2 0			
4. 字迹工整	5 4 3 2 1 0			
5. 语言有文采,能恰当地运用写作手法	10 8 6 4 2 0			
三、扣分部分				
1. 标题：缺失标题扣2分				
2. 字数：每少50个字扣1分				
3. 错别字：每一个错别字扣1分(重复的不计)				
4. 标点：标点错误多的,酌情扣分				
四、总分				

评阅者：_____   日期：_____

【评语】
_____
_____

（二）评改范例

作文题：

有些人总以为上苍欠他的,父母的呵护、师长的关爱、朋友的真情似乎是理所当然的。他们视恩情如草芥,背信弃义却毫无愧疚之意,感恩之心早已荡然无存。但是感恩是为人的基本准则,拥有感恩之心才能不断荡涤灵魂;感恩之心又有如玫瑰,需要细心栽培与呵护。请以"感恩"为话题,写一篇文章。要求：① 题目自拟,立意自定,但所写内容必须在话题之内。② 不少于800字。③ 不得套作,不得抄袭。

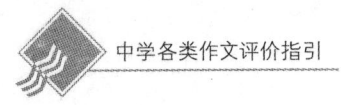 学生习作

打虎记

高一　某生

（1）他一步也不敢向前,喘着气,流着汗,哆嗦着腿。

（2）但他必须做出决定,要快!

（3）那个陌生人正被压在虎爪下,两眼圆瞪,大口呼吸着最后的几缕空气。

（4）他咬一咬牙,猛地抓起一块石头就往虎头上砸,竟没引起那野兽的多大反应。急了的他,忙操起地上的断木棍,几步并一步踏向前,就轰下去了。

（5）他成功了! 他引开了那老虎的注意,他救了那个陌生人。

（6）但他没跑几步就窒息了——老虎正在他对面喘着粗气,所透出的怒意连嘴上的虎须都被弄得像利剑般锋利,额头上淌下的血更增添了几分恐怖。而他呢? 感到自己的手脚还能动,他立即做出反应。脚下一蹬,一个泥土块就向虎眼飞去,啪! 老虎彻底怒了! 一声长啸代表它要将这个人碎尸万段。但乘（趁）着老虎拔（拨）掉脸上泥土的间隙,他已经一个鱼跃窜（蹿）入身旁的草丛中,手脚并用地爬到稍远处的一棵树后。

（7）屏住呼吸!

（8）虎正用它灵敏的鼻子仔细地嗅着。他知道老虎迟早会找到他,而一想到虎牙的摩擦和血爪的逼近,他就在寂静的恐惧中冻结了。

（9）但他不能坐以待毙!

（10）他或许会死,但不是在这里,不是在这个时候。

（11）他要反击了！你准备好了吗？恶虎？

（12）打定主意后，他先拿了一块石头丢向远方。唰、唰——不出所料，老虎迅速向那个方向奔去，而他呢？迅猛地绕到老虎的身后，抢起一块大石头就砸了下去，得手之后立即逃离，留下老虎在那狂啸着。

（13）冷静，冷静，等待第二次攻击机会。

（14）他又丢出一块石头，但惊奇的是老虎这次竟不动了，更令人恐惧的是它就正朝着他这个方向冷冷地逼视着。"这禽兽这么快就发现我了吗？"

（15）拼了！他又操起一块大石头，不顾一切地向前狂奔着。"刚才是暗箭，现在就是明枪，让我们痛痛快快地干一架吧。"

（16）但他停住了。

（17）看着满地的鲜血，他知道自己已经得胜了——第一次攻击已砸断了老虎的腿，让它丧失了速度，丧失了攻击力，只能不住地舔自己的伤口。

（18）拖着疲乏的身子回到原处，那个陌生人已经不见了。

（19）连声谢谢都没有留下呢。

内容分析

这篇作文是一篇关于打老虎的小说，但是作者既没有交代主人公遇到老虎的原因，也没有交代主人公的身份、外貌等人物信息，只勾画了一个打老虎的艺术场面，很明显是属于非情节式的微型小说。再看最后一句"连声谢谢都没有留下呢"，我们发现，作者是从"感恩"的反面立意，以陌生人得到别人所救却只顾自己逃命，连句谢谢都不说的现象，揭示现代人缺乏感恩之心的现象。因此总的来说，本文属于哲理式的非情节式微型小说。它从"感恩"的反面立意，写出现代人在"感恩"方面的不足，切合题意。文章虽然没有完整的情节，只有一个打老虎的场面，但已经能够展现出主人公的勇敢（敢于与老虎正面斗争）、善良（他所拯救的只是一个陌生人）和机智（有策略地对老虎进行攻击，先吸引其注意，使得陌生人有足够的时间逃跑），以及陌生人的懦弱、自私和缺乏感恩的特点，人物形象丰满。读者在阅读完小说后，既佩服主人公的舍己为人的精神，又鄙弃陌生人的自私冷漠，这是文章感染力强的体现。

但是本文也有许多不足。首先，文章由一个打虎场面来贯穿始终，但是作者不可能拥有真实的打老虎的经历，全凭想象来完成作文，说服力不足，让人很难相信老虎的反应真的那么迟钝,地上的石头真的那么多,主人公真像武松那么厉害。其次,文章字数只有770字,不符合题目800字以上的要求。虽然立意新颖,文体独特,但字数的不足决定了本篇作文无法进入第一等作文的结局。最后,作者选择反面立意来写出现代人缺乏感恩的自私冷漠,虽然切合题意,但是不免会让读者对这个社会失去信心。中学生作文中的立意应该更积极向上一些。注意文章中有个别错别字。

表达分析

本文虽然只描述了一个艺术场面,但是结构完整,段落清晰,可分为三个部分。第一部分(第1—3段),写主人公发现了一个陌生人处于虎爪压制下的危险形势,营造了紧张的气氛。第二部分(第4—17段),写主人公与老虎斗智斗勇的全过程。最后一部分(第18—19段),写主人公在打死老虎后回到原地,发现陌生人已经离开。本文的突出点在于作者的描写功力上。神态描写、动作描写、心理描写和细节描写,都恰如其分地展现出主人公面对老虎的深度恐惧、冷静应对老虎的机智和正面与老虎斗争的勇气等特点,让读者感受到了人物形象的饱满。

但是,小说写作中作者最好是能抽离出文章,让故事自己说话,让读者自己感受人物的风采。而本文作者却在作文中加入许多自己的语言,让读者感到在欣赏这场惊心动魄的人虎大战时总是受到别人的打扰,反而更难融入故事中了。

【评分】

	分值					得分		
						自评	互评	师评
一、内容(55%)								
1. 文章的选材切合题意	10	8	6	4	2	0		10
2. 文章情节安排合理,符合逻辑	10	8	6	4	2	0		6
3. 文章内容能清晰表达主题	10	8	6	4	2	0		10
4. 文章能塑造饱满的人物形象(有恰当的外貌、心理等表现对象特征的描写)	10	8	6	4	2	0		10

续表

	分值						得分		
							自评	互评	师评
5. 作者能抽离文章之外,让故事自己说话	10	8	6	4	2	0			4
6. 文章立意深刻	5	4	3	2	1	0			3
二、表达(45%)									
1. 文章结构安排符合文体要求	10	8	6	4	2	0			8
2. 全文结构完整,分段恰当,各段之间有清晰和流畅的过渡	10	8	6	4	2	0			8
3. 表达流畅,无语病	10	8	6	4	2	0			10
4. 字迹工整	5	4	3	2	1	0			5
5. 语言有文采,能恰当地运用写作手法	10	8	6	4	2	0			6
三、扣分部分									
1. 标题:缺失标题扣2分									
2. 字数:每少50个字扣1分									−1
3. 错别字:每一个错别字扣1分(重复的不计)									−2
4. 标点:标点错误多的,酌情扣分									
四、总分									77

评阅者:_____ 日期:_____

【评语】

文章文体独特,属于非情节式的哲理式微型小说,让人眼前一亮。立意新颖,从"感恩"的反面立意,写出现代人缺乏感恩的自私冷漠。描写功力深厚,从神态、动作、心理和细节方面着力刻画了主人公的勇敢、善良和机智,既让读者感受到了一个饱满的人物形象,也让读者在对比中增添对陌生人的鄙视感,响应主题。但是,文章只凭一个打虎场面来贯穿全文,想象成分过多,说服力不足。而作者在小说中过多地加入自己的语言,不能抽离文章之外,让读者感受到作文中不协调的一面。作者若能做到让故事自己说话,让读者自己感受和判断人物,这篇小说会更上一个层次。而且,作文字数只有770个字,也不符合高中生的写作要求。

总之,这是一篇设计新颖、描写细致的作文。希望作者再接再厉,写出更好的小说!

(三)备注

高中生的小说写作训练偏向情节式微型小说,对非情节式的微型小说并没有过多要求,只要能完整表达主题和成功塑造人物形象就可以了。但是部分写作水平高的学生可以尝试运用这种独特的文体来给自己的考场作文加分。面对非情节式小说作文,教师应降低评价标准,以鼓励为主,不追究情节的完整与否,而要看作文是否能清晰表达出一个切合题意的主题和是否能塑造一个饱满的人物形象。

第八章 戏剧评改技能

第一节 戏剧文体概述

一、什么是戏剧文体

诗歌、散文、小说均属于语言艺术,戏剧则是继文学、雕塑、绘画、建筑、音乐、舞蹈之后的"第七艺术",是一种由文学、音乐、美术、舞蹈等多种因素构成的综合艺术。多种艺术的融合,充分显示了戏剧的恢弘与深刻;戏剧丰厚的文化意蕴,为学生打开了一扇通向世界、通向心灵的窗口。

"戏剧"文体的创作实指戏剧脚本(简称为"剧本")的创作,剧本是戏剧的基础,它是以人物台词为手段、集中反映矛盾冲突的一种文体。剧本主要由剧中人物的对话(或唱词)和舞台提示组成。舞台提示一般指出人物说话的语气、说话时的动作,或人物上下场、指出场景或其他效果变换等。

二、戏剧文体的特点

作为一种文学体裁的"戏剧"实指剧本,它虽具有一般文学作品的特征,但一般来说,剧本的创作还是为了演出服务的,受到舞台条件的限制,使其又有自己的特点,具体如下。

第一,集中性。由于舞台的空间和演出的时间等限制,剧本的篇幅不宜过长,人物也不宜过多,它必须突出主要的线索和主要的事件。剧作者常常把几个月甚至几十年间发生的事件、把千变万化的生活高度浓缩集中到一个或几个场景中,尽可能在有限的空间和时间内展示出错综复杂的故事情节。

第二,强烈的戏剧冲突。没有矛盾冲突就不成戏剧。戏剧冲突的发展构成了剧本的情节结构,推动了剧情的顺利发展。剧本的剧情结构一般可分为开端、发展、高潮、结局四部分,有时在第一幕之前还有序幕,在最后还有尾声。人物的性格在戏剧冲突中得到充分的展示与表现。

第三,语言精练与个性化。剧本是通过人物的语言来展开矛盾、发展剧情的,它要求人物的独白和人物间的对话,不仅能显示人物的年龄、性别、职业、地位,而且要准确、生动地表达人物的思想感情,揭示人物的内心世界。同时,戏剧创作不同于小说创作,不需要面面俱到,一些次要的故事枝节可以用适时、简练、准确到位的舞台提示代替。

三、戏剧文体的分类

戏剧和剧本的分类名称有很多,一般来说,我们可以有以下分类。

① 按照应用范围分为:话剧剧本、电影剧本、电视剧剧本、小说剧本、相声、小品等。

② 按题材分为:喜剧、悲剧、家庭伦理剧、惊悚剧等。

③ 按场次(或结构形式)分为:独幕剧与多幕剧等。

结合我国现行中小学语文教学阅读与写作现状来看,大部分学生关于戏剧文体的学习主要是通过节选后经典戏剧《雷雨》《哈姆雷特》的课文学习,戏剧文体创作接触较少,且相应基础和能力也较其他文体要弱,因此考虑到师生们的教学实际,在众多分类标准中,本书选取了根据剧本结构形式分类的独幕剧和多幕剧进行简介。

根据一个或几个情节,按剧情发展的时间、地点变化而划分为大和小的段落,在戏剧(剧本)的结构上叫做幕①和场②。以"幕"的开合为标志,划分独幕剧与多幕剧。

---

① "幕"是指剧本中依据故事情节发展到一个完整段落,一幕一般包括一个或几个情节,类似于文章中的大段落或段意分层。

② "场"是指当只要剧情进展到一个完整阶段,就划为一场,类似文章中的小段落。

（一）独幕剧

全剧的故事在一幕内演完的叫独幕剧，一般不分场，也有少数独幕剧分场。由于独幕剧展示剧情受到较严格的时间、场景等限制，这就要求迅速展开和解决矛盾冲突，完成主题和刻画人物的任务。如未来派剧作家康纪罗写的独幕剧《只有一条狗》，全剧仅有30个字。

独幕剧具有以下特点。

① 容量小。在固定的场景内，固定的时间内，只用一幕把故事写完。

② 情节比较单纯，一般说来，它只有一个情节，人物不能过多。

③ 结构相对更集中。

④ 剧情迅速展开，由高潮到结束的过程较短，矛盾冲突解决得较快。

（二）多幕剧

多幕剧是与独幕剧相对而言的，它由几幕构成，幕下又分场。

与独幕剧相比，多幕剧具有以下特点。

① 容量大。它可以通过换幕换景，反映事件发生在不同时间、不同季节、不同地点。

② 情节线索比独幕剧复杂。多幕剧除了主要情节线索外，还有次要情节。

③ 故事情节可以充分展开。例如，如有"序幕"，在第一幕展开情节，那么第二幕就可以用来发展情节，到高潮，第三幕就可以用来解决矛盾等。

④ 由高潮到结束的过程较长。一般人物较多，情节较复杂，规模比较大，主要情节到高潮后，还有次要情节，矛盾解决后人物还要进行交代等。

第二节　戏剧文体评改标准及范例

根据戏剧文体的结构标准分类，戏剧文体的创作主要分为独幕剧和多幕剧，通过上述内容，我们可以看到独幕剧和多幕剧两者之间在作品容量、故事情节、矛盾冲突、人物塑造等方面显著不同，前者显得要更加简单，对于广大中小学生来说，创作独幕剧相对更容易操作并获得提高。为此，本节只介绍关于独幕剧剧本的评改标准及范例。

（一）评改标准

题目：_____
作者：_____ 日期：_____

	分值	得分		
		自评	互评	师评
一、内容(55％)				
1. 剧本容量小，剧本主题取材、人物、场景、时间单纯集中	10 8 6 4 2 0			
2. 悬念设置清楚	10 8 6 4 2 0			
3. 故事情节单纯，无关枝节较少	10 8 6 4 2 0			
4. 故事的矛盾冲突强烈且突出，矛盾处理较快	10 8 6 4 2 0			
5. 人物角色设置合理，关系清晰，次要人物较少	10 8 6 4 2 0			
6. 剧本能准确反映创作主题	5 4 3 2 1 0			
二、表达(45％)				
1. 结构符合文体要求，基本具备开端、发展、高潮、结局四个部分	10 8 6 4 2 0			
2. 有清晰、准确、到位的舞台提示	10 8 6 4 2 0			
3. 人物语言要符合人物性格，对话能推动剧情顺利发展	10 8 6 4 2 0			
4. 剧本语言精练，有舞台感，没有语病	10 8 6 4 2 0			
5. 字迹工整	5 4 3 2 1 0			
三、扣分部分				
1. 标题：缺失标题扣2分				
2. 字数：每少50个字扣1分				
3. 错别字：每一个错别字扣1分(重复的不计)				
4. 标点：标点错误多的，酌情扣分				
四、总分				

评阅者：_____ 日期：_____

【评语】

（二）评改范例

作文题：

人世间最宝贵的是什么？法国大作家雨果说得好，是善良。心怀善良的人，总在播撒阳光和雨露，医治人们心灵的创伤；同善良的人接触，智慧得到启迪，灵魂变得高尚，襟怀更加宽广。请以"善良"为话题写一篇文章。要求：① 题目自拟，立意自定，但所写内容必须在话题之内。② 不少于800字。③ 不得套作，不得抄袭。

学 生 习 作

善良归家（独幕剧）

某生

时间：寒冬的一个早晨。

地点：一片茫茫的荒原上。

人物：善良、金钱、地位、权力、时光老人。

背景：善良被人们扔到了一片寒风呼啸的茫茫荒原上，那儿荒无人烟，只有善良一人在无边无际的荒原中走着。

（画外音：善良正急切地想着回家，想着回到人们的心中。）

［突然远处有一辆奔驰轿车从善良身边急驰而过（金钱上），善良似乎看到了回家的希望。］

善良：停车！停车！（满怀希望地招着手。）

金钱：你是谁呀？为什么在这半路上挡我的车呢？（边说边探出头来。）

善良：我是善良啊！我也不知道被哪些人扔到这儿了，你能带我回家吗？

金钱：（大惊失色）什么？善良！不行，不行！我就是因为没有你才筑起了一座金山，如果有了你，我的金山不垮才怪呢！你去找别人吧。（说着一阵烟似的跑了。）

（善良叹了口气，只好又继续一个人在无边无际的荒原上艰难地走着。）

［远处有一辆宝马轿车向着善良飞奔而来（地位上），善良似乎再次看到了回家的希望。］

善良：停车！停车！（边喊边用力地挥着手。）

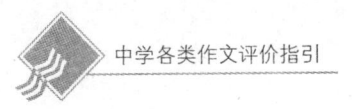

地位：你是谁？为什么在这儿挡我的车呢？（说着停车开了车门。）

善良：我是善良，不知被哪些人扔到了这荒原上，你能带我回家吗？

地位：（非常吃惊）什么？善良！不行！不行！我就是因为没有你才有了今天的地位，如果有了你，我的地位怎么保得住呢？你去找别人吧。（说着风一样地溜走了。）

（善良长叹着，只好一个人继续在茫茫荒原上艰难地走着，眼眶里不由涌出了委屈的泪水。）

（画外音：伤心的善良能不能回家呢？）

［远处有一辆红旗轿车从善良身边急驰而来（权力上）。］

善良：停车！停车！（善良抱着最后一线希望，再次挥动着沉重的双手。）

权力：你是谁啊？怎么这样狼狈呢？（慢慢地摇下了车窗。）

善良：我是善良，我被人们抛弃了，你能带我回家吗？（语气已经近乎乞求了。）

权力：（大怒）什么？善良！不行！不行！我就是因为没有你才有了这至高无上的权力，如果有了你，我怎么保得住它呢！你还是待在这儿吧。（话一完就不见了。）

（善良仰天长叹，一屁股坐在地上，两眼泪汪汪的，冻得直发抖。突然，一位老人出现在善良身边，并给善良披上了一件大衣。）

时光老人：孩子，穿上吧，请跟我一道回家吧。

善良：（惊奇）您是谁？

时光老人：我是时光老人，是特地来带你回家，把你带回人心中的。

善良：您为什么要帮我？先过去的三位都很怕我，难道您不怕我吗？

时光老人：因为只有我知道你才是最宝贵的。

（在他们一道回家的路上，时光老人指着路边四轮朝天的三辆车哈哈大笑。）

时光老人：你看，他们没有你，金山再高也会垮掉，地位再高也会掉下来，权力再大也不会持久。我正是因为拥有了你才能长留世间，世间只有你才是永恒的！

（剧终）

内容分析

独幕剧剧本《善良归家》容量较小,但深刻地反映了主题"善良"的宝贵与价值。作者通过拟人化的"善良",在其被遗弃与分别三次向"金钱""地位""权力"的求救中惨遭蔑视和抛弃后,"善良"由充满希望变得怀疑自己,最后"时光老人"的出场与解救,使得"善良"重新肯定了自身的永恒价值。

本剧主题突出、故事情节较简单,但又不乏故事悬念、人物之间的矛盾十分突出,并灵活地用较小的笔墨进行了处理,很好地体现了独幕剧高度的集中性。

表达分析

本剧结构清晰,符合戏剧文体的基本要求,全剧可以分为四个部分:开端("善良"被遗弃)、发展("善良"分别与"金钱""地位""权力"对话)、高潮("善良"伤心欲绝时遇到了"时光老人")、结局("善良"得到了"时光老人"的帮助与启发)。同时,剧本人物对话与动作之间有清晰、到位的舞台提示,适时地点出"善良"所处背景变化与过渡衔接,推动了情节的顺利发展。

语言方面,本剧语言较为精练,没有过多的叙述,能通过人物最本质、最突出的地方进行语言描写,体现出不同人物之间的个性与独特性,附带的部分动作性舞台提示也增强了剧本的舞台感。

由于独幕剧的篇幅较短与故事情节较单纯,因此本剧对于"善良"的描写还不够全面和丰富,可适当增加对其内心独白的描写。

【评分】

	分值						得分		
							自评	互评	师评
一、内容(55%)									
1. 剧本容量小,剧本主题取材、人物、场景、时间单纯集中	10	8	6	4	2	0			9
2. 悬念设置清楚	10	8	6	4	2	0			8
3. 故事情节单纯,无关枝节较少	10	8	6	4	2	0			8
4. 故事的矛盾冲突强烈且突出,矛盾处理较快	10	8	6	4	2	0			9

续表

	分值						得分		
							自评	互评	师评
5. 人物角色设置合理,关系清晰,次要人物较少	10	8	6	4	2	0			8
6. 剧本能准确反映创作主题	5	4	3	2	1	0			5
二、表达(45%)									
1. 结构符合文体要求,基本具备开端、发展、高潮、结局四个部分	10	8	6	4	2	0			9
2. 有清晰、准确、到位的舞台提示	10	8	6	4	2	0			8
3. 人物语言要符合人物性格,对话能推动剧情顺利发展	10	8	6	4	2	0			8
4. 剧本语言精练,有舞台感,没有语病	10	8	6	4	2	0			9
5. 字迹工整	5	4	3	2	1	0			5
三、扣分部分									
1. 标题:缺失标题扣2分									
2. 字数:每少50个字扣1分									
3. 错别字:每一个错别字扣1分(重复的不计)									
4. 标点:标点错误多的,酌情扣分									
四、总分									86

评阅者:_____ 日期:_____

【评语】

一、立意高远。本剧中的"金钱""地位""权力"虽然抽象,但作者通过拟人化手法和结合生活实际将其具体化了;通过"善良"的被遗弃与求救,最终"时光老人"启发"善良"过度贪恋金钱、地位、权力并没有好下场,善良才具有永恒的价值。既联系了生活实际,也深化了主题,比普通的空发口号式的议论抒情的文章,立意显得要更高远。

二、形式新颖。文章采取了剧本的形式,而且在结构上、表达上都符合文体的基本要求,有独幕剧取材、时间、地点、人物、背景的集中交代,有帮助过渡衔接的舞台说明,有具有个性的人物对话和强烈集中的矛盾冲突,真可谓是大胆尝试、别出心裁,表现了作者较深厚的文学功底。

三、构思表达精巧。作者以其丰富的想象力,编述了"善良"被抛弃又回到人间的故事,在一幕中巧妙地设计了四个场景,整体故事情节和人物语言虽简洁但又灵活变化。如刚开始面对"金钱"时,"善良"是"满怀希望地招着手";两次被拒绝后,面对"权力"时,"善良"是"挥动着沉重的双手"。特别是结束时,时光老人的话语和画外音的设计,可谓是画龙点睛,发人深省。

(三)备注

戏剧文体作为四大文学文体之一,由于其篇幅过长、创作难度较大,在具体的中小学阅读与写作中一直处于被忽视状态,这一教学大缺口警示着我们广大中小学教师要端正关于戏剧文体阅读与写作的态度,在日常教学中多鼓励学生进行戏剧创作,可以通过模仿教材选编中的《威尼斯商人》《陈毅市长》《雷雨》等戏剧作品,或可以把独幕剧作为入门学习,掌握戏剧的基本结构、创作特点、基本要求等,在这过程中通过尝试写丰富的、具有个性化的人物对话,适时、到位、准确的舞台说明,慢慢学会和学好写剧本。

下 编
作文评改练习

[说明] 请您认真阅读下列学生作文,参考本书前两部分的内容,特别是各类作文的评价标准,完成作文评阅任务:① 判断作文文体。② 分析作文的内容和形式。③ 写出作文评语。④ 给出分数。

练习一

作文题:

"气"可以指空气、气体,也指某些素养或特征,更多的是指人的精神状态或品格,如"气度""气量""气质""气概""底气""骨气""风气""牛气""正气""和气""土气""浩然之气""小家子气"等等。

请根据以上提示或自己的生活体验、感悟,围绕一种"气"的含义写一篇作文。要求:① 自拟题目,题目中必须含有"气"字。② 诗歌除外,文体不限。

◆ **学生习作**

岭南人的气质

某高中生

众所周知,中华大地辽阔,不同地区有着不同的风貌,孕育出不同的人。自然也就具有不同的气。就如,西北汉子有着豪壮之气,江南的才子,当然是书生之气。那么,这块自古"天高皇帝远"的岭南大地,孕育出的是一种怎样的气质呢?作为一个地道的岭南人,我可以说我们具备的,是一种充满包容、追求安定的气质。

现在不时会听有人说自己是纯种的百越人,并说得好像是真的一样。但这是不太可能的,因为岭南人所具的包容气质,几乎使所有百越血统都分散、溶解了。为何岭南人的包容令本土血统越来越杂呢?原来,由于自古战乱多,秦汉以来,迁入岭南的中原人越来越多。最为著名的迁徙莫过于北宋南雄珠玑巷居民迁至岭南。有幸的是,本人祖先亦在此列。那些迁至岭南的人,不断接纳后来迁往岭南的人,久而久之,包容气质便成形了。杂居当然也使血统更杂了,不过这是后话。

岭南人所具有的包容气质,至今仍在散发着。瞧,自上个世纪70年代末改革开放以来,岭南成了一片热土,经济的高速发展吸引了大量的外来务工人

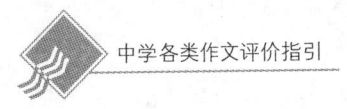

员。若不是岭南人天生充满包容气质,春运时能看到火车站、客运站人头攒动吗?

除了能够包容各种外来的事物,岭南人还有求安定的气质。这点能从岭南人所膜拜的神明之多看出来。因为岭南人有道"拜得神多自有神保佑",拜神,只不过想讨个安心,求个安定而已矣。这种气质还充分表现在了日常语言中,粤语中的"干活"称作"揾食",即找顿饭吃,这不是知足,求安定的表现吗?

在现实生活中,岭南人求安定的气质充分体现在了"非典"期间。疫情由广州开始波及全国不少地区,但偏偏是珠三角,乃至岭南地区,没有什么人慌。大家照常上课,到茶楼"一盅两件"。可是,在遥远的首都北京,一有疫情,据称都好像以为天要塌下来的样子,人心惶惶。这一对比充分显示出了岭南人的气质,安定中包含镇静、淡然。

一方水土养一方人,岭南人自古形成的气质与众不同,在经济高速发展的今天,很多东西都开始了"全球化"。岭南独特的气质也会卷进"全球化"当中吗?我看不会,因为这气质是岭南这特殊的土地孕育出的,世上其他任何地区都不能够维持或破坏这种气质。

1. 判断作文文体 _____

2. 作文分析
内容:_____
_____
形式:_____
_____

3. 作文评语 _____
_____
_____
_____

4. 得分 _____

练习二

作文题：

人生之路，并非是康庄大道，而是荆棘密布的坎坷小路。成功就犹如那一束灿烂的阳光，风雨则是每个成功人士都必须经历的一些挫折与困难……成功人士的背后，谁不是经历无数的挫折与困难，谁不是受过磨难的呢？正如歌曲《真心英雄》里所唱的那样："不经历风雨，怎么见彩虹，没有人能随随便便成功。"因此，失败了，请不要泄气，跌倒了，勇敢地爬起来，你要坚信：是金子，总会发光的！

请以"阳光总在风雨后"为话题，自拟题目，写一篇不少于800字的文章，文体不限。

学生习作

花开的季节

某高中生

一花一世界，一叶一乾坤。每一朵花终其一生都在追寻那次花开，明艳与华丽交织为无尽的向往，亘古不变，只为到达。那里，便是我所知的梦吗？

每种花都有开放的机会，那些还没有开放的只是未到季节。凡·高便是一朵花，他在天地间孤傲疯狂地站立，任由太阳用金黄的色泽照耀，在光明中不断剧痛，在世间留下向日葵一样的辉煌。他用了一生的时间来等待花开，却没有等来这次机会。他用了一生的时间来寻找梦，却永远地被梦留在时光之外。

直至多年以后，他的画，它的色彩，它的灵魂，他的如刀子般的笔触，终于在人们心中大放异彩，绽放出最美的花，创造了属于自己的季节。那是在黑暗混沌间的一束强光，照亮了世界，也照亮了他自己。它终究无法到达，任由那只左耳、那把手枪、那片花开为他祭奠，只剩惋惜，疼痛，遗憾。可是他也到达了，他的梦，能与他的名字一起，独立于世，叩问苍天，仍旧孤傲疯狂。

花，在未遇到自己的季节时，需要吸收氧分、阳光，储蓄更多能量，等待自己的季节来临。

隐忍如勾践，国破家亡，无以为敬，美人为贡，聊企清平。他坚信，自己的季节总会来临。他用十年的时间，只为一个誓言，忍十年的屈辱，只为一种信念。他生命中的花，绽放得艰辛，痛苦，漫长，然而他甘愿，甘愿为了越国子民，耗尽心力，忍辱负重。有志者，事竟成，卧薪尝胆，三千越甲可吞吴。勾践储蓄了足够多的能量，它的花开震惊天下，留下绝美的身影。十年不飞，一飞冲天。十年不鸣，一鸣惊人。

我们可以等待花开的机会，却无法轻易走完花开的路程，那是一个破茧成蝶的过程，需经历蜕变的苦痛。如同罗温·艾金森，他等到了绽放光芒的机会，在我们艳美、惊异的目光里，蕴涵了多少汗水与泪水，困顿与艰辛，在他成功的同时，所有的努力，也便都成了值得。

等待花开是一个不寻常的过程，花开的机会可以等待，花开的历程却不可等待。没有艰难的孕育，哪有生命的光彩。愿大家都能相信并且努力，经历苦难之后，会有最美的花开，绚烂至天涯。那是独属于自己的最美的花开的季节。

1. 判断作文文体＿＿＿＿＿＿＿＿＿＿＿＿＿＿＿

2. 作文分析

内容：＿＿＿＿＿＿＿＿＿＿＿＿＿＿＿＿＿＿＿＿＿

＿＿＿＿＿＿＿＿＿＿＿＿＿＿＿＿＿＿＿＿＿＿＿＿＿

形式：＿＿＿＿＿＿＿＿＿＿＿＿＿＿＿＿＿＿＿＿＿

＿＿＿＿＿＿＿＿＿＿＿＿＿＿＿＿＿＿＿＿＿＿＿＿＿

3. 作文评语＿＿＿＿＿＿＿＿＿＿＿＿＿＿＿＿＿＿

＿＿＿＿＿＿＿＿＿＿＿＿＿＿＿＿＿＿＿＿＿＿＿＿＿

＿＿＿＿＿＿＿＿＿＿＿＿＿＿＿＿＿＿＿＿＿＿＿＿＿

＿＿＿＿＿＿＿＿＿＿＿＿＿＿＿＿＿＿＿＿＿＿＿＿＿

4. 得分＿＿＿＿＿＿＿

练习三

作文题：

周国平："我发现世界越来越喧闹，而我的日子越来越安静了。我喜欢过安静的日子。"

莫言："我想社会生活本来就是喧嚣的，或者说喧嚣是社会生活的一面。喧嚣这种现象，也不完全是负面的。"

自选角度，确定立意，自拟标题，文体不限；不要脱离材料内容及含意的范围；不少于800字。

学生习作

悠悠琴声

某高中生

　　铮铮淙淙的流水，伴着婉转清丽的鸟鸣，莲叶轻摇的丝微声响，夹杂着夏日虫鸣，自然的声音萦绕耳旁，但在我心中只是旋律轻快的和音，真正触动我心弦的，是在这般情景，自然环绕之中，富有韵味的古筝琴声。

　　抬手，落下，拨弦，摇指，每一个动作优雅而流畅，每一个音符柔和而典雅，琴声悠悠地从筝面晕开，似是连带我的杂念一同抛开，手起手落之间，似有处于山林之间的宁静之感，周遭的一切早已在琴韵中忘却，所有的思绪沉浸在淡雅的琴声中，躁动而急进的心平伏下来了，剪不断，理还乱的愁思轻轻揭开，沉重的烦恼一下子在心头失重，融合在琴声之中，或带点忧伤，或带点沉静，琴声悠悠，在我心中营造出平静的湖面，让我所触动的，正是这恬淡的境界。

　　曾经在诗中的世界寻找那种淡泊明志、宁静致远的心境，曾经在国画的浓墨淡彩之中寻找那种自然的洒脱，而在众里寻她千百度中，引得我蓦然回首的，闭眼沉思的，却是那轻微的一声琴响，在我心中激荡起涟漪，却久久回荡。于是，我恋上琴声。那种丝丝扣心弦的琴声中，我浮躁而沉闷的心冷静下来。在恬淡而令人沉醉的琴声中，我自得另一番世界。《渔舟唱晚》的时而宁静，时而欢悦，时而舒缓，时而急促的乐音使我如痴如醉，思绪流连忘返之际，一曲《十面埋伏》，又把战事激烈，风吼马啸的壮阔场景在我面前徐徐铺开，转指之间，《高山流水》的旋律又缓缓开始，酣畅而恬静的乐音，悠然空灵得如同骤雨

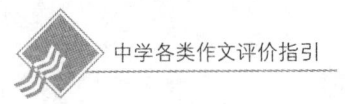

初歇,如在清新的可以游鱼的空气中,在自然山林的静谧氛围中,又重见那轻弹于山间的友谊,真实得让人感动。一幕又一幕,琴声为我营造的宁静中,我听出了淡泊名利的声音,听出了友谊的真谛,听出了恬淡的心境。

"独坐幽篁里,弹琴复长啸。深林人不知,明月来相照。"悠悠琴声中,构造的就是这种氛围。在如今步伐匆匆的年代里,钢钻施工的噪音扰乱本已躁动的思绪,在钢筋水泥森林中,翘首期望着那遥远的宁静,兴许抚琴一曲,在自然的山林中,聆听琴音,能带给你一份久违的恬静,回归到那份纯朴的心境。

1. 判断作文文体＿＿＿＿＿＿＿＿＿＿＿＿＿＿＿

2. 作文分析

内容:＿＿

形式:＿＿

3. 作文评语＿＿

4. 得分＿＿＿＿＿＿＿＿＿＿

练习四

作文题：

北师大教授于丹到中国驻日本大使馆演讲。使馆人员问于丹：中日两国之间有一段不幸的历史，可现在的合作机遇又很多，那么应该怎样处理这种关系？

于丹说可以用《论语》中的"以直报怨，以德报德"来处理中日关系。所谓"以直报怨，以德报德"，就是说人家伤害了你，你不必用美好的东西去回报他，但又不应冤冤相报，要用我们民族的正直、磊落、坦荡去面对它，这就叫"以直报怨"；而当别人以美好的态度来对待你时，你也要以美好的态度真诚地回报对方。

请以"以直报怨，以德报德"为话题写一篇作文。题目自拟，立意自定，文体自选，写一篇不少于800字的文章。

◆ 学生习作

以直报怨

某高中生

中国人民很善良，自古就有以德报怨的佳话。西方人也如此，这不，上帝说："如果敌人给了你左脸一巴掌，请把你的右脸送上去。"可是如果敌人不够过瘾，狠狠地再打了你一巴掌，那你应该送上哪一边脸呢？如果敌人始终没有被你的善心打动呢？

在我看来，对待怨恨最理智的莫过于春秋时期晋国的一位大夫祁黄羊，他和同为朝中要员的另一位大夫解狐有着杀父之仇。一天，国君向他询问尉官的人选，让他在他的好友和他的仇人中选一个。他马上就举荐了自己的朋友，国君心中想原来你也是一个有私心的人啊！便又问是让他的儿子还是他的敌人来担任宰相一职，万万没想到，这祁黄羊毫不犹豫地举荐了自己的仇人。国君大吃一惊问道："他可是你的仇人啊！"祁黄羊正色道："你问我的是谁合适做这个职位，而不是谁是我的敌人呀！"这个晋国的大夫以身作则地道出了对待仇怨的最佳方式——以直报怨。

中国人传统上所认可的以德报怨的确彰显了中国人的高尚情操。可其内在软弱性又助长了怨恨的气焰。而那位祁黄羊在掌握自己仇人的政治命运时,一没有落井下石,二没有刻意抬高,而是以公道正直的态度荐举他做了能施展自己才华的职务。这恰恰显示了他广阔的胸怀,比以德报怨更让人感动。

以德报怨是推崇以善来感化恶。但我认为以善感恶并不都能成功,道德上的约束是给予有道德的人,如果一味用德去感化恶,一方面软弱无力,另一方面又给了施怨之人以更大的推动力——反正你会以德报我,我又何必计较后果呢?所以,虽然历史上的孝子感动后妈的故事层出不穷,但中国丑恶的后妈不一样在历史上大量存在吗?

最近轰动一时的电影《南京,南京!》的导演一直标榜自己以人性的视角重拍了南京大屠杀的历史。我不以为然。在我看来这部电影更像是在表现导演以德报怨的高尚人文大师的情怀。屠杀就是屠杀,为什么也要给他涂脂抹粉的,是为了表现中国人民伟大的品格吗?是要我们原谅那些惨无人道的日本侵略者吗?不,我们不原谅,我们不能原谅!我们可以向在危难中的日本人民伸出双手,但我们决不能原谅、纵容侵略者。

以直报怨既不是以怨报怨的偏激,也不是以德报怨的软弱。以直报怨既给恶以回击,但同时也坚守自己的做人的原则和品格。以直报怨是一种勇敢,他正视了自己的灵魂也不给自己戴上有德行的虚伪的高帽。

如果敌人给了你一巴掌,你不必抬起自己的另一半脸,但也不必狠狠地以一拳回击,用你公正的心去面对,也许怨恨就能化解了。

1. 判断作文文体_____

2. 作文分析
内容：_____

_____

形式：_____

_____

3. 作文评语_____
_____
_____
_____
_____

4. 得分_____

练习五

作文题：

随着社会的进步与经济的发展，生活节奏日益加快，人们越来越忙碌，竞争亦愈演愈烈，压力也就越来越大。俗话说：有竞争就有压力，有压力就有动力。可是，动力产生的同时，也伴随着出现了"走后门""拉关系""玩猫腻"等代名词。

自选角度，确定立意，自拟标题，文体不限；不要脱离材料内容及含意的范围；不少于800字。

学生习作

比　拼

某高中生

近段时间，局里异常繁忙，德高望重的副局长退居二线，要在各处长中选一人提拔，其中，陈比福和李品碟的希望最大，两人表面上装得毫不在乎，内心却暗下决心要一飞冲天。

当天晚上，局长家里。"哎哟，这不是小陈吗？快进来。"当陈比福拿出两盒高档洋酒，局长脸色一变："你这是干吗？""局长，您对我这么照顾，小小礼品，不成敬意。"陈比福满脸堆笑道。局长正色道："小陈，你这么做就不对了，身为国家干部，清廉两字怎么能忘呢？"边说边把小陈往外推。"扑通，"陈比福跪了下来，"您就是我的再生父母啊，送父母礼物有什么的，您不收，我就长跪不起。""你这是干吗？快起来……我收下就是，这真是违背我的原则啊！"陈比福看到局长接过酒的一刻，心中不禁暗笑不止，他推开门走出去，副局长之位非我莫属，酒里面藏有整整二十万，哈哈！

当陈比福走到大楼下时，两个女人拎着大包小包往上走，这不是局长夫人吗？陈比福立刻挤出满脸笑容："局长夫人，您好您好。""唷，这不是小陈吗？你来了，来来，你们认识一下，这位是小李夫人，这段时间，天天陪我逛街，做美容，可好了。"局长夫人拉过身边的女人，不就是李品碟的老婆吗？这女人行贿有术，真是的。不过，我那二十万，看谁厉害，哼！

回到家后陈比福把这件事跟老婆一说，老婆马上大惊失色："你这个笨蛋，我们太明目张胆了,唉,局长最怕老婆了,这下好了,她已经被那边收买了。""没事了,再想办法,反正只有我俩竞争,单位那小赵啊,还真以为公平竞争,整天正正经经地做事,傻不傻啊?""你别管人家了,要不,我听女儿说,局长孩子喜欢我们家女儿,不如……""好主意!"

他们把事情跟女儿说了一下后,女儿头摇得跟拨浪鼓似的,"不,他简直是个土匪,流氓啊!"小陈夫妇拉着女儿的手,语重心长地说:"这关系到爸爸的前途啊,你忍耐一下吧!"经过夫妻俩一晚上的轮番轰炸,女儿含着眼泪地点了点头,在父亲监督下给局长儿子连发了几个信息。陈比福心里真是乐开了花,现在我可是局长的亲家,谁敢跟我抢?

两个月后,新副局长名单公布,陈比福、李品碟都马上冲到公布榜前,但是,"怎么会是赵有权,小赵呢?他什么都没做啊!"两人气得快疯掉了,步调一致地向局长办公室走去。办公室门虚掩着,里面似乎有人,"小赵啊,你以后好好干啊!"里面传来局长的声音。"是的,舅舅,我一定会成为你的得力助手!"两人对视一眼,无力地瘫软下去。

这是一个比拼的时代。

1. 判断作文文体＿＿＿＿＿＿＿＿＿＿＿＿＿＿＿＿

2. 作文分析

内容:＿＿＿＿＿＿＿＿＿＿＿＿＿＿＿＿＿＿＿＿＿
＿＿＿＿＿＿＿＿＿＿＿＿＿＿＿＿＿＿＿＿＿＿＿

形式:＿＿＿＿＿＿＿＿＿＿＿＿＿＿＿＿＿＿＿＿＿
＿＿＿＿＿＿＿＿＿＿＿＿＿＿＿＿＿＿＿＿＿＿＿

3. 作文评语＿＿＿＿＿＿＿＿＿＿＿＿＿＿＿＿＿＿
＿＿＿＿＿＿＿＿＿＿＿＿＿＿＿＿＿＿＿＿＿＿＿
＿＿＿＿＿＿＿＿＿＿＿＿＿＿＿＿＿＿＿＿＿＿＿
＿＿＿＿＿＿＿＿＿＿＿＿＿＿＿＿＿＿＿＿＿＿＿

4. 得分＿＿＿＿＿＿＿＿＿

练习六

作文题：

"美"都是"神"的手所造的，艺术家们"因寄所托，放浪形骸"，寄情山水、启悟自然，借"神"之手创作美文。我们走读大自然，在大自然的怀抱中吐纳生息，偃仰啸歌，感悟自然，抒写自然。

不论是名山大川的气魄、家乡风光的浓情、校园美景的惬意，还是动物植物的勃发生机，都给了我们"美"与"悟"，把我们所感所悟，写成一篇不少于800字的文章，文体不限。

学生习作

边城，我们的精神故里

某高中生

中国有两个美丽的小镇，一个是福建的长汀，一个是湖南的凤凰。

也许是命运的眷顾，让我有机会到过其一，小城凤凰。出发之前，就曾听过一个传说，相传在湘西莽莽苍苍的群山之中，跃然飞出一只火凤凰。在它涅槃之后，演化成一座风景如画的小城，隐于群山之中，张家界的身后，它就是湘西古城——凤凰。

一夜火车便到了怀化，几经辗转，走入群山环绕的迷宫，一路都是悬崖峻岭，顽强的树，姿态万千，但怎么看都是清一色的绿，不过是单调中多带了几分明暗光亮的变化。疲倦了，一阵睡意扑面而来。却不知，待我再次清醒时，已是另一个世界。

将我从梦境拉回现实的，是一阵清脆的水流声。自桥上望去，沱江一针穿心，掌控了小城的命脉。那水流并不急，反而悠闲得如午后慢慢搅拌的清茶。无风之时，水平如镜，唯有几艘农家小舟款款而行，轻轻地，像是怕打碎了会滑动的琉璃。水纹细小而柔美，涟漪渐生而渐散，河水晶莹透彻，纤细可见。水下藻荇丛生，随水摇曳，依依袅袅。恰逢黄昏之时，夕阳的余晖奔涌而出，一桶颜料不慎倒入这沱江水中，染红的江水，中间还混杂了几点橙，几点黄，给琉璃镀上了一层金边。似真似幻。泛舟而上，可见三三两两妇女在河边洗衣忙碌，让我惊叹这河水的神奇，多彩又澄澈。细看之下，两岸青山吐翠，城郭巍峨，悬楼吊脚,一并倒影在那清流之中。

　　夜里走过亮着几盏灯笼的石板小巷,有幸住进了听涛山庄。这是个在夺翠楼不远,离听涛山最近的旅馆。徐徐晚风,给炎炎夏日增添了几分凉意。摇着藤椅,仰头即是星空,耳边即是山语。我望向那被夜空渲染成蓝绿色的山林,忽而想起凤凰人的一句话,"一个士兵,要么战死沙场,要么回到故乡",大文豪沈从文先生因此也葬于这山林之中。不知先生生前是否也这样坐在山边,听夜里摇曳的森林故事,听沱江水的低语浅唱。比起夜莺灵动的声音,这大山更多了几分神秘,复古之感。没有历史的冲洗,也许这声音会单调几分。

　　在风声中入睡,在雨声中惊醒。冲刷一新的凤凰,雨珠恋恋不舍,在吊脚楼顶几度停留,想要再看一眼虹桥,再看一眼那我已忘却名字的塔。然而当它们什么都看遍时,似乎忘记了,它们身后,脚下,一字沿江而去的吊脚楼。隔岸而观,就像江岸上搭建的古栈道,粗细高矮各不同。像一个久经沙场的战士,把壮实的双腿直插江中,用他有力的臂膀,撑起凤凰人的避风港,小城的地基。而另一面看去,高高低低,错落有致,又添了点才女才有的灵活和柔情。细看之下,布满"皱纹"的木板,他们在低调中又透出几分似柏油一样的乌黑光泽,那一层流光溢彩的生命力已在岁月的长河中消磨殆尽,剩下的只是沧桑,黯淡,以及内在的魂魄。

　　顺着雨滴的脚步,我踏上了锃亮的青石板路。凹凸不平的石板上,不知已有几代人的路。就像一个长长的故事,"世世代代的凤凰人都生在一个个故事中,死在一个个传说里"。而凤凰,是他们永远的故乡,无论是那个泼墨边城的文豪,还是将八十年浓墨重彩都点缀在这座小城的画家黄永玉,哪怕他们流浪到天涯海角。那一刻,我感受这小城的水,小城的山,小城的风,甚至是小城的楼,还有我脚下的青石板,我懂得,这个故乡的无可比拟,就像那句未说完的话,"不管他们走了多远,看过多少地方的云,走过多少地方的桥,喝过多少地方的水,爱过多少地方的人,他们的根,依然在这座美丽的小城……即使离开了,他们的根仍在此。千年之后,他们的魂,依然飘在这座小城的老街上。"

　　云水往事不会留影,风花雪月自然有情。面对凤凰这个旅店,真正来过的人即使丢失了一切,也不会计较。因为再也离不开了,扔掉行囊,就找到了故乡。

　　美得让人心痛,凤凰人的故乡,是所有来过这里的人的精神故里……

1. 判断作文文体_____

2. 作文分析

内容：_____

_____

形式：_____

_____

3. 作文评语_____

_____

_____

_____

_____

4. 得分_____

练习七

作文题：

童年，往往有许多幼稚的想法和行为，现在想来觉得好笑，真是很"傻"；有的还会让自己感到惭愧；但也有的让人看起来是"傻"，其实并不"傻"，反而会觉得它可贵。但无论怎样，这些"傻"事都会随着时间的流逝而显得弥足珍贵。

请以"童年'傻'事"为话题，自拟题目，写一篇不少于800字的记叙文。

◆ 学生习作

爱的等候

某高中生

推开家门，撞进眼球的是妈妈泫然欲泣的表情，让我漫不经心的情绪瞬间紧了一下。不曾想到，一次晚归，竟能让母亲像个孩童失去了庇护般的担心。

曾几何时，我也是这样。

在聚满孩童的幼儿园教室中，充满着欢笑、尖叫。这时，有一个小女孩急切地穿过形形色色的人流，伸出手拉了拉老师的衣服下摆。怯怯的眼神对上成熟的双眸，极认真极小心地，一字一字地说："老师，帮我睁一只眼睛闭一只眼睛看看妈妈来接我了吗？"离开了妈妈的羽翼，不由得开始心慌，下意识地想到了奶奶教我的方法。"嗯？"老师皱了皱眉，轻轻地拍了拍她的头，柔声道："乖，快了，快了。"可女孩还是不依不饶地恳求："老师，你就看一眼吧，看一眼就能看到的。"老师笑着摇了摇头，失笑道："我又不是超人，看不到的。"旋即转头，想将女孩拉到孩子们中间。老师蓦地读出女孩撅着嘴角，强忍眼泪的担忧和害怕。又听到倔强的童音争辩："不，奶奶说的，她说这样就能看到妈妈的每一个动作，从妈妈上班开始，妈妈会站在讲台上讲课；会在中午吃香喷喷的饭菜；下班以后，就会准时回家。很准时的，奶奶说她能看到，那老师一定也可以！"

老师愣了，她看着眼前这张因为不服气而涨得通红的脸，俯下身将女孩抱到窗边，透过玻璃望向马路对面，然后闭上一只眼睛，开始了她的"千里眼"旅程。

"妈妈出了校门啰，嗯，她坐上了车，她很想见琼琼，所以啊，她跟司机说要开快一点哦，我的女儿在等我呢！"相信吗？女孩的妈妈真的来了，是的，在老

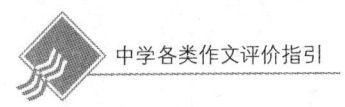

师的一路"监视"下,出现在女孩的面前,送上一个想念的拥抱……

那时,幼小的我以为这种方法真的能看到母亲的一举一动,用小女孩所能理解的方式去守护一份期望。

很傻,很温馨。

很傻,但不荒唐。

如今,我的母亲,就像当年的我一样小心翼翼,想要了解得更多,却发现女儿已越飞越高,逐渐飞离了视线。童年的我,尚且有师长慈爱的双手承托起这份挂念。可我的母亲呢?她没有"千里眼",没有超能力,只有一份沉甸甸的爱。我笑母亲傻,羽毛渐丰的我已经知道童年时的举动是一件"傻"事,可面对母亲涌动的泪,想起过往种种,我竟笑不出声。

很傻,却不好笑。

原来,人生从一开始就是一个环形,儿时傻傻地等候,成家后傻傻地守候,而"千里眼"的想法,不过是一份恒久不变的挂念。

于是,我说:"妈,对不起!让您担心了。"

1. 判断作文文体_____

2. 作文分析

内容:_____

_____

形式:_____

_____

3. 作文评语_____

_____

_____

_____

_____

4. 得分_____

练习八

作文题：

《现代汉语词典》中"相处"的意思是"彼此生活在一起；彼此接触来往，互相对待"。我们都知道，在生活中，每个人总得与别人相处，与父母、与同学、与朋友……然而，人们在相处的过程中，会有许多的感触和领悟。有人说，相处怎么这样难；也有人说，相处其实很容易。有人说，相处会带来幸福；也有人说，相处伴随着无奈。相处，需要心与心的相知，需要手与手的相携……

请你根据以上提示，结合自己的生活经历，写一篇关于人与人相处的文章。自拟题目，自定文体，不少于800字。

学生习作

相　　处

某高中生

有人说，从两个人相识、相处、相恋、相爱到相守，就像一个蜕变的过程。每个人都是一颗独立的星星，自我绽放，自我闪耀。渐渐地，学会在乎对方，爱护对方，你中有我，我中有你。最后，你我合一，便是宇宙。

——题记

伴随着"吱"的一声，我轻轻地推开房门。

清晨的病房里，柔和的阳光懒洋洋地散布在各个角落；窗外的晨雾尚未全然褪去，远处的天边泛着淡淡的白；房里，百合的香味里伴着少许药水的气息，溢满在每一缕的空气中。一片宁静。

床前，父亲握着母亲的手，头靠在床沿上，不时有轻微的打鼾声划破这宁静的空气。母亲穿着白色的睡衣，黑色的长发映着她苍白的脸庞。

也许是我的脚步声吵醒了父亲。他抬起头来，冲我一笑，说："你来啦，照顾一下你妈，我去买早餐。"他轻轻地走了出去，背影无声地消失在那一声关门的响声中。我走到床前，刚刚动过手术的母亲，脸上失去了往日的红晕，眼角的鱼尾纹不知在何时又深了许多，往日乌黑秀丽的长发中，却也掺杂了不少刺眼的白发。

只见母亲微微睁开眼，嘴角挤出无力的一笑，说："闺女，来，替妈妈倒杯水。刚才你爸睡熟了，我没敢动，怕吵醒他呢。"我这才回想起来，方才父亲看我的眼里，分明是夹杂着许多的血丝的！又是一夜无眠。渐渐地，心里泛起了阵阵涟漪……

记得自己曾问过母亲这样的问题："妈，你和爸是怎么认识的啊？你们有没有一起做过什么浪漫的事啊？"那时的我，年少轻狂，怀揣着童话里公主王子般美丽的爱情憧憬，幻想着经历那荡气回肠的生死之恋。但母亲却笑了，说："我们啊，没有什么特别的，就是相处相识，然后结婚，就像咱们家的百合花。"那时的我，并不满足于这样一个回答，心里也曾暗暗失落。

可是，这样不就是属于百合花的爱情吗？

小时候，会偷偷躲在房门后看着父母争吵；生日的时候，会快乐地牵着父母的手去游玩；做饭时，会看到母亲细心地替父亲擦去汗水；工作时，会发现父亲偷偷地将一杯温水放在母亲的手边……一点一滴的过去，从记忆深处涌起，父亲的身影，细小的举动，相处的瞬间都汇聚成了一股爱的洋流，漫湿了我的心灵。

终于理解母亲口中的那种百合花一样的相处。

十几年来，有过苦，有过泪，有过欢笑，有过悲伤。但感情却在这段相处的日子里沉淀下来，淡淡的，意韵悠长。有人说，我们的每个人都是一个个体，我们都以为自己是完美的、无缺陷的了。但当我们与别人相处时，我们会发现，自己并不是世界。而我们，也会变得包容，学会体谅，这时，你我合一，便是一个宇宙。

这，就是属于百合花似的相处吧？

像父亲和母亲一样。

淡淡的，意韵悠长，平凡温暖。

1. 判断作文文体＿＿＿＿＿＿＿＿＿＿＿＿＿＿＿＿＿＿

2. 作文分析

内容：＿＿＿＿＿＿＿＿＿＿＿＿＿＿＿＿＿＿＿＿＿＿＿＿＿＿＿＿＿＿

＿＿＿＿＿＿＿＿＿＿＿＿＿＿＿＿＿＿＿＿＿＿＿＿＿＿＿＿＿＿＿＿＿＿

形式：＿＿＿＿＿＿＿＿＿＿＿＿＿＿＿＿＿＿＿＿＿＿＿＿＿＿＿＿＿＿

＿＿＿＿＿＿＿＿＿＿＿＿＿＿＿＿＿＿＿＿＿＿＿＿＿＿＿＿＿＿＿＿＿＿

3. 作文评语_____

_____

_____

_____

4. 得分_____

练习九

作文题：

我们有时会听到"某某人太出格了""这样做很出格"的指责。在这里"格"是指某种模式、规范、制度，或常理、常态等。"出格"的意思是越出了常规。但"出格"也并非都是不对的。请写一篇文章，谈谈你生活中与"出格"有关的经历或你对"出格"的看法，自拟标题，自定文体，不少于800字。

◆ 学生习作

戴着镣铐起舞

某高中生

这个世界是被规则和约束层层套住的，就像是孩童时代玩过的跳格子，沿着既定的线路一路跳过去，不可踩线不可出格，被规则束缚着跳动。

我一直在暗暗地想，"出格"一词或许就是从跳格子中来的吧。出格，是对规则的侵犯，权威的轻蔑，不沿着设计好的线路跳动，自己出了格子去找一方天地。这样的人有着冲破常规，打破安逸的勇气，我羡慕得很。现在常说要打破陈规，大家都渴望以"出格"成就自己一段不凡的人生。

但是且慢，并不是每个人都能出格的。比尔·盖茨从名校辍学，丁俊晖从小放弃学业打桌球，哥白尼坚信"日心说"而踏上航海征程……出格的故事听得多了，每一个似乎都是越出格，越成功。用爱好为引，以人生为赌注，故事里的主人公跳过千军万马的高考就业买房的难处直达荣耀的顶峰。

出格的故事就到这里，我再说一次，不是每个人都可以出格都有盖茨创微软的神奇。大多数的我们，都是平凡的普通的。有天分自可出格，而天才身后的大众仍遵守着世界的规则。人人都出格世界会疯掉。因此我心甘情愿地一步一步跳在格子之内，不是甘于平庸，而是知道出格对于我是一种毁灭。出格的成功不是没有，只是那成功不可复制。

我下定决心，在格子里也要活得精彩。

很久以前就听过一句话，叫"戴着镣铐起舞"，估计现在也是老生常谈说得白烂流俗。可我依旧很喜欢这句话，我最钦佩的，不是出格人士的荣耀成功，而是千百年来在规则之内的那些精彩的人那些精彩的事。记得张居正，记得他的改革是如何中兴了明朝抚慰了民心。这看似重新制定规则的改革，其实是张居正在官场潜规则下的巧妙起舞，他不是要肃清贪官，这做不到，他只是巧妙地让贪官们少贪一点，收敛许多，立马造就一场太平盛世民富国强。

他起舞时小心翼翼地维系了各方微妙的平衡，他若出格方是战乱起义生灵涂炭，政治之事不可鲁莽，这一场舞，精彩。

记得唐诗宋词，那样严格的平仄押韵，每一个字的声调都被规定，字字相对。就是在这样紧密的限制下，"为得诗句捻断三根须"的诗人们千百年来妙手佳句宛若天成，清丽文雅豪放洒脱是一场场多么完美的舞蹈！现代诗韵脚宽松字数不限，却就不见如李杜诗般让人一见倾心再见忘情万口皆传的诗句了。

出格是好的，它带给我们以新鲜活泼的血液，耳目一新的探索与创意。但我们更多时候需要对自己制定的规则给予尊重，规则固然是束缚，可也是保护。我能做的，只有在规则的镣铐里纵情起舞，从眼神到指尖都尽我所能舞一场生之绚烂。我钦佩出格的勇气，但出格与否取决于对自身的清醒而不是莽撞的勇气。人生只有一次，要精彩方才无憾啊。

我收笔，看见我满页的字妥帖地伏在格子里，尽情诉我肺腑之言，带着文字与思想的美。至此最后一行，我知道我刚刚戴着镣铐在你面前尽力地，舞了一场。

1. 判断作文文体_____

2. 作文分析
内容：_____
_____
形式：_____
_____

3. 作文评语_____

4. 得分_____

练习十

作文题：

阅读下面《老人与海》的情节片段，以及对作品的简单评述，按要求作文。

"真是一条大鱼啊，它比这小船还长两英尺呢！"老人说。

它真是一条大鱼，我一定要制服它，他想。

"瞄准它，投过去！"老人一脚踩住钓丝，用双手抓起渔叉，高高举起，使出全身的力气，把渔叉朝它的侧面狠狠地扎了下去。

老人把巨大的马林鱼制服了。但这时鲨鱼过来了。

老人看见鲨鱼朝小船游来了，看了它的速度就知道这是一条什么都不怕的、横行霸道的鲨鱼。

老人刚刚击毙了四条大鲨鱼，可是一会儿又引来一群鲨鱼。

大鱼被可恶的鲨鱼吃光了，他知道自己被彻底打败了，败得很惨，连补救的办法都没有。

八十四天的搏斗，老人终于带着他的大马林鱼回到了港口，然而，那鱼只剩下一副骨架。

【评述】圣地亚哥（一译桑提亚哥）老人的故事发人深省：大海、鲨鱼或许是神秘的命运、不可预知的世界的象征，注定了人生必然挫败、无可奈何的结局；老人在精神不佳、受人蔑视、与鲨鱼搏斗、回到港口时梦见象征力量和勇气的狮子，或许是人类在绝望无助时的精神需要；老人说过"人不是为失败而生的。一个人可以被毁灭，但不能被打败"，人在失败中能表现出勇气和风度，激发巨大的精神力量。

请你根据自己阅读《老人与海》的感受，选择"评述"中的一个方面或多个方面谈谈你的看法。要求结合作品内容，并能够联系现实。题目自拟，不少于800字。

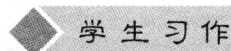

学生习作

命运的道路

某高中生

尼采说过，他走在命运为他规定的路上。虽然他并不愿意走在这路上，但

他除了满腔悲愤地走在这条路上,别无选择。

尼采的这句话直接点出了他所认为的命运——不可违抗的、神秘的命运。读《老人与海》,也有"仿佛一切都是命运的安排"这样奇妙却无可奈何的感觉。老人和鲨鱼是夙敌,你死我亡如同自然界弱肉强食一般不可逆转。老人终于摆脱了鲨鱼的纠缠,带着一身疲惫和一副鱼骨回了家,正合了那人生的毫无悬念的结局。他赢了吗?不,当然不,他所有的希望已被他的对手撕咬得一干二净。

又想起曾经,辉煌的古波斯帝国在出征希腊前得到祭司的预言——这场战争会毁灭一个伟大的国家——因而士气大涨。结果呢,波斯帝国的士兵丢盔弃甲逃离希腊,反被希腊人攻破了城墙。依旧是命运,冷冷地俯望着大地苍生,将人类玩弄于股掌之中,犹如人类面对着蝼蚁一样。

然而总有人不畏惧命运的魔爪吧。一个典型通俗的例子,那位曾希求三天光明的女子,在命运的安排下有了一个悲剧的开篇,却在人生数年的努力拼搏下逃离了命运的正轨。不可谓不勇敢,命运也并非牢不可破。

再重新看看《老人与海》吧,我想海明威想要表达的绝不是对命运的屈从。老人在命运的航道上捕获了一条命定的大马林鱼,接着遇到了命定的对手。命运的安排将老人折磨得筋疲力尽。但,且慢——他本可扔下鱼独自逃走,可是他没有,哪怕到最后的最后,他也没有放弃他那渺小而又微弱的希望,即使那只是一副骨架。他保持着搏斗的姿势,正如面对命运的态度,无畏,苍白却鲜明。命运让他一无所有,可他依旧挺立,以一种骄傲的姿态,就好像永远都不可战胜的神话那般,坚持着。

不必再说坚持不懈或是超越自我之类的话了,其实我们一直都在与命运抗争,不是吗?运动员试图超越体能极限,所以在百米跑进十秒的时候表现出无比的欢欣鼓舞;科学家试图破解自然的奥秘,于是基因组的破译成为现实;而身为普通人的我们呢,难道不是在努力让自己冲破命运的结局,那注定失败的、死无所得的结局吗?

佛家有一词,名曰"破执",破除执念。可我认为,人生必是因为有了执念,才有了与命运对立的勇气。那所谓的"随其波而逐其流",也只是因为不愿违背命运而做出的顺其自然的决定吧。我想,这也是我不喜欢佛学的原因,三千世界,人生八苦,就好像一直一直追寻着命运的踪迹,无心无欲地走下去。

而我不愿做那样的人。如果让我决定,就让高塔上的公主提前苏醒吧,让

她亲自披坚执锐,斩断道路上的荆棘和命运的连线,而非柔弱无助地等待命定的骑士。

那么,正如我们所希冀的,就让我们充满信念与热忱地,在我们亲手开辟的道路上,渐行渐远。

1. 判断作文文体＿＿＿＿＿＿＿＿＿＿＿＿＿＿＿＿

2. 作文分析

内容:＿＿＿＿＿＿＿＿＿＿＿＿＿＿＿＿＿＿＿＿＿＿
＿＿＿＿＿＿＿＿＿＿＿＿＿＿＿＿＿＿＿＿＿＿＿＿

形式:＿＿＿＿＿＿＿＿＿＿＿＿＿＿＿＿＿＿＿＿＿＿
＿＿＿＿＿＿＿＿＿＿＿＿＿＿＿＿＿＿＿＿＿＿＿＿

3. 作文评语＿＿＿＿＿＿＿＿＿＿＿＿＿＿＿＿＿＿＿
＿＿＿＿＿＿＿＿＿＿＿＿＿＿＿＿＿＿＿＿＿＿＿＿
＿＿＿＿＿＿＿＿＿＿＿＿＿＿＿＿＿＿＿＿＿＿＿＿
＿＿＿＿＿＿＿＿＿＿＿＿＿＿＿＿＿＿＿＿＿＿＿＿
＿＿＿＿＿＿＿＿＿＿＿＿＿＿＿＿＿＿＿＿＿＿＿＿

4. 得分＿＿＿＿＿＿

练习十一

作文题：

握手,是一种礼节,也是情感表达的需要,比如亲人、同学、朋友、长幼、上下级、路人等等人群,相互间的问候、关切、鼓励、感动、帮助、同情、谦让等等,都会以握手来表示;当然,有时候握手仅仅是一种礼节,有时候并不是出于真心……

请你以"握手"为题,写一篇作文,叙述你与他人握手的经历或你见过的握手的情形,也可以谈谈你对握手的看法。

注意:立意自定;文体不限,可以写记叙文,也可以写议论性散文等;卷面整洁酌情加分;错别字一个扣一分;不可少于750字。

学生习作

握 手

某高中生

握手是一门学问。

对于我们这个年龄段的人来说,握手一般不会出现在大家的初次会面中,它在更多情况下成为同学及朋友间达成共识时表达祝贺的一种方式。其实,见面礼仪也好,后天习惯也罢,握手正成为一种处世态度。"从握手中看人品"是有一定道理的。

小学时曾有一个闺蜜,与人握手时总使出很大的力气,不长的手指紧紧扣住对方的手掌,用力上下甩动,当然这是否受欢迎就要见仁见智了。有趣的是,她本人同这种热情的握手方式一样,性格特别开朗,什么秘密都藏不住,很是率直。

初中时又有一位好友,手指虽短却细,温润的手掌只要一握住对方的手,便要摇晃好一阵子才肯放开。这个女生为人同样大方热情,很重情义。如今我们虽然已不在同一所学校学习却仍常有联系,感情很好。握手的时间长,也许正代表着她对朋友的珍惜吧,我想这从她握手的方式中是可以看出来的。

还有一位朋友,她的双手非常漂亮,白皙的皮肤、修长的手指,这让通过钢琴9级、自认双手还是比较灵活的我甘拜下风。可美中不足的是,这位朋友的手属于一年四季都"只有风度,没有温度"的类型。"内寒体质吧。"她很平静地说。与她握手时,经常是冰凉的感觉爬上心头。而且只是那么轻轻的一握,似乎还没碰着就已经放开。她也正是这样一位女生,喜欢与同学们保持着不远不近的距离,更多的时候她会在课间轻轻地走到我身边,聊些淡淡的话题。这样的友情虽不热烈,却也坚固。

关于握手印象最深的当数一位男生了。胖胖的身子,胖胖的手,厚厚的手心肉给人带来的永远是温暖的感觉。他握手的力度不大不小,也不会用力地甩动胳膊。这种握手方式很正式,正显出他略带腼腆但宽厚的性格。这样的一位同学,难怪会拥有很多的朋友呢。

四种握手方式,四种性格,四个不同的人。握手有时确实可以反映出一个人的"属性"。在握手中,我们表达问候、关切与鼓励,也在无意间与对方交流着信息。

你,用什么方式握手呢?

1. 判断作文文体_____

2. 作文分析

内容:_____

_____

形式:_____

_____

3. 作文评语_____

_____

_____

_____

_____

4. 得分_____

练习十二

作文题：
请以"墙"为话题写一篇不少于800字的作文。

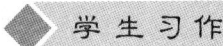

打开一扇窗，打通一道门
某高中生

当你独自坐在一个房间里，四面都是雪白的墙壁，没有一道门，也没有窗。这时，你只是活在自己的心里。在只有一个人的世界里，人，最终将窒息而死。

生活中的人们，马路上穿梭着的，地铁中拥挤着的，商海里拼搏着的，学校里劳碌着的……其实，大家都生活在一个很大的房间里。不管这个房间是大过一座城市，还是小过一个家庭，每个人都有属于自己的小房间，四面都有墙。当我们心中只有自己而看不到别人，或者紧关着心中的门锁时，那就只有四面苍白的墙壁。所有的愉悦与痛苦映在墙上，自己观看。

生活在这个被无数面墙纵横隔开的空间里，我们需要彼此打通一道门，打开一扇窗，进入彼此的房间，进入彼此的内心。这时，我们才能感受到风吹进时的温柔，感受到彼此微笑时的安慰。

复杂的社会中，人与人之间经常会有一墙之隔。

师生间有墙。老师与学生之间这面墙其实并不厚，但很多情况下，老师似乎不能理解学生，学生也似乎不理解老师。有一个简单的例子，学生总是觉得作业太多，老师总是觉得作业不够。老师们在他们的房间里感叹用心良苦却得不到理解，学生们在自己的房间里抱怨老师们太不了解他们，给他们带来太多的辛苦。其实，只要在这面墙上打开一道门，互相进入彼此的空间，便会发现对方的难处，交流彼此的感受之后，这面墙也变得薄了、透明了。

家长与孩子之间有墙。这面墙似乎很难推翻，但也是只需我们打通一扇窗，了解彼此的内心世界，便不会面面无语，互相抱怨。

陌生人之间有墙。人们行走在社会中，会遇到各种各样的人。陌生，给我们垒起了一堵厚厚的墙。但一个微笑，一句关心的问候的话，一双援助的手，一份小小的忍让，便会使这面墙融化。最近在网络上流行的"公交车上的骂

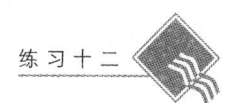

人"短片,便是"墙"作怪。如果他们彼此给对方一点理解,一点忍让,一句道歉的话语,便不会成为人人传诵的"笑话"。

在一间四面白墙,微风无法拂面,琴声无法悦耳的房间里,我们应该打开几扇窗,打通几道门。让别人进入我们的房间,让自己步入别人的房间,倾听别人的心声,给对方一个拥抱,还对方一个理解。你会发现,没有墙的阻隔,生活可以更充实,生活可以更精彩。

1. 判断作文文体＿＿＿＿＿＿＿＿＿＿＿＿＿＿＿＿

2. 作文分析

内容:＿＿＿

形式:＿＿＿

3. 作文评语＿＿

4. 得分＿＿＿＿＿＿＿

练习十三

作文题：

日之泽，月之辉，是无比的灿烂与清幽，是与我心，同升同落，日夜为我心所守候的。王力宏的《心中的日月》中说"你是心中的日月，落在这里/旅程的前后多余/只为遇到你"，那么由此你想到了什么呢？你心中的日月是什么呢？

请以"偶像"为话题写一篇作文，文体不限，立意自定，题目自拟，不少于800字。

◆ 学生习作

心中的日月

某高中生

关于偶像的理解，我不敢说有多么透彻，但也自认为不至于太肤浅。刻板一点地说，那是榜样，值得爱戴、敬佩，甚至做什么事都想跟他（她）做的一样，因为那样才叫有"品"嘛。通俗一点地说，就是特别地喜欢，喜欢到"可远观而不可近赏的"地步，有点太抬举了的意味，不允许别人说丝毫不敬重的话。

小学毕业时，我填过同学录。也怪，居然有一栏"你的偶像"。半大不小的孩子，还嫩着呢，哪里知道其中的意蕴？于是我就谨慎地填上"陈老师"，并在后面打个括号写上"班主任"加以补充。那时的我实在太尊敬陈老师，尊敬得不敢直呼其名，要用"老师"来代称；又因为有多个老师同姓，又怕人误解，还特别注明是班主任。小孩子的思想很单纯，只知道老师知识渊博，老师知道的我不知道，那就是偶像。崇拜她在讲坛上优雅的姿态，崇拜她骂人时的威严，甚至有一次在市场上见到她买菜都感到讶异——老师怎么也要买菜？原来偶像是用来尊敬和爱戴的。

初中毕业时，我又填过同学录。看到炫目的歌手名字在"你的偶像"那一栏中跳跃着，我嗤之以鼻。那些只懂得挥霍青春，在歌迷尖叫声筑成的舞台上劲歌狂舞的人又有什么值得崇拜？只有那种娴静的、散发着油墨气息的人才称得上偶像。因为我既是"张迷"，又是"金迷"，所以我在斟酌着是写张爱玲好还是金庸好。可以这么说，是他们引领我走进文学的殿堂的，是他们让我成天捧着他们的文字读得如痴如醉，"三月不知肉味"的。虽然张爱玲的多数作品让

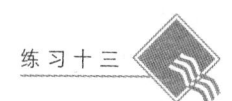

人感到抑郁,而且不了了之的结尾总是令人神伤,虽然金庸的多数作品让人亢奋,而且侠义中的悲情也总让我感到涩涩的,但无可否认地,我真的封他们做我心中的日月。我对他们的崇拜非同一般,这从我的言行举止都不难察觉出来。所谓的偶像,我算是领会到了。他们是让我鞭长莫及的,如同天上的太阳和月亮,除了无以复加地崇拜他们的光辉,别的,根本不敢奢望。

　　然而,高一的学期末,我又填了本类似同学录的东西,里面一如既往的有那一栏"你的偶像"。这次我琢磨再琢磨,但对于那一栏,我仍然无法下笔。是没有人能配得上那两个字了么?不是的,我想我对偶像这个词的含义有了更深一层的理解。偶像是用来尊敬和爱戴的,当然也不妨用来崇拜。但除了上述的,最重要的是偶像还起了一个模范作用,他们是用来效仿的。纵观全世界,值得学习的人太多!所以我决定暂时将这一栏空起来,因为偶像的含义太深太深,让我难以捉摸,还是让我慢慢寻觅那心中的日月吧。

1. 判断作文文体 _____

2. 作文分析

内容: _____
_____

形式: _____
_____

3. 作文评语 _____
_____
_____
_____
_____

4. 得分 _____

练习十四

作文题：

我们都知道朋友之间，心与心的距离需要一点点地靠近。有时希望，一起玩耍的几个人，能当一辈子的朋友，一辈子的好朋友。但一生中能遇到真正的知己、遇到真正的好朋友是很少的，那么在这么少的朋友中，你想不想在心里为他们高歌一曲，想不想对他们说些什么呢？

请结合生活实际，以"朋友"为话题，立意自定，题目自拟，写一篇不少于800字的文章。

◆ 学生习作

致我的朋友

某高中生

"百忙"之中，提笔写下这封信，给我亲爱的朋友，给喜欢我的每一个人。

亲爱的朋友，你说我是你的偶像。是因为我是你的目标吗？如果是，我很荣幸。但，请不要太执著，不要刻意模仿我。我穿着的搭配只是我单纯的喜欢，不是想"酷"；我说话的语音，只是我从小就习惯的，不是"潮流"。简单模仿只会泯灭个性，失去自我。只有做你自己，才令人尊重，令人瞩目。

如果你爱我从事的工作，那我会热诚地鼓励你。如果你只是以我这个人为事业，那我会说"不"！不要这样。如果世界上所有人都模仿自己的偶像，那会怎样？每个人都应该有自己的目标。只有这样，你才会有一天成为别人的偶像。

相比之下，我更愿意我的存在对于你是一种善意的动力。

亲爱的朋友，你说我是你的偶像。是因为我是你的最爱吗？如果是，我很幸福。但，请不要太狂热。你的狂热，朋友，应该给你自己的事业和生活。上帝是公平的，我有自己给予的狂热就够了。如果那么多人的热全给了一个人，那，他们剩下什么？你给我一点点，我就会很满足。

而你的爱，应该给更多其他的人。你看到鬓上已有白丝的父母吗？你听到朋友对你的需要吗？你感觉到爱人的心跳吗？用你的爱去抚梳父母的发吧；用你的爱去倾听朋友对你的低诉吧；用你的爱去拥抱爱人的呢喃吧；这些是你

一生都该给予的爱,如果除去这些,你还有爱,我不反对你给我。

相比之下,我更愿意我的存在对于你是一种闲暇时的温暖。

亲爱的朋友,你说我是你的偶像。是因为我是你的神圣吗?如果是,我很受宠。但,请不要太绝对。圣人也有错,何况只是平凡的我?我希望你不要把我做的事都认为是对的,我说的都是圣条,我不做的都不屑一顾。我所为也会错,我所说也不全对,我所不为可能是因为我还没有能力。

我很惭愧,如果我成为你的神圣。因为我还没有资格。你知道吗,朋友?

相比之下,我更愿意我的存在对于你是一种经验而已。

不知不觉写了这么多,要停笔了。因为我很忙。你肯定认为是我还要去参加各种公共活动。的确如此。因为我还有自己的事业要忙,但,更重要的是,我还要帮父母找老花镜,去参加朋友的小聚,去为爱人泡一壶他爱的清茶。对,我还有错要去改。

所以,我亲爱的朋友,我如此,你也应该这样过自己的生活。我是你的偶像,但我不该是你的全部或一切。就这样约定,好吗?

1. 判断作文文体_____

2. 作文分析

内容:_____

_____

形式:_____

_____

3. 作文评语_____

_____

_____

_____

_____

4. 得分_____

练习十五

作文题：

一个人，一件事，其是与非，有时候需要时间才可以做出正确的判别，因为当时，或客观条件使不能知是非，或人为因素使不能辨是非。但有时候时间也可能掩盖是非。

请你以"时间与是非"为话题写一篇作文，立意自定，题目自拟，不少于800字。

注意：① 所写内容必须在规定的话题范围之内；② 除诗歌之外其他文体不限；③ 不得抄袭。

特别注意：作文完卷不超过65分钟。两个错别字扣一分，上不封顶。

学生习作

问是非，时间能辨

某高中生

"小英子，你说我是好人还是坏人？……不是好人？……不是坏人？"

"我不懂什么好人坏人，人太多了，挺难分。你分得清海跟天么？我分不清海跟天，我也分不清好人跟坏人。"

每次读到林海音的《城南旧事》这段对话，总会有阵阵惆怅朝心底涌来，那是对人类自身的悲哀。不错，这世间有太多太多形形色色的人，太多太多错综复杂的事，功与过，是与非，千百年来一直争论的话题，莫说是年幼的小英子，就算是人生经历丰富的成年人，又有几个能分辨得清？

带着这种无法排遣的悲哀和惆怅，无意间，我又读到了朱熹的一句话："天下之理，只有一个，是与非而已，是便是是，非便是非。"朱熹用超乎平常人的理性得出这一结论。但读罢心中不禁很是疑惑，心想世间之事又怎能只以"是非"二字概括？身旁的朋友轻轻道："路遥知马力，日久见人心。"我释然，无论在"知马力"还是"见人心"的过程中，都充斥着——时间。

时间，是是非曲直最好的判定者。有了时间来吹尽黄沙，才能现出最后的金子，而经过时间的淘洗，最终评定的，才是真正的智者、能人。

曾经，在人们肆意鼓吹儒学的神圣不可侵犯之时，他却说："咸以孔子之是

非为是非,故未尝有是非。"当男尊女卑的传统观念风行于世时,他却公然言道:"人有男女之分,而见识高低无男女之别。"他,便是李贽,离经叛道地自称"异端"的李贽,明朝朝廷称其"敢倡乱道,惑世诬民"并将其逮捕,以至他最终冤死狱中,但他"颠倒千万世之是非"的观点,仍有时间替他证明,他的冤情自有时间替他洗雪。

想当日秦昭王破赵长平军,进兵围邯郸,与赵有联姻之亲的魏安釐王因惧秦军,拒不发兵相助。而魏信陵君心存高义,窃符救赵,终破秦军。时人有言称其"不知有王""可以为人臣植党之戒",但事后史实证明,救赵即救魏也。信陵君的长远眼光以及他的"急人之所困"的高贵人格,经太史公神来之笔记述,终得流芳千古。

是与非,功与过,曲与直,神人圣人亦难决断,而况凡人乎?诸如穷途痛哭之阮籍,病酒狂态之刘伶,时人以为皆不足用,唯经时间磨洗,历史分辨,方能识其珍贵之处,方能辨其意义之所在。

乾陵前的无字碑,在我心底,比其他任何碑石都荡人魂魄。不仅因为它承载着一代女皇的无奈,还因为,那厚重的岩壁,空荡荡的碑面,都诠释着一种别样的智慧——千言万语,难以倾诉,是非曲直,千秋功过,当让时间决断,待后人评说……

1. 判断作文文体＿＿＿＿＿＿＿＿＿＿＿＿＿

2. 作文分析

内容:＿＿＿＿＿＿＿＿＿＿＿＿＿＿＿＿＿
＿＿＿＿＿＿＿＿＿＿＿＿＿＿＿＿＿＿＿＿

形式:＿＿＿＿＿＿＿＿＿＿＿＿＿＿＿＿＿
＿＿＿＿＿＿＿＿＿＿＿＿＿＿＿＿＿＿＿＿

3. 作文评语＿＿＿＿＿＿＿＿＿＿＿＿＿＿
＿＿＿＿＿＿＿＿＿＿＿＿＿＿＿＿＿＿＿＿
＿＿＿＿＿＿＿＿＿＿＿＿＿＿＿＿＿＿＿＿
＿＿＿＿＿＿＿＿＿＿＿＿＿＿＿＿＿＿＿＿

4. 得分＿＿＿＿＿＿

练习十六

作文题：

真理与谬误是相对立而存在，相比较而发展的。谬误只能获得短暂的肯定，而真理才能经得起时间的考验。

在哥白尼生活的时代，欧洲正处于中世纪宗教统治的黑暗之中。那时的人们相信《圣经》中的"地心说"，认为自己生活的地球是宇宙的中心。但哥白尼通过计算而提出"日心说"，即地球绕着太阳转，只有月球绕着地球转。这一学说严重打击了宗教观念，遭到教会的反对。教会称他是"疯子"，把他的书列为"禁书"，把他的学说定为"邪说"。然而，历史的发展却证明了哥白尼的"日心说"是科学的。

要求：阅读材料，自选角度，题目自拟，体裁不限，诗歌除外，不少于800字。

◆ 学 生 习 作

时间的遮罩
某高中生

当我们在是非的迷雾中彷徨时，时间仿若辨别酸碱的石蕊试液，将对染红，将错变蓝。当我们在是非的迷宫里走失时，时间化身为红底白字的路标，指向真相，指出谎言。

海豚是人类的好朋友。

我们抱着这样美好的想法，从无数海豚救人的故事中构建起这两个种群不可思议的亲密。绝大多数人都毫无疑问地相信：海豚是喜欢人类的。

只是今天，也就是海豚神话最受推崇的八十年代的二十年后，一个真相渐渐浮上水面：有的时候海豚确实能把失去知觉的落水者推到岸上，但它们这样做更多是出于好奇或好玩。

当生物学家苦口婆心地把这最科学的研究成果告诉人们这个事实时，我们却选择拒绝相信。我们宁愿继续做如童话般的赞颂海豚的八十年代英文阅读题，也不愿接受时间用二十年以科技为载体带来的成果。

当是非在以讹传讹中被模糊，人们的脑袋化作糨糊的同时，时间的包装纸

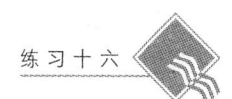

在科学的双手下剥落,可人们试图抗拒里头逐渐露出的赤裸。时间作为这场人类与海豚爱恋的唯一清醒的旁观者,潇洒而冷静地揭开真相,带走破灭的幻想,留下不知所措的人们,还有冰冷宝贵的真相。

克林顿洗去"一身腥"。

这位先生应好好感谢时间,就是时间,为他重新喷上魅惑的香水。"拉链门"事件让他沦为世界的小丑,唾沫星子的标靶,政坛生涯一片暗淡。但媒体的喧嚣毕竟经不起时间的冲刷,丑闻的力量还不足以在时间中凿下印记。各种客观、不客观的批评随着公众日渐增长的厌倦而消失。半年的时间聚成一条小河,隔着河水,人们重新看到他作为政治人物的杰出之处,而他作为一个普通男人的一面似乎被冲淡了。

在他卸任接近十年后的今天,我们隔着时间的江流回望,看到的是头顶光环略带瑕疵的克林顿。数落着他当年的风流韵事,回想着他在任时美国的辉煌,称赞着他为非洲多国减免外债奔波的善举,克林顿成功在人生中站稳了脚,更在时间中留下他的手印。谩骂化作烟尘,时间的风吹过,当年的是非已无影无踪。

王小波的葬礼很冷清。

今天纪念王小波的网站很多很多,当年参加王小波葬礼的人很少很少。是《青铜时代》的光芒,抑或是《怀疑三部曲》的出众,当年的尽数成为当下吸引无数群众的圣品。文学先锋在"反动"的头衔下离开,时间才开始缓慢做出判断。

冲出时代的束缚,批评的冥币成为祭品,时间奏起欢快的哀乐,带来被眼泪浸透的肯定。

时间是是非在门框上的门帘,遮住了阳光,轻轻揭起,驱赶黑暗;时间是是非在伊甸园的遮羞布,遮住自以为的不堪,轻轻扯下,是原始,是赤裸;时间是是非在实验室的显微镜,透过时间镜片,是非被放大再放大,愈显清晰。

1. 判断作文文体＿＿＿＿＿＿＿＿＿＿＿

2. 作文分析
内容:＿＿

形式:＿＿＿＿＿＿＿＿＿＿＿＿＿＿＿＿＿＿＿＿

3. 作文评语 _____
_____
_____
_____
_____

4. 得分 _____

练习十七

作文题：

《荀子·劝学》曰："假舆马者，非利足也，而致千里；假舟楫者，非能水也，而绝江河。君子生非异也，善假于物也。"意为君子的资质与一般人没有什么区别，君子之所以高于一般人，是因为他能善于利用外物。善于利用已有的条件是君子成功的一个重要途径。

那么，你是怎么理解"善假于物"的呢？请谈谈你的看法。立意自定，题目自拟，体裁不限，诗歌除外，写一篇不少于800字的文章。

学生习作

兴我大风

某高中生

谈起善假于物，最有名的例子莫属孔明借东风。武侯算准七日后必有东南风，于是搭个七星坛，混了几顿饭吃。时辰一到，周郎一个火烧赤壁，将曹军的百万雄师烧个片甲不留。而诸葛亮却自己溜回江夏，取南郡去也。日后苏轼重游赤壁，唱"大江东去"时只想到公瑾当年如何雄姿英发，其实孔明坐收渔利，实在更胜一筹。

想也天地之间，万物生生不息，各有所长。损有余而补不足，天之道也。牛善力行，故人取之为耕，牛亦得生养。果味甘甜，故人遍而种之，人得其味而果得其衍。这种善假于物体现了自然的和谐，故此礼记上所歌颂道：各得其和以生，各得其养以成。天人合一的观念也由此而生。

昔时黄帝与蚩尤大战于涿鹿。蚩尤布大雾，三日内茫茫不见人影，黄帝军大乱。幸好这时有个叫风后的，不知怎的发明了指南车。于是黄帝杀出重围，遂大败蚩尤，成人文始祖。想来，指南车一物不过借助地球磁场而已，不拿奖金也不吃饭，竟也有它的功劳。以后的海市往来，以及郑三保下西洋更是少不了它。可见假于物者，只有一个"善"字，自有四两拨千斤，点石成金之效。关键是你能否发现罢了。

故此说，善于借助外物的，如鱼在水，得心应手。而不善于假于物的，只会如龙游浅水，虎落平阳，虽能力拔山河兮气盖世，也只遭虾戏犬欺。曾记得民

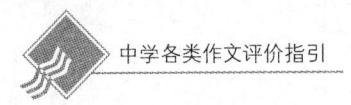

国年间,上海还是远东第一大港,其埠盛人丰,不在东京之下。而英人治下的香港,不过一渔村也。然而数十年来,香港借世界市场之机,自由主义之兴,已然成为世界瞩目的东方明珠了。而以我们中国地大物博,倾力打造的上海,也只能望尘。这种耻辱,只怕也不在割地蒙羞之下。

由此看来,善假于物着重的是能否顺应自然之理:鲲鹏展翅,须起六月大风;驽马十驾,驱车人功不可没。倘若鲲鹏借人力,驽马乘大风,那不过笑话罢了。

1. 判断作文文体_____

2. 作文分析

内容:_____
_____

形式:_____
_____

3. 作文评语_____
_____
_____
_____
_____

4. 得分_____

练习十八

作文题：

阅读下面材料，根据要求作文。

有人说：一味地怀疑，你的世界将变成灰色。

有人说：一味地相信，你的人生就只能匍匐。

对以上两种说法，你有什么想法？请写一篇文章。

要求：① 题目自拟。② 观点明确，以议论为主。③ 不少于700字。

◆ 学生习作

怀疑的学问

某高中生

常言道："信任是沟通的桥梁，助人通往成功的彼岸。"的确，信任在人人相处过程中扮演着十分重要的角色，但有人又会不解：我们要相信别人，是否就要全盘信任他的观点对其深信不疑呢？是否就要完全摒弃怀疑，将怀疑与信任对立起来呢？非也非也。古语亦有云：学而不思则罔，思而不学则殆。这个"思"，其实也包含着对学问真理的怀疑、审视，对知识的深入探索。我认为，人是需要有一点精神的，特别是那种对学问的怀疑精神。

假若没有哥白尼对当时被教会视为"神圣不可侵犯"的"地心论"的怀疑，对已有"真理"敢于否定的勇气，甚至即将被烈火吞噬时仍然高呼"太阳是宇宙的中心，地球是绕着太阳转动"的执著，"日心说"的发现也许被延后几十年甚至几百年。

假若没有伽利略对"质量重的球比质量轻的球早落下"理论的怀疑，没有他对双球实验的孜孜不倦、锲而不舍的研究，那么人类又会错失多少珍贵的科学足迹的发现。

假若没有达尔文对前人拉马克用废进退生物进化理论的怀疑与探索，那么"物竞天择，适者生存"的现代生物进化理论也将永远藏于棺木之中而不能诞生。

纵观古今，历览前人。这许许多多有如天上点点繁星的科学理论无一不是源于科学家们的怀疑精神——那种对学问审度思量、不倦考究的锲而不舍的

执著、勇气,亦正是有了这种怀疑精神,那悬挂于夜空的点点星光才不至于被人忽视遗忘,正是这种怀疑精神,使科学家们抓住稍瞬即逝的灵感,燃亮了科学智慧的火光,照亮了真理那片夜空。

怀疑,是摒弃奸谗之人,使国家繁荣昌盛的武器。君不见楚怀王昏聩糊涂,疏屈原而近谗人,疏忠义而近邪佞,外欺于张仪,内惑于郑袖,最终落得个曲终人散不得好死的下场。试想想,假若当时楚怀王在用人时抱着那么一点怀疑精神,而不是对爱妃及所谓的"贤臣"深信不疑,那么楚国的历史还可以改写也说不定。

怀疑不是胡乱猜忌,以小人之心度君子之腹的狭窄气量;怀疑不是对真理彻底的批判与传统的全然否定;怀疑也不是对挚友亲人的时时提防与隔墙之心,怀疑是一种对学问的思度和审查。正因为怀疑精神,才使人类在科学领域探索的脚步始终向前。

  1. 判断作文文体_____

  2. 作文分析

内容:_____

_____

  形式:_____

_____

  3. 作文评语_____

_____

_____

_____

  4. 得分_____

附　　录

［说明］以下作文评价标准是一个参考标准。本书并没有完全按照这个标准，这里仅供参考。

作文评价标准（初一）

评价维度	评价内容
内容与交际性	● 作者对某一立场、观点、思想具有清晰的表达（如为证实自己的观点而写作），并能据此确定目标读者 ● 文章的交际目的初步具有自我教育的性质，如将社会所公认的价值标准（意义）同自己的观点（目的）进行比较，从而阐述自己的道德观念（即交际成为自我教育的工具） ● 作者在文中能扮演叙述事情发展的角色，信息传达的形式与表达者角色的个性特征基本相称，并能根据交际发展的需要自觉而恰当变换角色讲述 ● 作者能针对目标读者的可接受性，采取相对通达的信息传递形式将所要表现的意图比较清晰地表达出来 ● 作者能根据现象和概念之间的某种联系，以恰当的方式和话题交流观点和信息（比如，为那些熟悉科学术语的读者写一份实验报告），引起目标读者关注某一个现象，试图对此进行长远的关注及对对象施加影响 ● 作者能围绕交际目的展开写作，能从生活中挖掘比较精细的材料（如日常生活的某个细节），在平凡中见出新意 ● 文章的背景交代清楚明了，较少冗余信息；人物或事物间的主次情况及相互关系、发展脉络要与其相衔接 ● 作者能通过合理大胆的想象，安排多样的写作材料，创设出初步具有创造性的情节或艺术因素的情景（如生活的巧遇），不蔓不枝，步调统一，比较有意识地指向交际目的 ● 作者能通过对人物的各种描写（尤其注意表情的变化等细节刻画）、事件发展高潮的重点叙述来表现人物的思想性格 ● 作者主要通过景物、环境等的描写来营造场景气氛，为文章增添光彩，同时有助于交际目的的实现 ● 作者恰当地运用了合适的言语行为和交际策略（表达情感、询问意见、推出结论）、各种写作方法［如故事、日记、诗歌、笔记（如名单、说明文字）、记录（如观察记录）、信息（如通知、邀请函和说明书）］、一些写作技巧（如倒序、插叙、动之以情）来吸引读者

续表

评价维度	评价内容
	● 作者能通过合理改造生活实际来表达见解、心情及价值观念 ● 作者通过多个事件、场景的联合叙述以得出结论,有一定的客观性;且懂得在同一层面上通过运用推理和细节来表达观点、建议或说服他人,让读者在读完文章后,对其所说明的事物、事理有清楚的认识 ● 日常生活的文章表现了作者的主体作用和创造性的发挥,体现作者个性,使读者产生共鸣;其所表现父母的恩情、朋友的情谊、教师的关心、人生的体验等情感向善,主题求善,有比较强的感染力 ● 通过分析某一事件的过程或对比事物和观念之间某方面的异同,让读者明白事物的区别,并认同作者观点
思维与结构	● 有自己的真切体验,并具备一定的分析与判断能力 ● 能从文章中感受到作者观察生活的能力、独立思考的能力 ● 能以主题句概括段落,各段主题清晰,资料较具体,材料信息正确 ● 文章段落之间能保持连贯性,结构完整
修辞与言语	● 撰写者身份与语气较吻合 ● 句式选择得当,句与句之间稍有衔接与过渡 ● 用词准确,能够正确、有效地使用常用的修饰语 ● 适当运用较常见的修辞手法或说明方法 ● 根据不同的文体运用不同的表达方式

作文评价标准(初二)

评价维度	评价内容
内容与交际性	● 能为正确表达自己对生活的独特感受与认识而确定交际目的及目标读者 ● 文章的交际目的逐步具有反思与教育的性质,如将别人的价值标准(意义)同自己的观点(目的)进行比较,从而阐述自己的道德观念 ● 为符合交际目的(如评价信息,比较观点),文章基本能采用恰当的方式(叙述故事、现象)以及与方式协调一致的特点(比如,以问题为主),交流观点和信息 ● 作者在文章中具有旁观叙述者角色的意味,清楚自己的立场,所采用的信息传达形式与表达者角色的个性特征相称,并能根据交际发展的需要阐发一定的议论 ● 作者能针对目标读者的可接受性,采取顺达的信息传递形式将所要表现的意图清晰地表达出来,试图影响目标读者

续表

评价维度	评价内容
	● 文章能根据现象和社会观点之间的某种联系,有意识地运用交际性的和论证性的常用熟语(例如:"我的观点是""根据我的看法""正如大家所知""总之"等)与目标读者交流,试图引起目标读者重视 ● 文章中的人物角色是行为的主体,在一定程度上促进事情发展 ● 文章能围绕交际目的,所选材料视域独特(如我家的早饭、老师的红笔、节日的菜篮子),在平凡中见出新意 ● 文章的背景交代充足清楚,有些冗余信息,文中主要人物的主要事件能比较好地衔接交际背景与生活实践 ● 文章通过合理想象,从更深层的角度(自我反思、人生梦想与奋斗、人情世俗、人际关系)处理信息、设计中心事件,并从不同角度展开叙述描写,有意识地指向交际目的 ● 作者在叙述事情发展时能重点叙述活动开展的过程,并注意艺术的生活再现 ● 文章能从较广的视野(如当地的民族文化习俗、节令等社会文化内容)较高层次地表达自我情感、个人的感悟,以表现出丰富的生活态度 ● 文章体现出以各种材料作基础的自我思考,所表达的感受从朝向自我到朝向他人,着重表现他人的情感,开始对事物有了保持距离的意识 ● 通过分析事情过程或对比事物和观念之间的多方面的异同,呈现给读者一个多元的世界,通过书写最美好的回忆或经历来感动读者
思维与结构	● 文章内容新颖,重点突出,主次分明,如在描绘人物性格时能抓典型事件叙写细节,主次分明,详略得当 ● 在写景时能采取恰当的写作方法(如定点换景、定景换点、移步换景)多角度观察自然现象,抓住特点,点面结合 ● 作者能通过多个事件、场景的发展性推导而得出结论,有较强的客观性,且能多层面、多角度地运用推理和细节证据来澄清观点、建议或说服他人,来体现作者的思维品质以影响读者 ● 选用材料丰富充实、详略得当,材料使用准确 ● 文章有条理,结构完整,具有逻辑性
修辞与言语	● 用词准确,能在同义成分中选择恰当的词语 ● 语言清晰流畅,语言基调统一 ● 句式变化适当,句与句之间衔接自然 ● 文章所用的交际策略(陈列现象、反驳观点)及写作技巧能清楚地阐述交际内容,使文章具有较强的可读性 ● 文章能恰当运用介绍描写和比喻的表达方式,强调感性与理性的内在逻辑 ● 适当运用修辞手法或说明方法 ● 根据不同的文体运用不同的表达方式 ● 能清楚地、完整地、准确地向读者说明事物或事理 ● 能写记叙文和说明文、报告文等

作文评价标准(初三)

评价维度	评价内容
内容与交际性	● 文章视角独特,为有创意地表达自己对生活及人生的真切体验和感受而确定交际目的 ● 文章的交际目的逐步具有自我反思与教育的性质,如将社会所公认的价值标准(意义)同叙述主角的观点(目的)进行比较,从而阐述自己的道德观念 ● 作者在文章中扮演旁观叙述者的角色,所采用的信息传达形式与表达者角色的个性特征相称,并能尊重事情的自由发展 ● 文章能根据交际的需要确定具有一定层次性的读者群,采取比较有效的信息传递形式让交际对象比较明白所要传达的意思,引起目标读者的思考与重视 ● 文章能准确把握目标读者的特点,发挥合理的想象和推理,通过运用适当策略和技巧(如合作技巧),就整体而言基本达到了交际目的 ● 文章中的人物是为促进交际发展的行为主体,文章的主角不是单纯意义上的人或物,而是人或物的某种行为现象 ● 文章能围绕交际目的,所选材料能以小见大、化抽象为具体,艺术地再现事件或人物的真实,丰富文章的内涵 ● 文章的交际背景交代充足清楚,较少冗余信息,能与所要叙述的事件、人物较好地衔接起来 ● 文章恰当运用抒情和说理的表达方式,在具体描述的基础上能通过议论抒情升华文章 ● 文章能高层次、高质量地表达他人情感及人情世俗习惯,表现了情感的深化,对民族文化习俗、自然现象等有自然而实在的感悟、体悟 ● 作者注重以心观物,在景物中渗透自己的情感,以真情写景,情景交融,表达的感受从朝向自我到朝向他人及社会,着重表现他人的情感或社会关怀,以感染读者、启发读者
思维与结构	● 能够围绕文章中心主题构思文章,思路清晰 ● 视角独特,有创意地表达自己对自然、社会、人生的真切体验和感受 ● 能从多个角度分析问题,各个角度间具有一定的内在逻辑关系 ● 所选材料丰富,能从多方面充分表现主题 ● 文章能创设相关结构层次的情境,并恰当地处理矛盾,有目的地发展文章思路

续表

评价维度	评价内容
	● 作者所表达的感想和启发是通过分析事情过程或对比事物的差异而推导的,有较强客观性;在推导中能运用具体的推理和细节证据来反驳观点、提出新建议,体现作者的思维品质 ● 文章能创设相关结构层次的情境,并恰当地处理矛盾,有目的地发展文章思路
修辞与言语	● 语言清晰流畅,语言基调统一 ● 词汇丰富,修辞手法或说明方法运用得体合理 ● 为符合交际目的(如为了突出辩论的要点,为了报告观察的结果),文章比较好地采用恰当的方式(描述事件,探讨根源)以及与方式协调一致的特点(比如,以分析为主)交流观点和信息 ● 文章能通过人物表面行为的描写体现其独特的内心变化,在写人记事抒情中恰当地穿插环境描写,以渲染气氛 ● 为达到文章目的,作者有效地选择了恰当的言语行为、交际策略(反驳观点、联系实际、提出建议)和各种写作技巧(如叙事、省略、回忆、幻想),并能有效地融入文章的表述且服务于内容表达 ● 句子长度和句式富于变化,句与句之间衔接自然

作文评价标准(高一)

评价维度	评价内容
内容与交际性	● 文章立意较高,能表达对人生的独特感受和思考 ● 文章的交际目的明确,并逐渐具有生命反思的性质,探讨人生理想 ● 为符合交际目的(如探讨、说明),文章比较好地采用恰当的方式(探讨根源、寻根问底)以及与方式协调一致的特点(比如,以议论为主),表达观点,入情入理 ● 作者在文中更加隐藏地出现,通常采取旁观视角,其信息传达形式切合表达者角色的个性特征,能让事情、物理自然显露 ● 作者能根据交际的需要设立具备某种共同特质的目标读者,能通过有效的信息传递形式,让对方清楚明白自己所要传达的意见,具有一定的说服力 ● 文章中的人物角色是议论的需要,其主角是人或物的多种现象概括出来的特性,为完全地体现这种特性,文章有充分的铺垫描写、夹叙夹议 ● 文章的交际背景交代充分清晰,基本没有冗余信息,在行文中能与交际发展相匹配

续表

评价维度	评价内容
	● 文章所创设的情境具有内在一致性,能配合所抒发的情感,使事情发展波澜起伏,展现作者对社会、世界问题的理解,共同指向交际目的的实现 ● 文章能体现远景性的自我调节,关注文章与社会背景之间的关系,体现作品的当下性(选题、立意、影射)及作品形式和体裁的当下性(人物、对话、描写、体裁性质) ● 文章恰当地运用以小见大、化抽象为具体的手法抒发情感,探讨社会人生价值,反思自身发展,表现作者对社会人世情感的深化 ● 作者注重以理观物,以物寄情(寓理),物情(理)相拥,体现作者的感情是从朝向人生自我到朝向社会群体的,着重表现作者的全局意识
思维与结构	● 文章立意较高,观点鲜明,体现出创新性思维 ● 能正确表达并证实自己的观点,反映出对自然、社会和人生的独特感受和思考 ● 能创立具有独创性和想象力的新思想,写出经过思考、有表现力的内容 ● 能够围绕中心选取典型、有代表性的材料,材料组织具有清晰而明确的层次性 ● 行文流畅,结构严密 ● 文章能展开丰富的联系和想象,通过整合深远范围的信息(社会生活、时代变化、公民责任与道德、时政热点),从而写出正确且简洁的说明性或论述性文章 ● 理论性的文章能处理好主要论点和次要论点之间的关系,准确把握论理的展开和要点;文学类的文章能将主题、结构、叙述方法有效结合,设置事情发展双重线索,使其明暗交替,引人入胜;应用性文章,能准确判明事实状况并将其表达清楚准确,提出建设性的意见 ● 文章能多角度分析史例类、事例类等论据,恰当运用推理和细节证据以阐述论点,使论证明确有力;通过对问题原因的分析,罗列数据资料,让读者明白结论,体现作者的独到见解,从而影响读者,改变读者观念
修辞与言语	● 词汇丰富,用词精准,词汇能够适当地重现与变化 ● 语言精练生动流畅,富有节奏,具感染力 ● 句子长度和句式富于变化,且符合主题要求,句与句之间衔接自然 ● 修辞手法或说明方法运用得体合理,能引人入胜 ● 作者能比较灵活地根据目的和场合,斟酌措辞和文体(如个人的履历、求职申请)等表现形式,选择准确的言语行为和交际策略(立足实际,反驳现实,阐释新立场)

作文评价标准(高二)

评价维度	评价内容
内容与交际性	• 文章内涵较为复杂,立意新颖,为充分反映出对人生、社会、文化等的独特感受和思考,解决现实问题而确定交际目的,选取材料典型 • 交际目的逐渐具有文化反思的性质,从材料出发不断引申,旁征博引,合情合理 • 作者能根据交际的需要在文章中采取旁观视角,以评论者的角色出现,所采用的信息传达形式比较巧妙,与表达者角色的个性特征相融合 • 作者能在较宽的范围内设立具有内在一致性的目标读者,所采取的信息传递形式能切合读者的身份,具有比较强的达成性,能让交际对象受到感化 • 文章的人物角色作为引用或议论需要而出现,虽不处主要地位,但仍显示出个性特征,其主角是某种历史、国际社会现象,及当中概括出来的具有某种特质的人物 • 文章的交际背景交代简明清晰,基本没有冗余信息;在行文中能与所创设的情境、所抒发的情感相匹配,展现作者对文化历史问题的理解 • 文章能体现远景性的自我调节,关注文章与文化背景之间的关系,体现作品的历史性(选题、立意、历史影射)及作品形式和体裁的历史性(人物、对话、描写、体裁性质),能从情景中提炼新的意义 • 文章通过对问题的原因、现状分析,罗列数据资料、事实资料,综合性地运用推理和细节证据来建立驳论,从而影响读者,改变读者观念,试图影响读者行为 • 文章通过分析个人、社会、历史、文化的发展趋势,体现作者的感情从朝向现实社会到朝向历史文化的,从历史的和国际的视野思考现代,表达了作者对语言文化的关心和理解,表现出尊重历史文明的态度
思维与结构	• 文章立意新颖,具备创新性思维 • 思想有深度,见解独到,议论深刻 • 能提出独特的问题或观点,对人生观、价值观有一定的关注 • 能够结合材料多方面探究问题,环环相扣,层层深入 • 文章段落之间和段落内部所表达的思想具有一致性,结构严谨 • 作者能有逻辑性地陈述自己的意见,同时尊重对方的思考 • 文章能围绕交际目的,选取更抽象或更深远范围(科学与文明、艺术、历史、国际)内的材料进行归纳阐述,提炼出综合的复杂的评价观念,并以有代表性的例子辅助说明 • 文章所创设的情境具有内在一致性,通过刻画当中某种特性的特征,能在较高的层面上拓展出新结论,表现出作者良好的观察力和思维能力

续表

评价维度	评价内容
	● 理论性的文章能巧妙地处理论点和论据之间的关系,恰当地运用举例类等论据,多角度论证,使推理严密有序,层层深入;文学类的文章能设计出起伏的情节,在叙述故事时能驾驭多重线索,在明暗交替发展中将文章推向高潮,富有戏剧性,表现更为深刻的情感;应用性文章能根据事实状况有逻辑地铺陈序列优劣点,提出呼吁或解决方法
修辞与言语	● 语言精练生动流畅,富有节奏和层次,具表现力和感染力 ● 句式灵活,句与句之间衔接自然 ● 词汇丰富,用词精准,适当使用新颖的词语,运用某些词汇制造特定的表达效果 ● 修辞手法或说明方法运用得体合理,能引人入胜 ● 根据不同的文体运用不同的表达方式 ● 为符合交际目的(如为推导,为证实),文章比较好地采用恰当的方式(喻理、假设)以及与方式协调一致的特点(比如,以议论为主),澄清观点 ● 文章能灵活地根据目的和场斟酌措辞和文体(如正式的信件、讲演、新闻稿、发言稿)等表现形式,选择准确的言语行为和交际策略(解释新立场,放眼未来,改造现实) ● 文章能晓之以理、动之以情,能借助咏物写景抒情

作文评价标准(高三)

评价维度	评价内容
内容与交际性	● 文章内涵丰富,思想深刻,为呈现对社会、政局、自然、历史等的看法而确定交际目的,有效利用各种媒介的、社会生活实践的材料 ● 交际目的逐渐具有针砭时弊的意识,通过深入归纳,以负责任的态度系统地提出某个问题、设想、推论及开放性的建议,构思新颖 ● 为符合交际目的(如为揭示,为印证),文章能采用恰当的方式(旁证、历史事件)以及与方式协调一致的特点(比如,以议论为主),阐述新立场 ● 作者能根据交际的需要灵活变换叙述视角,所采用的信息传达形式十分巧妙,与表达者角色的个性特征相融合,客观平实地传达信息,使交际本身的意义得到扩展 ● 文章能根据交际目的确定具有内在一致性的目标读者群,所采取的信息传递形式能切合读者的身份,使得雅俗共赏,具有强烈的达成性 ● 文章的人物角色逐渐淡化,转而以人物的行为特性为探讨重点

续表

评价维度	评价内容
	● 文章能围绕交际目的,在人生、社会、自然等范围内提取综合性的信息,表达对现实与理想的独特看法,并以切题有效的例子辅助说明,做到观点老练,文笔犀利 ● 文章的交际背景交代简明精练,没有冗余信息;在行文中能与所创设的情境、所抒发的情感相匹配,展现作者对理想、现实问题的理解 ● 文章所创设的情境具有内在一致性,深远而含蓄,以配合所抒发的情感及文章背景,表现作者优秀的洞察力和思维能力 ● 文章能体现远景性的自我调节,关注文章与现实、理想背景之间的关系,体现作品的跨越性(选题、立意)及作品形式和体裁的跨越性,从日常情景中重申新的意义,思路也具有开放性 ● 文章通过对问题的原因、现状的综合性分析,罗列数据资料、事实资料,作出结论,引起公众关注,改变读者观点,影响读者行为 ● 文章通过评论理想与现实的差距,体现作者的感情从朝向现实到朝向理想及其思想深度及理想价值追求
思维与结构	● 能提出敏锐独到的见解,写成熟老练、构思新颖、独具风格的文章 ● 文章能够思辨性地反驳对方观点并能在尊重对方基础上提出新观点 ● 文章能将抽象的情感化作具体形象的艺术构思 ● 思维严谨,思想具有深度和复杂性,能体现作者的社会观察力及责任意识 ● 文章结构灵活多变,富有艺术性 ● 文章整体组织与写作目标和所运用的逻辑思维高度统一
修辞与言语	● 语言精练生动流畅,具个性化,有作者自己的特色和风格 ● 句式灵活、新颖 ● 词汇丰富,用词精准,适当使用新颖的词语,使用某些词汇创造个性化的表达效果 ● 修辞手法运用得体合理,并能创造性地使用 ● 文章能根据目的和场合,斟酌措辞和文体(如建议书、社会评论、文学评论)等表现形式、精准的言语行为和交际策略(说明问题的真相,应用实践,影响他人行为),具有显著的言说效果 ● 理论性的文章能恰当处理现实、论点和推理之间的关系,通过概括论点、典型论据和命题的共同特质,从而推断结论,使得推理入情入理,议论精辟,极具说服力;对文学类的文章要确定叙述主体,处理好事件人物线索间多重、明暗交替发展的关系,引人深思,主题上表现出更深层更广泛的人文关怀,言尽而意无穷;应用性文章能针对事实状况,层层剖析,进行合理的推导,在结尾作出结论或重申立场以吸引读者

后　　记

　　本书有几个特色,值得一提。一是在各类文体特色的叙述上,较多参考了近代语文教育家的论述,所以注释引用材料大多时间较早。二是各类作文评价标准既照顾常规,也注重从培养学生语言意识的角度提出写作要求,比如,一些评改标准强调了读者意识,要求学生追求表达的效果。三是我们提供的学生作文大都是学生平时真实的习作,其中有写得好一些的,也有写得差一点的。这样做的目的,想必大家都能理解,因为这符合教师评改学生作文时的真实情况。教师也只有在这样的环境下学习、练习,才可以更好地适应实际教学。大家千万不要把本书当做优秀作文选来读。四是本书的撰写是大学和中学合作的结果,具体说是华南师范大学、广州大学和执信中学教师合作完成的。华南师范大学文学院4＋2研究生和学科教学(语文)专业研究生、广州执信中学的语文老师都为本书的撰写付出了很多的心血。本书在编写方式上有一定的特色,在同类书籍中有所创新,这些都离不开大家的努力。本书也是广东省中小学教育研究"十二五"规划课题"中学作文评价标准研究"(J11-237)院校合作课题的成果。华南师范大学沈文淮副校长、教务处林天论副处长、彭上观老师及执信中学的领导都给予了多方的支持。五是我们希望本书能帮助语文教师确立作文评价的多样化标准,从单一的评价标准藩篱中解脱出来,培养出能写好各种常用文体的中学生。

　　希望上述特点的归纳对读者的阅读有所帮助。

　　另外,我们还要向书中借用的一些材料的作者和中学生朋友表示歉意,因为这里没能一一列出你们的姓名。在此也表达诚挚的谢意!

　　最后,还要向所有支持我们的领导和老师、同学表示感谢,特别是华南师范大学研究生周学娇同学和北京大学出版社于娜编辑,感谢你们在组织撰写和编辑中付出的努力!此外,还要感谢华南师范大学2014级、2015级学科教学(语文)专业丁利宁、黄思娜、孙国栋、陈楚敏等十几位同学在调整、增补、查证等方面所作出的努力!

由于我们水平有限和时间仓促,书中难免还存在一些问题,欢迎大家提出批评意见。

周小蓬　曾湖仙
2015年5月

北京大学出版社
教育出版中心 精品图书

21世纪特殊教育创新教材·理论与基础系列

书名	作者	价格
特殊教育的哲学基础	方俊明 主编	29元
特殊教育的医学基础	张 婷 主编	32元
融合教育导论	雷江华 主编	28元
特殊教育学	雷江华 方俊明 主编	33元
特殊儿童心理学	方俊明 雷江华 主编	31元
特殊教育史	朱宗顺 主编	36元
特殊教育研究方法（第二版）	杜晓新 宋永宁 等 主编	39元
特殊教育发展模式	任颂羔 主编	33元
特殊儿童心理与教育	张巧明 杨广学 主编	36元

21世纪特殊教育创新教材·发展与教育系列

书名	作者	价格
视觉障碍儿童的发展与教育	邓 猛 编著	33元
听觉障碍儿童的发展与教育	贺荟中 编著	29元
智力障碍儿童的发展与教育	刘春玲 马红英 编著	32元
学习困难儿童的发展与教育	赵 微 编著	32元
自闭症谱系障碍儿童的发展与教育	周念丽 编著	32元
情绪与行为障碍儿童的发展与教育	李闻戈 编著	32元
超常儿童的发展与教育	苏雪云 张 旭 编著	31元

21世纪特殊教育创新教材·康复与训练系列

特殊儿童应用行为分析	李 芳 李 丹 编著	29元
特殊儿童的游戏治疗	周念丽 编著	30元
特殊儿童的美术治疗	孙 霞 编著	38元
特殊儿童的音乐治疗	胡世红 编著	32元
特殊儿童的心理治疗	杨广学 编著	32元
特殊教育的辅具与康复	蒋建荣 编著	29元
特殊儿童的感觉统合训练	王和平 编著	45元
孤独症儿童课程与教学设计	王 梅 著	37元

自闭谱系障碍儿童早期干预丛书

书名	作者	价格
如何发展自闭谱系障碍儿童的沟通能力	朱晓晨 苏雪云	29.00元
如何理解自闭谱系障碍和早期干预	苏雪云	32.00元
如何发展自闭谱系障碍儿童的社会交往能力	吕 梦 杨广学	33.00元
如何发展自闭谱系障碍儿童的自我照料能力	倪萍萍 周 波	32.00元
如何在游戏中干预自闭谱系障碍儿童	朱 瑞 周念丽	32.00元
如何发展自闭谱系障碍儿童的感知和运动能力	韩文娟，徐芳，王和平	32.00元
如何发展自闭谱系障碍儿童的认知能力	潘前前 杨福义	39.00元
自闭症谱系障碍儿童的发展与教育	周念丽	32.00元
如何通过音乐干预自闭谱系障碍儿童	张正琴	36.00元
如何通过画画干预自闭谱系障碍儿童	张正琴	36.00元
如何运用ACC促进自闭谱系障碍儿童的发展	苏雪云	36.00元
孤独症儿童的关键性技能训练法	李 丹	45.00元
自闭症儿童家长辅导手册	雷江华	35.00元
孤独症儿童课程与教学设计	王 梅	37.00元
融合教育理论反思与本土化探索	邓 猛	58.00元
自闭症谱系障碍儿童家庭支持系统	孙玉梅	36.00元

特殊学样教育·康复·职业训练丛书（黄建行 雷江华 主编）

信息技术在特殊教育中的应用	55.00元
智障学生职业教育模式	36.00元
特殊教育学校学生康复与训练	59.00元
特殊教育学校校本课程开发	45.00元
特殊教育学校特奥运动项目建设	49.00元

21世纪学前教育规划教材

学前教育管理学	王 雯	45元
幼儿园歌曲钢琴伴奏教程	果旭伟	39元
幼儿园舞蹈教学活动设计与指导	董 丽	36元

实用乐理与视唱	代 苗 35元	后现代大学来临?	[英]安东尼·史密斯等 主编 32元
学前儿童美术教育	冯婉贞 45元	美国大学之魂	[美]乔治·M.马斯登 著 58元
学前儿童科学教育	洪秀敏 36元	大学理念重审：与纽曼对话	
学前儿童游戏	范明丽 36元		[美]雅罗斯拉夫·帕利坎 著 35元
学前教育研究方法	郑福明 39元	学术部落及其领地——知识探索与学科文化	
外国学前教育史	郭法奇 36元		[英]托尼·比彻 保罗·特罗勒尔 著 33元
学前教育政策与法规	魏 真 36元	德国古典大学观及其对中国大学的影响	陈洪捷 著 22元
学前心理学	涂艳国、蔡 艳 36元	大学校长遴选：理念与实务	黄俊杰 主编 28元
学前现代教育技术	吴忠良 36元	转变中的大学：传统、议题与前景	郭为藩 著 23元
学前教育理论与实践教程	王 维 王维娅 孙 岩 39.00元	学术资本主义：政治、政策和创业型大学	
学前儿童数学教育	赵振国 39.00元		[美]希拉·斯劳特 拉里·莱斯利 著 36元
		什么是世界一流大学	丁学良 著 23元
大学之道丛书		21世纪的大学	[美]詹姆斯·杜德斯达 38元
哈佛：谁说了算	[美]理查德·布瑞德利 著 48元	公司文化中的大学	[美]埃里克·古尔德 著 23元
麻省理工学院如何追求卓越	[美]查尔斯·维斯特 著 35元	美国公立大学的未来	
大学与市场的悖论	[美]罗杰·盖格 著 48元		[美]詹姆斯·杜德斯达 弗瑞斯·沃马克 著 30元
现代大学及其图新	[美]谢尔顿·罗斯布莱特 著 60元	高等教育公司：营利性大学的崛起	
美国文理学院的兴衰——凯尼恩学院纪实			[美]理查德·鲁克 著 24元
	[美]P.F.克鲁格 著 42元	东西象牙塔	孔宪铎 著 32元
教育的终结：大学何以放弃了对人生意义的追求			
	[美]安东尼·T.克龙曼 著 35元	**学术规范与研究方法系列**	
大学的逻辑（第三版）	张维迎 38元	社会科学研究方法100问	[美]萨子金德 著 38元
我的科大十年（续集）	孔宪铎 35元	如何利用互联网做研究	[爱尔兰]杜恰泰 著 38元
高等教育理念	[英]罗纳德·巴尼特 著 45元	如何为学术刊物撰稿：写作技能与规范（英文影印版）	
美国现代大学的崛起	[美]劳伦斯·维赛 著 66元		[英]罗薇娜·莫 编著 26元
美国大学时代的学术自由	[美]沃特·梅兹格 著 39元	如何撰写和发表科技论文（英文影印版）	
美国高等教育通史	[美]亚瑟·科恩 著 59元		[美]罗伯特·戴 等 著 39元
美国高等教育史	[美]约翰·塞林 著 69元	如何撰写与发表社会科学论文：国际刊物指南	
哈佛通识教育红皮书	哈佛委员会撰 38元		蔡令忠 著 35元
高等教育何以为"高"——牛津导师制教学反思		如何查找文献	[英]萨莉拉·姆齐 著 35元
	[英]大卫·帕尔菲曼 著 39元	给研究生的学术建议	[英]戈登·鲁格 等 著 26元
印度理工学院的精英们	[印度]桑迪潘·德布 著 39元	科技论文写作快速入门	[瑞典]比约·古斯塔维 著 19元
知识社会中的大学	[英]杰勒德·德兰迪 著 32元	社会科学研究的基本规则（第四版）	
高等教育的未来：浮言、现实与市场风险			[英]朱迪斯·贝尔 著 32元
	[美]弗兰克·纽曼等 著 39元	做好社会研究的10个关键	[英]马丁·丹斯考姆 著 20元

如何写好科研项目申请书		基础教育哲学	陈建华 著 35元
	[美]安德鲁·弗里德兰德 等著 28元	当代教育行政原理	龚怡祖 编著 37元
教育研究方法：实用指南	[美]乔伊斯·高尔 等著 98元	教育心理学	李晓东 主编 34元
高等教育研究：进展与方法	[英]马尔科姆·泰特 著 25元	教育计量学	岳昌君 著 26元
如何成为论文写作高手	华莱士 著 32元	教育经济学	刘志民 著 39元
参加国际学术会议必须要做的那些事	华莱士 著 32元	现代教学论基础	徐继存 赵昌木 主编 35元
如何成为卓越的博士生	布卢姆 著 32元	现代教育评价教程	吴钢 著 32元
		心理与教育测量	顾海根 主编 28元

21世纪高校职业发展读本

		高等教育的社会经济学	金子元久 著 32元
如何成为卓越的大学教师	肯·贝恩 著 32元	信息技术在学科教学中的应用	陈勇 等编著 33元
给大学新教员的建议	罗伯特·博伊斯 著 35元	网络调查研究方法概论（第二版）	赵国栋 45元
如何提高学生学习质量	[英]迈克尔·普洛瑟 等著 35元		

教师资格认定及师范类毕业生上岗考试辅导教材

学术界的生存智慧	[美]约翰·达利 等主编 35元	教育学	余文森 王晞 主编 26元
给研究生导师的建议（第2版）		教育心理学概论	连榕 罗丽芳 主编 42元
	[英]萨拉·德拉蒙特 等著 30元		

21世纪教师教育系列教材·物理教育系列

21世纪教师教育系列教材·学科教学论系列

中学物理微格教学教程（第二版）		新理念化学教学论（第二版）	王后雄 主编 45元
	张军朋 詹伟琴 王恬 编著 32元	新理念科学教学论（第二版）	崔鸿 张海珠 主编 36元
中学物理科学探究学习评价与案例		新理念生物教学论	崔鸿 郑晓慧 主编 36元
	张军朋 许桂清 编著 32元	新理念地理教学论（第二版）	李家清 主编 45元
		新理念历史教学论（第二版）	杜芳 主编 33元

21世纪教育科学系列教材·学科学习心理学系列

		新理念思想政治（品德）教学论（第二版）	
数学学习心理学	孔凡哲 曾峥 编著 29元		胡田庚 主编 36元
语文学习心理学	李广 主编 29元	新理念信息技术教学论（第二版）	吴军其 主编 32元
化学学习心理学	王后雄 主编 29元	新理念数学教学论	冯虹 主编 36元

21世纪教育科学系列教材

21教师教育系列教材·学科教学技能训练系列

现代教育技术——信息技术走进新课堂		新理念生物教学技能训练（第二版）	崔鸿 33元
	冯玲玉 主编 39元	新理念思想政治（品德）教学技能训练（第二版）	
教育学学程——模块化理念的教师行动与体验			胡田庚 赵海山 29元
	闫祯 主编 45元	新理念地理教学技能训练	李家清 32元
教师教育技术——从理论到实践	王以宁 主编 36元	新理念化学教学技能训练	王后雄 28元
教师教育概论	李进 主编 75元	新理念数学教学技能训练	王光明 36元

王后雄教师教育系列教材

教育考试的理论与方法	王后雄 主编 35元
化学教育测量与评价	王后雄 主编 45元

西方心理学名著译丛

拓扑心理学原理	[德] 库尔德·勒温 32元
系统心理学：绪论	[美] 爱德华·铁钦纳 30元
社会心理学导论	[美] 威廉·麦独孤 36元
思维与语言	[俄] 列夫·维果茨基 30元
人类的学习	[美] 爱德华·桑代克 30元
基础与应用心理学	[德] 雨果·闵斯特伯格 36元
格式塔心理学原理	[美] 库尔特·考夫卡 75元
动物和人的目的性行为	[美] 爱德华·托尔曼 44元
西方心理学史大纲	唐钺 42元

心理学视野中的文学丛书

围城内外——西方经典爱情小说的进化心理学透视	熊哲宏 32元
我爱故我在——西方文学大师的爱情与爱情心理学	熊哲宏 32元

21世纪教学活动设计案例精选丛书（禹明 主编）

初中语文教学活动设计案例精选	23元
初中数学教学活动设计案例精选	30元
初中科学教学活动设计案例精选	27元
初中历史与社会教学活动设计案例精选	30元
初中英语教学活动设计案例精选	26元
初中思想品德教学活动设计案例精选	20元
中小学音乐教学活动设计案例精选	27元
中小学体育（体育与健康）教学活动设计案例精选	25元
中小学美术教学活动设计案例精选	34元
中小学综合实践活动教学活动设计案例精选	27元
小学语文教学活动设计案例精选	29元
小学数学教学活动设计案例精选	33元
小学科学教学活动设计案例精选	32元
小学英语教学活动设计案例精选	25元
小学品德与生活（社会）教学活动设计案例精选	24元
幼儿教育教学活动设计案例精选	39元

全国高校网络与新媒体专业规划教材

文化产业概论	尹章池 38元
网络文化教程	李文明 39元
网络与新媒体评论	杨娟 38元
数字媒体导论	尹章池 39元
网络新媒体实务	张合斌 39元
网页设计与制作	惠悲荷 39元
突发新闻报道	李军 39元
视听新媒体节目制作	周建青 45元

21世纪教育技术学精品教材（张景中 主编）

教育技术学导论（第二版）	李芒 金林 编著 33元
远程教育原理与技术	王继新 张屹 编著 41元
教学系统设计理论与实践	杨九民 梁林梅 编著 29元
信息技术教学论	雷体南 叶良明 主编 29元
网络教育资源设计与开发	刘清堂 主编 30元
学与教的理论与方式	刘雍潜 32元
信息技术与课程整合（第二版）	赵呈领 杨琳 刘清堂 39元
教育技术研究方法	张屹 黄磊 38元
教育技术项目实践	潘克明 32元

21世纪信息传播实验系列教材（徐福荫 黄慕雄 主编）

多媒体软件设计与开发	32元
电视照明·电视音乐音响	26元
播音主持	26元
广告策划与创意	26元

21世纪教师教育系列教材·专业养成系列（赵国栋 主编）

微课与慕课设计初级教程	40元
微课与慕课设计高级教程	48元
微课、翻转课堂和慕课设计实操教程	150元
网络调查研究方法概论（第二版）	49元